KB274243

로빈의
다시 쓰는 세계사

로빈의 다시 쓰는 세계사

로빈의 역사 기록 지음 · 강응천 감수

흐름출판

다시 세계사를 묻다

세계사 하면 가장 먼저 떠오르는 게 무엇인가요? 수능 시험에 나오는 연도 암기? 알 수 없는 나라들의 전쟁 이야기? 아니면 이름도 낯선 왕들과 제국의 끝없는 등장과 퇴장? 사실 많은 사람이 세계사를 이렇게 기억하고 있습니다. 그냥 외워야 했던 것들로요. 어쩌면 역사라는 말만 들어도 어깨가 무거워지는 분들도 있겠네요. 저도 그리 다르지 않았으니까요.

그런데 문득 이런 생각이 들었습니다. '우리는 왜 세계사를 배우는 걸까?' '그 많은 전쟁과 혁명, 제국의 흥망이 지금 나랑 무슨 상관이지?' '그 이야기들은 왜 하나도 나와 관련된 이야기처럼 들리지 않을까?' 그 질문에서 시작된 게 바로 〈로빈의 역사 기록〉 채널이었습니다. 세계사를 암기 과목이 아니라 살아 있는 이야기로, 현재와 연결된 질문으로 바꿔보고 싶었어요. 누가 옳고 그른지를 단정 짓기보다는, 당시 사람들의 입장에서 생각해보고, 그들이 처한 선택의 기로에 함께 서보는 것. 그게 진짜 역사 공부가 아닐까 싶었습니다.

『로빈의 다시 쓰는 세계사』는 그런 고민 끝에 탄생한 책입니다. 단순히 기존 교과서 내용을 다룬 것이 아니라, 우리가 자주 지나쳐왔던 세계사의 주요 장면들을 다시 꺼내고, 거기에 새로운 질문을 붙였습니다. '아테네의 민주주의는 왜 시작됐고, 왜 무너졌을까요?' '몽골 제국은 정말 파괴자였을까요, 아니면 새로운 세계질서를 만든 주체였을까요?' '산업 혁명은 단지 기술의 발전이었을까요, 아니면 인간의 삶을 근본적인 부분에서부터 뒤바꾼 사건이었을까요?'

이 책은 당장 역사 시험을 치러야 하는 청소년들을 위한 것처럼 보일 수 있지만, 오직 그들만을 위한 책은 아닙니다. 오히려 세계사를 처음 접하는 청소년뿐 아니라, 역사책을 손에서 놓았던 어른들에게도 꼭 필요한 질문들을 던지고 있습니다. 어쩌면 이 책은, "나는 역사를 잘 몰라서…"라고 말하는 분들을 위한 책일지도 몰라요. 왜냐하면 '잘 아는 사람'보다 '다시 알고 싶은 사람' 혹은 '제대로 알고 싶은 사람'을 위해 쓰였으니까요.

무엇보다도 지금 우리가 살아가는 세상은 과거의 연장선 위에 있습니다. 전쟁, 식민주의, 민주주의, 인권, 자본주의, 기후위기까지. 이 모든 문제들은 단지 '지금 벌어지는 일'이 아니라 '과거에서부터 시작된 흐름'입니다. 역사를 알아야 오늘의 뉴스를 이해할 수 있고, 그래야 미래를 바꿀 힘도 생깁니다. 그렇기에 세계사를 다시 쓰는 일은 결국 지금 우리 자신을 다시 읽는 일이기도 합니다. 이 책이 여러분에게 그런 계기가 되기를 바랍니다. 재미있고, 낯설고, 때로는 생각이 많아지는 그런 질문들로 가득한 여행 말이에요.

〈로빈의 역사 기록〉에서 함께 나누었던 이야기들을 이제는 책으로 이어 갑니다. 여러분의 역사 여행이 조금 더 풍요롭고 생생해지기를 바라며, 이 책의 첫 장을 함께 펼쳐보려 합니다. 이제 이야기로 다시 쓴 세계사의 길로 함께 가봅시다.

1장 · 유럽

2장 · 중국

3장 · 서아시아와 아프리카

4장 · 일본

5장 · 인도

6장 · 동남아시아

인류의 시작, 문명의 탄생

인류의 출현

지금으로부터 약 390만 년 전, 아프리카에서는 인류 진화의 첫 단계를 보여주는 존재, '오스트랄로피테쿠스'가 등장했어요. 여기서 말하는 '인류'는 인간으로 이어지는 계보에 속하는 존재들, 즉 사람과 유인원을 구분하는 기준을 갖추기 시작한 조상들 전체를 포함한 개념이에요. 오스트랄로피테쿠스는 상시적 직립 보행까지는 아니었지만 두 발로 걷기 시작했고, 간단한 도구도 사용했던 존재였죠. 그래서 우리는 이들을 '유인원' 또는 '인류의 선조'라고 부릅니다.

그다음 단계로 약 180만 년 전에는 '호모 에렉투스'가 나타나 아프리카를 넘어 유럽과 아시아까지 퍼져나갔어요. 이들은 학술적 의미에서의 '사람속Homo'에 속하며, 불을 사용하고 간단한 언어로 의사소통하면서 집단생활과 사냥을 했던 존재들이에요. 베이징인, 자와인, 하이델베르크인 등이 이 시기에 해당하죠.

그리고 약 40만 년 전에는 유럽과 서아시아에 '호모 네안데르탈렌시스', 즉 네안데르탈인이 등장합니다. 이들은 뇌 용량이 지금의 인류와 비슷했고, 도구 사용도 훨씬 다양해졌어요. 특히 시신을 매장하는 문화가 있었다는 점에서, 죽음 이후의 세계를 생각하는 인식이 싹트기 시작했다는 걸 알 수 있어요. 하지만 이들은 약 2만 8,000년 전쯤 사라지게 됩니다.

그렇다면 우리가 속한 인류의 조상이라고 볼 수 있는 호모 사피엔스는 언제 등장했을까요? 과학자들은 약 20만 년 전 아프리카에서 처음 나타난 것으로 보고 있어요. 사피엔스는 지금 우리와 거의 같은 두개골과 골격 구조를 가졌고, 정교한 도구를 만들어 쓰며 환경에 맞춰 살기 시작했죠. 이후 지구 전역으로 퍼져나가며 오늘날의 인류 사회를 이뤄낸 거예요. 유럽의 크로마뇽인, 중국의 상동인 등이 바로 이 호모 사피엔스에 속합니다.

구석기 시대

인류가 등장한 이후 약 1만 년 전까지의 시기를 우리는 '구석기 시대'라고 불러요. 이 시기의 사람들은 돌을 깨뜨려 만든 '뗀석기'와 동물의 뼈를 이용한 다양한 도구들을 사용했습니다. 사냥할 때는 찍개나 주먹도끼, 슴베찌르개 같은 도구를 썼고요. 열매를 따거나 가죽을 벗길 때는 긁개나 밀개 같은 도구들이 활용됐습니다. 특히 슴베찌르개는 끝을 뾰족하게 다듬고 자루에 끼워서 던지는 사냥 도구인데, 원시인들의 사냥에 아주 효과적이었죠.

구석기인들은 한자리에 정착해 있지 않았어요. 먹을 것을 찾아 이곳저곳을 옮겨 다니며 살았죠. 주로 동굴이나 바위 그늘에서 지냈고, 나뭇가지나 동물 뼈, 가죽 등을 엮어 간단한 막집을 만들어 한동안 거주하기도 했습니다.

이들은 뗀석기를 이용해 열매나 뿌리를 채집하고, 간단한 화살이나 낚싯바늘로 동물이나 물고기를 잡았어요. 또 불을 사용해서 사냥한 고기를 익혀 먹거나 맹수를 쫓아내기도 했고요. 이런 생활 속에서 서로 협력하다 보니 자연스럽게 언어도 발달하게 됐죠.

당시 사회는 신분 차이나 위계가 없었어요. 사냥과 채집은 공동으로 이루어졌고, 그렇게 얻은 식량도 함께 나누며 살아갔기 때문에 평등한 공동체였다고 볼 수 있습니다.

그리고 예술 활동도 있었어요. 오스트리아의 '빌렌도르프의 비너스'처럼 풍요와 다산을 상징하는 조각상도 있고, 프랑스의 '라스코 동굴 벽화', 스페인의 '알타미라 동굴 벽화' 같은 뛰어난 동굴 미술도 남아 있어요. 단순히 먹고사는 문제만이 아니라, 사람들의 내면에 있었던 감정과 신앙, 상상력도 이 시기부터 표현되기 시작한 거죠.

빌렌도르프의 비너스(좌) / 라스코 동굴 벽화(우)

신석기 시대와 문명의 탄생

약 1만 년 전, 마지막 빙하기가 끝나고 기온이 상승하면서 생태계는 큰 변화를 맞이합니다. 추운 환경에서 살아가던 크고 느린 동물들이 점차 사라지고, 작고 민첩한 동물들이 많아졌어요. 강과 호수에는 다양한 어패류가 풍부해졌고요. 이런 생태계 변화에 맞춰 사람들의 생활 방식도 달라지기 시작합니다.

바로 이 시기를 우리는 '신석기 시대'라고 부르죠. 사람들은 더 정교하고 실용적인 도구가 필요해졌고, 돌을 갈아 만든 '간석기'를 사용하기 시작했어요. 이전의 뗀석기보다 단단하고 날이 고르게 다듬어진 간석기는 농사나 목축, 어로 활동에 훨씬 효과적이었죠. 환경의 변화에 맞춰 도구의 진화로 적응한 셈입니다. 신석기인들은 간석기로 창과 화살을 만들어 사냥했고, 뼈와 돌을 결합해 낚싯바늘이나 작살을 만들어 물고기를 잡았습니다. 또 뼈바늘로 옷을 만들었고, 곡식을 저장하거나 음식을 조리하기 위

알타미라 동굴 벽화

해 토기를 만들어 사용했어요.

무엇보다 중요한 변화는, 바로 농경과 목축이 시작됐다는 점이에요. 그전에는 자연에서 얻을 수 있는 것을 찾아다니며 살았지만, 스스로 식량을 생산하게 된 거죠. 이를 가리켜 '신석기 혁명'이라고 불러요. 인류 문명 발전의 전환점이 된 아주 중요한 사건입니다.

농사가 유리한 지역에서는 움집을 짓고 정착 생활을 하면서, 사람들이 모여 사는 '촌락'이 생겨났습니다. 알제리의 '타실리나제르 벽화'에는 사람들이 밭을 갈고 가축을 기르는 장면이 그려져 있고, 튀르키예의 '차탈회위크' 유적에서는 점토 벽돌로 지어진 집들이 모여 하나의 마을을 이루고 있었던 흔적을 볼 수 있어요. 튀르키예에서 발견된 '괴베클리 테페' 유적이 주목을 받기도 했죠. 이 유적은 신석기 시대 초기에 사람들이 이미 거대한 종교 의식을 위한 구조물을 세우고 집단 활동을 했다는 사실을 보여줘요. 이는 '정착이

차탈회위크 유적

먼저였는가, 종교가 먼저였는가'라는 선사시대 연구의 흐름을 뒤흔들 만큼 놀라운 발견이기도 했습니다.

촌락에서는 혈연 중심의 씨족 사회가 형성됐고, 공동으로 노동하고 생산물을 나누며 살아갔습니다. 하지만 시간이 지나면서 생산력이 늘고 씨족 간의 결합이 이루어지면서 점점 더 큰 단위인 '부족 사회'로 발전했죠.

정착과 함께 원시 신앙이 등장하게 됩니다. 자연물에 영혼이 있다고 믿는 '애니미즘', 인간과 영혼을 잇는 주술사를 믿는 '샤머니즘', 특정 동식물을 신성시하는 '토테미즘', 그리고 조상 숭배 문화도 나타났습니다. 대표적인 유적으로는 영국의 '스톤헨지'가 있어요. 돌을 원형으로 세운 이 구조물은 종교 의식이나 천문 관측을 위해 만들어졌다고 여겨지고 있죠.

이렇게 신석기 시대를 지나면서 인류는 점차 정착 생활과 함께 농경에 기반을 두며 살아가게 됐고, 마침내 기원전 3000년경에는 메소포타미아, 이집트, 인도, 중국 등 큰 강 주변에서 고대 문명이 탄생하게 됩니다. 강 유역에서는 관개 농업이 발달하면서 잉여 생산물이 생겼고, 그 결과 인구가 늘고 촌락이 도시로 발전할 수 있었죠. 또 청동기를 이용한 무기 제작과 정복 전쟁도 활발해졌고, 점차 빈부 격차와 계급이 생기기 시작합니다.

이 시기의 왕은 최고 제사장으로서 신의 뜻을 대변하며 '신권 정치'를 펼쳤고, 제사장과 전사 계층이 지배층이 됐습니다. 농민과 노예는 피지배층으로서 지배층에 공납과 노동을 바치는 등 경제 활동을 담당했습니다. 지배 계급이 통치와 교역을 하기 위해 '문자'가 발명되면서, 인류는 선사 시대를 마감하고 '역사 시대'로 진입하게 됩니다.

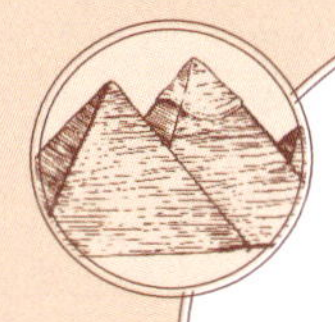

1장

유럽

유럽의 역사는 '뒤늦은 출발'에서 '세계의 중심'으로 나아간 독특한 여정이다. 중세라는 긴 그림자 속에서 변방에 머물렀던 유럽은, 봉건제의 해체와 도시의 성장, 르네상스와 종교개혁, 대항해 시대를 거치며 전혀 다른 문명을 만들어냈다. 분열과 경쟁이 반복된 대지는 오히려 기술·군사·사상의 혁신을 촉진했고, 산업 혁명 이후에는 세계 질서를 주도하는 힘으로 이어졌다. 유럽을 따라가다 보면 '왜 근대가 이곳에서 시작되었는가'라는 세계사의 큰 질문과 자연스럽게 마주하게 된다.

신화와 이성이 빚어낸 고대 그리스

청동기 문명에서 폴리스와 민주 정치
• 기원전 2000~기원전 323년 •

청동기 시대, 크레타와 미케네 문명

자, 지금부터 본격적으로 세계사를 다시 써봅시다. 우리가 가장 먼저 살펴볼 곳은 바로 유럽인데요. 그중에서도 고대 그리스 문명의 발전을 살펴볼 겁니다. '고대 그리스' 하면 무엇이 떠오르시나요? 민주주의나 올림픽 같은 단어를 떠올리실 텐데요. 이 고대 그리스 문명을 제대로 이해하기 위해서는 문명의 발달부터 찬찬히 살펴봐야 합니다.

유럽 최초의 문명은 서아시아 문명의 영향 아래 그리스 본토와 에게해에서 탄생한 청동기 문명인 에게 문명입니다. 이 에게 문명은 전기와 후기로 나뉘는데, 전기 문명의 중심이 그리스반도 남쪽의 크레타섬에서 발생한 '크레타 문명'이었죠. 크레타 문명 역시 청동기를 기반으로 한 강력한 왕권과 활발한 해상 무역으로 발달했어요. 이 시기에는 복잡한 계단과 회랑으로 이루어진 미로 같다고 '미궁'으로 불리는 크노소스 궁전과 섬세한

금은 세공품, 밝고 생동감 넘치는 도기 등이 만들어졌습니다. 눈부신 문화적 성과를 엿볼 수 있는 대목이죠.

후기 문명의 중심에는 '미케네 문명'이 있습니다. 기원전 14세기에 그리스 본토에 있던 미케네인이 크레타섬을 장악하면서 새로운 왕국을 건설한 것이죠. 미케네인은 크레타 문명을 수용하면서도 자신들의 고유한 문화를 더해 미케네 문명을 발전시켰습니다. 하지만 미케네 문명은 기원전 12세기경 철기를 사용하는 도리스인의 침입으로 결국 멸망하고 말았죠.

폴리스의 탄생과 도시 국가의 발전

에게 문명에 관해 다루었으니, 이제 그리스 이야기를 해봅시다. 그리스 본토는 산악 지대가 많고 평야가 적었어요. 즉, 하나의 통일된 국가를 형성하기 어려웠죠. 그리스인들은 이런 지형적 특성 때문에 비교적 평탄한 해안가에 여러 촌락으로 나뉘어 살았습니다. 하지만 기원전 10세기부터는 외부가 침략해 오니, 이 위협을 막기 위해 높은 언덕에 성과 요새를 건설해 살기 시작했어요. 이 요새가 삶의 터전이 되며, 촌락들은 점차 발전해 독립적인 도시 국가 '폴리스'가 됩니다.

폴리스, 익숙한 단어죠? 폴리스의 역사는 단순하지 않았습니다. 독립된 정치 단위로 발전해 그리스 역사와 문명의 중심이 됐거든요. 폴리스는 정치·경제·사회의 기본 단위로서 중요한 역할을 했습니다. 각 폴리스의 중심에는 종교와 군사의 거점인 아크로폴리스가 자리 잡았고, 그 아래로는 아고라가 자리 잡았습니다. 아고라는 공공 생활의 중심지로 모임, 집회, 상거래 활동 등이 이루어졌어요. 사람들이 모여서 장도 보고 회의도 했다는 것이죠.

또 그리스 하면 떼려야 뗄 수 없는 게 바로 올림픽입니다. 그리스인들은 4년마다 올림피아 제전으로 제우스신을 위한 제사, 연설, 운동 경기 등을 개최했어요. 문화적인 교류와 경쟁으로 폴리스 간의 결속을 다졌죠. 폴리스들은 정치적으로는 통일을 이루지 못했지만, 공통된 언어와 종교를 바탕으로 강한 동족 의식을 가지고 있었죠.

민주주의 아테네 vs 군사 전통 스파르타

고대 그리스를 대표하는 두 폴리스가 무엇일까요? 바로 아테네와 스파르타입니다. 두 도시는 서로 다른 방식으로 발전했습니다. 먼저 아테네부터 살펴보겠습니다.

초기 아테네는 귀족들이 경제와 군사를 지배하며 정치적 실권을 장악했습니다. 하지만 시간이 흐르며 상공업이 발전하고, 부유해진 평민들이 중장보병으로 전쟁에 참여하면서 전쟁에 중추적인 역할을 했죠. 평민들이 지위 상승을 원하고, 정치적 참여를 강력히 요구하게 되는 건 어찌 보면

자연스러운 현상이었죠. 하지만 귀족들은 이를 받아들일 수 없었고, 이는 귀족과 평민 사이의 대립으로 이어졌습니다.

기원전 6세기 초, 계층 간의 갈등을 해결하기 위해 등장한 인물이 바로 솔론입니다. 솔론은 해결책으로 재산에 따른 정치적 권리 차등 분배, 즉 '금권정' 개혁을 추진했습니다. 금권정은 재산이 많은 시민에게 더 많은 권리를 부여하는 것을 말합니다. 하지만 이런 개혁의 시행에도 귀족과 평민의 대립은 사그라질 기미가 보이지 않았고, 정치적 교착 상태와 계층 갈등은 시민들에게 피로감을 안겼죠. 이러한 사회적 혼란 속에서 페이시스트라토스 같은 참주(독재자)가 강력한 리더십을 가진 갈등 해결자로 인식되며 민중의 지지를 얻기도 했습니다.

기원전 6세기 말에는 독재 정치에 반대한 클레이스테네스가 집권하면서, 아테네 정치는 더욱 광범위한 개혁으로 이어졌습니다. 클레이스테네스는 기존의 혈연 중심 부족제를 거주지 중심 부족제로 개편했어요. 거주지 중심 부족제를 기반으로 500인 평의회를 만들었고, 시민들이 정치에 직접 참여할 기회를 제공했습니다. 시민들의 정치 참여 기회를 만들기 위해 도입된 것 중 하나가 바로 '도편 추방제'입니다. 도편 추방제는 참주가 될 위험이 있는 인물을 도기 조각에 적어, 6,000표 이상의 찬성표가 나오면 10년 동안 외국으로 추방시킨 제도입니다. 이 제도는 독재자의 등장을 예방하고 민주 정치를 보호하고

도편 추방제에 사용된 도기 조각

유지하는 데 중요한 역할을 했어요. 하지만 시간이 흘러 그리스와 페르시아의 전쟁 당시에는 정치적 이념이 다른 정적을 제거하는 수단으로 변질되기도 했습니다.

스파르타는 확실히 아테네와는 다른 형태로 사회를 이루었습니다. 스파르타는 고대 그리스의 도리스인들이 펠로폰네소스반도에 세웠어요. 스파르타인은 정복한 원주민 대부분을 '헤일로타이'라는 예속 농민으로 삼아 농산물의 일부를 바치게 하고, 반자유민인 '페리오이코이'를 상공업에 종사하도록 해 무기, 도구 등을 제작하게 했습니다.

사실 스파르타 시민은 소수에 불과했어요. 소수인 지배층이 대다수인 피지배층을 효과적으로 감시하고 통제하려면 어떡해야 할까요? 강력한 군국주의 체제가 발전할 수밖에 없었습니다. 스파르타의 남성 시민들은 어려서부터 엄격한 군사 훈련을 받으며 성장했고, 공동 식사와 같은 집단 생활을 하며 사회적 결속력과 군사적 단결을 강화했어요.

아테네와 스파르타가 새로운 국면을 맞게 된 건 기원전 6세기 말이었습

니다. 서아시아에 위치한 아케메네스 왕조 페르시아가 서아시아를 통일하고, 세력을 지중해 지역으로 확장했거든요. 지중해의 주요 세력 중 하나인 그리스와의 충돌은 불가피했고, 지중해 패권을 둘러싼 그리스-페르시아 전쟁(기원전 492~기원전 479년)이 발발하게 됩니다. 전쟁은 치열했어요. 세 차례에 걸친 접전 끝에 아테네와 스파르타를 중심으로 단결한 그리스 연합이 승리를 거둘 수 있었습니다.

그리스 연합의 승리는 '델로스 동맹'으로 이어졌습니다. 델로스 동맹은 아테네의 주도하에, 페르시아의 재침략에 대비한다는 명분으로 만들어졌어요. 동맹을 주도한 아테네는 델로스 동맹의 맹주로 부상하면서 강력한 해상 제국으로 발전하게 됩니다. 델로스 동맹을 통한 재정 수입으로 아테네는 여러 발전을 꾀할 수 있었습니다. 정치적으로는 페리클레스의 지도하에 민주 정치를 확대했고, 문화적으로는 고전 문화를 발전시키는 등 정치적·문화적으로 크게 번영할 수 있었어요.

아테네의 민주 정치는 기원전 5세기 중엽 페리클레스 시대에 전성기를 맞았다고 볼 수 있습니다. 이 시기에는 정치 활동에 참여하면 국가에서 일정한 돈을 지급하는 제도가 있었어요. 바로 '수당 제도'였죠. 수당 제도는 경제적으로 어려운 시민도 정치에 참여할 수 있게 했습니다. 또한 전문성이 요구되는 특수직을 제외한 모든 관직과 배심원은 추첨을 통해 선출됐죠. 아테네의 정치 체제는 소수가 아닌 다수의 지배를 뜻하는 데모크라티아, 곧 '민주정'이라 불렸습니다. 데모크라티아는 아테네 시민권을 가진 남성들에게 광범위한 참정권을 부여하며 민주주의의 이상을 실현했으나, 여성, 외국인, 노예는 참정권에서 배제했습니다.

고대 그리스 유산의 문화적 영향

고대 그리스 문화는 어떻게 발전했을까요? 폴리스의 민주 정치와 자유로운 시민 생활을 토대로 발전했습니다. 합리적이고 인간 중심적인 특징을 보이는데, 이 특징은 신을 묘사하는 방식에서 찾아볼 수 있습니다. 그리스인들은 강력한 힘을 가진 신들을, 인간과 비슷하게 감정을 가진 존재로 묘사했어요. 고대 그리스의 신화 이야기는 훗날 서양 문학과 서양 예술의 원천이 됐습니다. 대표적으로는 트로이 전쟁을 배경으로 한 영웅과 신의 서사시인 호메로스의 『일리아스』와 『오디세이아』를 꼽을 수 있습니다. 또한 인간의 감정을 노래한 서정시, 인간 삶의 다양한 측면을 깊이 묘사한 희극과 비극도 이 시기에 크게 발전했습니다.

고대 그리스의 문화에서 빼놓을 수 없는 것이 바로 연극 공연입니다. 고대 그리스의 연극 공연은 신께 바치는 제사의 일부로 여겨졌고, 사회적 긴장 및 귀족과 평민 간의 갈등 해소에도 중요한 역할을 했거든요. 즉, 단순한 문화 그 이상의 의미를 가지고 있었죠.

당시의 문화는 많은 영향을 미쳤습니다. 일례로 오늘날 관현악단을 뜻하는 단어인 오케스트라는 사실 고대 그리스 극장의 구성 요소 중 하나로, 연극의 합창단이 노래하던 공간을 의미했어요. 그뿐만 아니라 고대 그리스의 극장 구조는 현대의 연극 무대와 극장 설계에도 큰 영향을 미쳤고, 우리가 흔히 볼 수 있는 노천극장은 고대 그리스 극장의 구조를 그대로 따르고 있다고 보면 됩니다. 아테네에 위치한 디오니소스 극장은 최초의 석조 극장으로, 약 17,000명의 관객을 수용할 수 있는 규모였습니다.

또한 고대 그리스에서 철학은 자연, 사회, 인간을 합리적으로 분석하면서 발전했습니다. 초기 그리스 철학자들은 주로 자연 현상에 대해 탐구했

디오니소스 극장. 인류 최초의 석조 극장으로 도시 인구의 10분의 1을 수용할 수 있었다.

파르테논 신전

지만, 철학사상가를 뜻하는 '소피스트'가 등장하면서 철학의 초점이 자연에서 인간과 사회로 확장됐습니다. 소피스트는 진리의 상대성과 주관성을 강조하며 인간 중심의 철학을 발전시켰어요. 하지만 소피스트의 철학이 지나치게 궤변적인 경향을 보이며 진리를 상대적인 것으로 주장하자, 무엇이 참인지에 대한 기준 자체가 흔들리게 됩니다. 이때 진리의 보편성과 절대성을 옹호하는 소크라테스가 등장합니다. 이어 플라톤은 철학적 이상주의를 발전시켜 이상적인 국가의 개념을 제시했고, 아리스토텔레스는 다양한 학문을 체계적으로 분석하고 정리해 서양 철학과 학문의 기초를 닦았습니다.

고대 그리스의 문화적 유산은 역사 분야에서도 드러났습니다. 헤로도토스가 그리스-페르시아 전쟁을 다룬 『역사』를 저술해 주목받았고, 투키디데스는 역사적 사실과 객관성을 바탕으로 『펠로폰네소스 전쟁사』를 집필하며 역사학의 발전에 크게 이바지했거든요.

이 밖에도 그리스인들은 조화와 균형의 미를 강조한 다양한 건축물과 조각품을 남겼어요. 특히 파르테논 신전에 그 특징이 잘 나타난다고 볼 수 있습니다. 아테나 여신을 위해 세워진 파르테논 신전은 고대 그리스를 대표하는 건축물로, 종교적·문화적·정치적 상징이며, 지금까지도 서양 예술과 건축의 영감이 되고 있습니다.

고대 그리스의 문화가 번영하는 동안 아테네는 더 강해졌습니다. 한쪽의 세력이 커지면 불균형이 올 수밖에 없죠. 아테네의 세력이 커지면서 스파르타를 중심으로 한 펠로폰네소스 동맹과의 대립이 심화됐고, 펠로폰네소스 전쟁(기원전 431~기원전 404년)으로 이어졌습니다. 이 전쟁에서 스파르타는 승리를 거뒀지만, 그들의 패권은 오래가지 않았습니다. 기원전 338년, 북쪽에서 세력을 키운 마케도니아가 카이로네이아 전투에서 아테네와 테베 연합군을 제압하며 그리스 세계의 주도권을 장악합니다. 이 승리를 바탕으로 마케도니아는 그리스 세계의 패권국이 되었고, 훗날 알렉산드로스 대왕의 대제국으로 이어지게 됩니다.

알렉산드로스가 열어젖힌 거대한 세계, 헬레니즘

정복을 넘어 문화 융합으로, 고대 세계 질서의 변화
• 기원전 336~기원전 30년 •

알렉산드로스의 정복과 제국 건설

그리스 세계의 질서를 재편한 마케도니아의 이야기를 이어가 봅시다. 탁월한 군사 전략가였던 필리포스 2세는 마케도니아를 강력한 국가로 키워 그리스 세계를 통일하는 데 크게 기여했습니다. 하지만 동방 원정을 준비하던 중에 갑작스럽게 암살당하면서 마케도니아는 혼란에 빠지죠. 이 혼란을 수습하기 위해 왕위에 오른 것이 필리포스 2세의 아들 알렉산드로스입니다.

기원전 334년, 알렉산드로스는 강력한 기병대와 중장보병 밀집대(꽉 짜인 대열로 움직이는 부대)를 앞세워 페르시아 제국과 이집트를 정복하고, 멀리 인더스강 유역까지 진출했습니다. 이로써 지중해부터 인도에 이르기까지 광범위한 땅을 연결하는 동서 교역로가 개척됐죠. 유럽·아시아·아프리카 세 대륙을 아우르는 대제국(알렉산드로스 제국)이 세워지며, 헬레니즘

시대의 막이 열렸습니다.

알렉산드로스는 정복지의 문화를 억누르기보다는 동화시키는 정책을 펼쳤어요. 동방의 전제 군주정을 받아들여 강력한 왕권을 행사하면서도, 정복한 민족들의 제도, 종교, 관습을 존중하고 포용하는 정책을 추진했습니다. 또한 각지에 '알렉산드리아'라는 도시를 건설해 그리스인을 이주시킴으로써 그리스 문화를 동방에 전파하고자 했습니다. 또한 그리스인과 페르시아인의 결혼을 장려해 두 문화를 융합하려 했고, 동방의 풍습을 적극 수용하며 오리엔트식 전제 군주제를 확립하기 위해 노력했죠.

알렉산드로스가 세운 약 30개의 알렉산드리아 중 손에 꼽히는 곳이 바로 이집트의 알렉산드리아입니다. 이집트의 알렉산드리아는 체계적인 도시 계획으로 건설됐고, 왕궁, 신전, 왕립 학문 연구소, 도서관 등 다양한 문화 시설을 갖추고 있었어요. 이집트 알렉산드리아가 학문과 지식의 중심지로 떠오르는 것은 어찌 보면 당연했습니다. 특히 알렉산드리아 도서관은 무려 70만 권에 달하는 장서를 보유했기에, 여러 지역의 학자들이 모여 연구하는 헬레니즘 시대의 지식 허브 역할을 했습니다.

다만 이런 부흥은 그리 오래가지 않았습니다. 알렉산드로스가 32세의 젊은 나이에 병으로 사망하면서 제국은 빠르게 분열됐어요. 분열된 제국은 시리아, 이집트, 마케도니아 등으로 나뉘었고, 이 지역들도 기원전 1세기 무렵에 로마 제국에 차례로 정복됐죠.

헬레니즘 시대의 문화와 사상

알렉산드로스 대왕이 사망한 기원전 323년부터 로마 제국이 이집트를 병합한 기원전 30년까지의 300년간을 '헬레니즘 시대'라 부릅니다. 헬레니즘 시대엔 그리스 문화와 오리엔트 문화가 서로 융합해 발전하면서, 기존의 작고 협소한 폴리스 공간을 기반으로 형성된 그리스 문화의 한계를 넘어섰어요. 어떻게 넘어섰냐고요? 개방적이고 세계적인 문화를 지향했고, 개인적이고 세계 시민주의적인 성격을 보였습니다.

또한 알렉산드로스 대왕의 대제국 건설 덕분에 폴리스 중심의 배타적 성격이 사라졌어요. 사람들이 더 이상 공동체에만 얽매이지 않게 된 것이죠. 이런 변화는 개인의 자유와 행복을 추구하는 개인주의적 사상이 발달하는 배경이 됐습니다. 이런 개인주의 성향은 자연스럽게 철학에도 반영됐어요. 감정을 절제하고 이성적인 삶을 추구하는 '스토아 학파'와 행복을 위해 내적 평화와 정신적 안정을 추구하는 '에피쿠로스 학파'가 등장해 헬레니즘 시대의 사상적 변화를 대표했습니다.

알렉산드로스 대왕이 동서 교역로를 개척하며 헬레니즘 시대를 열었다는 사실을 기억하시죠? 이 동서 교역로를 통해 다양한 문화와 지식의 교류가 이루어졌습니다. 그리스의 합리주의적 사고와 오리엔트의 선진 문

화가 결합하며 자연과학 분야에도 큰
발전을 가져왔어요. 물리학자 아르키
메데스는 "유레카!"로 유명한 부력의
원리를 밝혔고, 수학자 에우클레이데
스(유클리드)가 기하학 체계를 정립했
습니다. 천문학자 에라토스테네스는
지구의 자오선을 측정했고, 아리스타
르코스는 태양 중심설을 주장했으며,
의학 분야에서는 본격적으로 인체 해
부가 시작됐습니다.

헬레니즘 시대의 특성은 예술 작품
에서 잘 드러납니다. 헬레니즘 시대에
는 이상적인 아름다움보다 인간의 육
체와 감정을 사실적으로 묘사하는 미
학이 중시됐습니다. 그 결과 육체의
관능적인 아름다움을 강조한 '밀로의
비너스', 강한 생동감을 보여주는 '라

밀로의 비너스

오콘 군상', '니케 상' 같은 작품들이 등장했어요. 특히 고대 그리스의 대표
적인 조각상인 밀로의 비너스는 미와 사랑의 여신 비너스를 인간에 가까운
모습으로 묘사하고 있다는 점에서 헬레니즘 시대의 특성이 잘 나타납니다.

동서 교역로의 힘은 대단했어요. 헬레니즘 미술은 북인도까지 전해졌고,
'간다라 양식'이라는 독특한 예술이 생기게 됐죠. 이후 로마 제국을 거쳐
유럽으로 전파되면서 유럽 문화의 발달에도 지대한 영향을 끼쳤습니다.

로마,
작은 도시에서 제국으로

지중해를 지배한 대제국의 흥망
• 기원전 753~476년 •

로마의 대외 팽창과 정치 개혁

고대 그리스의 빛나는 문화와 정치가 절정을 이루던 무렵, 지중해 서쪽에서도 또 하나의 강력한 문명이 조용히 모습을 드러내고 있었습니다. 기원전 8세기 중엽, 테베레강 하류에서 라틴인들에 의해 시작된 도시 국가 '로마'입니다. 로마는 초기에만 하더라도 왕정으로 운영됐어요. 하지만 기원전 6세기 말, 귀족들이 왕을 몰아내며 공화정을 수립하기에 이릅니다. 로마 공화정의 정치 체제는 귀족으로 구성된 원로원과 2명의 집정관, 그리고 여러 민회로 구성돼 있었죠.

- 센추리아 민회: 재산 기준 선정, 고위 공직자 선출 및 중대한 국가 결정
- 트리부스·평민 민회: 평민 중심, 하급 공직자 선출 및 민법 제정
- 쿠리아 민회: 상징적·의례적 기능

로마 공화정은 귀족 중심의 원로원과 민회라는 시민 참여 기구가 병존하며 균형을 이루려 했지만, 공화정 초기에는 사실상 귀족들이 국정을 장악했습니다. 그리고 평민들은 점차 이런 현상에 불만을 품을 수밖에 없었습니다. 상공업의 발달로 그들도 재산을 쌓아 부유해졌고, 중장보병으로 이탈리아반도 정복 전쟁에 참여하면서 군사적 역할까지 커졌으니까요. 그럼 어떻게 되겠어요? 평민들은 귀족들에게 참정권을 요구하기 시작했습니다. '우리에게도 국가 운영에 실질적으로 참여할 수 있는 정치적 권리를 달라!'는 요구였죠. 귀족은 평민의 요구를 점진적으로 수용해 평민회와 호민관을 인정했습니다. 민회가 로마 전체의 공식적인 정치 기구라면, 평민회는 평민들의 권리 신장을 위해 평민으로 구성된 독립적 정치 기구였습니다. 호민관은 평민들의 요구를 대변하고 권리를 옹호하는 관직으로 오직 평민회에서만 선출됐어요.

평민의 권리 신장을 위한 움직임은 거기에서 멈추지 않았습니다. 평민의 권리를 보호하는 '12표법', 집정관 2명 중 1명을 평민 가운데서 선출하는 '리키니우스·섹스티우스법', 원로원의 승인 없이 평민회의 의결이 법적 효력을 갖게 되는 '호르텐시우스법' 등이 제정됐거든요. 이러한 개혁 입법을 통해 평민은 형식상 귀족과 동등한 권리를 누리게 됐죠.

로마는 기원전 270년경에 이탈리아반도를 통일한 후, 정치적으로 안정된 상태에서 대외 팽창을 시작했습니다. 특히 북아프리카의 페니키아계 식민도시인 카르타고와 지중해 제해권(해상 지배권)을 두고 맞붙었는데요. 세 차례의 포에니 전쟁(로마-카르타고 전쟁, 기원전 264~기원전 146년)에서 모두 승리하며 서지중해 일대를 장악하게 됐죠. 참고로 카르타고는 지금의 튀니지 수도 튀니스 부근에 위치해 있던, 지중해 무역을 장악한 강력한 해

상 국가였습니다. 로마는 카르타고를 무너뜨린 후에 마케도니아와 그리스, 그리고 소아시아 지역인 아나톨리아(지금의 튀르키예)까지 세력을 넓혀 가며, 고대 세계에서 가장 강력한 지중해 제국으로 성장했습니다.

로마는 아주 빠르게 세력을 확장했습니다. 여기에는 대외 팽창의 부작용도 분명 존재했죠. 세력과 재산이 있는 유력자들이 전쟁으로 방치된 농지들을 독차지하고, 노예 노동을 이용해 넓은 토지를 경작하는 '라티푼디움'을 경영했거든요. 그럼 중소 자영농들은 어떻게 되겠어요? 경쟁력을 잃고 몰락할 수밖에 없습니다. 중소 자영농의 몰락은 자연스럽게 국가 재정의 악화와 군사력의 약화로 이어졌습니다.

이런 상황 속에서 기원전 133년, 그라쿠스 형제가 호민관에 선출됐습니다. 그들은 유력자들의 대토지 경영을 제한하는 '농지법'과 빈민에게 싼값으로 밀을 제공하는 '곡물법'을 통해 불평등을 해소하고, 사회적 혼란을 극복하려 많은 노력을 기울였죠. 하지만 이마저도 귀족층의 반발로 뜻을 이루지 못했습니다.

이후 로마는 귀족(벌족)파와 평민(민중)파 사이의 권력 투쟁이 격화되며 점차 내전의 소용돌이에 빠지게 됐어요. 정복 활동으로 영토는 넓어졌지만, 내부적으로는 사회적 불평등과 정치적 갈등이 깊어졌기 때문입니다. 특히 로마는 이탈리아반도를 통일하면서 많은 도시와 동맹 관계를 맺었지만, 이들 '동맹시'들은 로마 시민권을 받지 못한 채 병력과 자원만을 제공해야 하는 불리한 처지에 놓여 있었습니다. 이러한 차별에 불만을 품은 동맹시 연합이 로마에 반기를 들면서 기원전 91년, '동맹시 전쟁'이 발발했습니다. 이와 동시에 사회 하층민의 극심한 불만을 대변하던 스파르타쿠스가 주도한 노예 반란(기원전 73~기원전 71년)까지 이어지며, 로마 사회는 전방위적 혼란에 휩싸이게 되죠. 이러한 내부적 혼란 속에서, 일부 군인 정치가들이 권력 투쟁에 뛰어들었고, 결국 정통 공화정 체제를 우회해 권력을 분점하는 삼두 정치 체제가 등장하게 됩니다.

삼두 정치란 입법·자문을 하는 정치 기관인 원로원과 시민 의사 결정 기구인 민회를 배제하고 세 명의 실력자가 동맹해 국가 권력을 독점하는 정치 체제입니다. 제1차 삼두 정치에서는 카이사르, 크라수스, 폼페이우스가, 제2차 삼두 정치에서는 옥타비아누스, 안토니우스, 레피두스가 권력을 잡았습니다.

카이사르는 갈리아(지금의 프랑스 지역)를 정복하고 세력을 키워 제1차 삼두 정치를 주도하며 다양한 개혁을 펼쳤습니다. 하지만 원로원을 무시한 독재 정치로 공화정의 전통을 지키려는 귀족들의 반감을 샀어요. 그 결과 카이사르는 암살됐습니다. 이후 카이사르의 후계자로 자리매김한 옥타비아누스의 주도 아래 제2차 삼두 정치가 시작됐습니다.

로마 제정의 시작, 평화의 시대 팍스 로마나

제2차 삼두 정치의 옥타비아누스는 기원전 31년, 이집트의 클레오파트라와 연합한 안토니우스와의 악티움 해전에서 승리했습니다. 장기간 이어진 내전에 종지부를 찍으며 실질적인 로마의 권력을 장악하게 됐죠.

이후 원로원으로부터 '존엄한 자'라는 뜻의 아우구스투스 칭호를 받은 그는, 자신을 '국가의 제1시민(프린켑스)'이라 칭했습니다. 이는 공화정의 외형을 유지하면서도 사실상 황제로서의 권력을 장악했음을 의미하죠. 그런 이유에서 '아우구스투스'는 훗날 황제 칭호의 상징이 됩니다.

아우구스투스

아우구스투스는 반대파의 지지를 얻기 위해 원로원을 국정 동반자로 삼았어요. '공화정의 회복'이라는 구호 아래 기존 제도를 유지하거나 부활시키기도 했죠. 하지만 실제로는 군 통수권과 재정권 등 핵심 권력을 장악하며 황제와 다름없는 권력을 행사했습니다. 이름만 공화정일 뿐 실질적으로는 황제 중심의 제정이 시작된 것이었어요. 이러한 변화로 로마 공화정은 마무리되고 로마 제정이 시작됐습니다.

아우구스투스 이후, 1세기 말부터 2세기 후반까지 약 200년 동안 로마 제국은 유례없는 안정과 번영을 누렸습니다. 이 시기를 이끈 황제들을 '5현제'라 부르는데, 이들은 모두 유능한 황제들로, 안정적인 통치를 이어갔습니다. 그 결과 로마는 정치적으로 안정되고, 경제·군사적으로 전성기를 맞이하며 제국의 영토가 최대치에 이르는 번영을 누렸습니다. 이처럼 전쟁 없이 평화롭고 번영하던 시기를 뭐라고 부르는 줄 아시나요? 로마의 평화 시대, 즉 '팍스 로마나Pax Romana'라고 합니다.

팍스 로마나 시기에 로마는 제국의 광대한 영토를 효과적으로 통치하기 위해 법률, 건축, 토목, 도시 설계 등 실용적인 분야를 발전시켰어요. 그중 로마가 후세에 남긴 가장 중요한 유산이 무엇일까요? 법률입니다. 도시 국가의 관습법을 성문화한 '12표법'은 사회가 발전하며 '시민법'이 됐는데, 로마 시민권은 제국의 자유민에게도 주어졌죠. 따라서 시민법은 모든 민족에게 적용될 수 있는 '만민법'으로 확대됐습니다. 이후 로마법은 동로마 제국, 즉 비잔티움 제국 시기에 더욱 발전하게 됩니다. 비잔티움 제국은 서로마 제국이 멸망한 후에도 로마 제국의 전통을 계승한 국가인데, 유스티니아누스 황제(재위 527~565년)에 의해 『유스티니아누스 법전』으로 집대성됐어요. 이는 훗날 전 세계 각국의 법체계에 큰 영향을 미치며 현대 민법의 기초가 됐습니다.

로마는 법률 외에도 도시 계획과 문화, 학문, 종교 등 다양한 분야에 찬란한 유산을 남겼죠. 정복지 곳곳에 계획도시를 건설하고, 도시들을 잇는 광범위한 도로망을 구축했거든요. 이는 제국 전역의 경제적·행정적 연결성을 강화하는 데 큰 역할을 했습니다. 쉽게 말해 사람과 물자의 이동을 용이하게 한 것입니다. 각 도시에는 로마 건축의 특징인 원형 경기장, 개선문, 수도교, 공중목욕탕 등이 세워졌고, 이 과정에서 토목과 건축 기술이 발전했습니다.

또한 로마는 합리적이고 인간 중심적인 그리스·헬레니즘 문화의 영향을 받아 고전 문화를 완성했습니다. 종교적으로는 크리스트교라는 유일신 신앙을 수용했고, 철학에서는 헬레니즘 시대의 스토아 철학이 확산됐으며, 문학에서는 라틴어 문학이 전성기를 누렸습니다. 역사에서는 리비우스의 『로마사』, 타키투스의 『게르마니아』, 카이사르의 『갈리아 전기』, 플루타르코스의 『영웅전』 등의 저작이 유명했고, 과학에서는 "지구가 우주의 중심에 위치한다"는 프톨레마이오스의 천동설이 주창되어, 이후 중세의 공인된 학설로 자리 잡았습니다.

예수의 등장, 종교 박해에서 국교화까지

로마는 종교 분야에서도 역사적인 변화를 맞이하게 됩니다. 바로 예수의 등장과 크리스트교의 확산이라는 역사적인 사건이죠. 아우구스투스 시대 로마는 유대 지방을 속주로 다스리고 있었는데요. 당시 유대인들은 메시아, 즉 구세주가 나타나 자신들을 구원해 주기를 간절히 기다리고 있었습니다. 그런 상황에서 등장한 인물이 바로 예수입니다.

예수는 유대교의 선민사상이나 형식적인 율법주의에서 벗어나, 신분과 민족을 초월한 신의 사랑, 평등, 인간애를 강조하는 새로운 가르침을 전했습니다. 당연히 많은 사람의 공감을 얻었고, 예수를 메시아로 믿는 추종자들도 점점 늘어났죠. 하지만 이런 움직임은 유대교 지도자들과 로마 당국에 위협으로 다가왔습니다. 결국 예수는 십자가형에 처하게 돼요. 하지만 예수의 죽음 이후에도 그의 제자들은 예수의 가르침을 포기하지 않았고, 오히려 로마 제국 전역으로 복음을 퍼뜨리기 시작했어요. 그들은 각지에 교회를 세우고, 예수의 삶과 가르침, 제자들의 활동을 정리해 『신약 성서』를 편찬하면서 예수의 메시지를 체계적으로 보존하고 널리 확산시켰습니다.

로마는 원래 다신교 국가였어요. 여러 종교를 차별 없이 받아들였기 때문에, 종교 갈등이 크게 문제가 되진 않았죠. 문제가 생긴 건 크리스트교가 등장한 때부터였습니다. 유일신을 섬기는 크리스트교도들은 당시 로마 황제를 신처럼 숭배하라는 요구를 거부했어요. 로마 입장에선 황제 숭배를 거부하는 이들이 체제에 반하는 위험한 존재로 보였고, 그렇게 크리스트교도 박해가 시작됐습니다. 그런데 흥미로운 점은 혹독한 박해 속에서도 크리스트교 신자들의 숫자가 점점 늘어났다는 겁니다. 이 현상을 무시할 수 없었던 콘스탄티누스 대제는 현실을 받아들이고, 313년에 '밀라노 칙령'을 발표해 크리스트교를 합법적인 종교로 인정하게 됩니다.

그런데 여기서 궁금한 게 하나 생기죠. 예수는 유대교 배경 속에서 태어났는데, 왜 그 종교를 '예수교'나 '예수주의'가 아니라 '크리스트교'라고 부를까요? '크리스트'가 바로 예수를 뜻하는 호칭이기 때문입니다. '크리스트 Christos'는 그리스어로 '기름 부음을 받은 자', 히브리어로 '메시아(구원자)'의 번역이에요. 그래서 예수를 메시아로 믿는 사람들을 가리켜 크리스트교도라고 부르게 된 겁니다.

그로부터 12년 뒤인 325년, 콘스탄티누스는 '니케아 공의회'를 소집합니다. 이 공의회에서는 '예수는 신인가, 인간인가'라는 논쟁이 벌어졌는데, 결국 '성부, 성자, 성령이 동일한 본질을 가진 하나의 신'이라는 아타나시우스파의 '삼위일체설'이 정통 교리로 확립됐습니다. 이후 테오도시우스 황제가 아예 크리스트교를 로마의 국교로 선포하면서, 크리스트교는 본격적으로 세계 종교로 성장할 수 있는 기반을 갖추게 된 거죠.

로마는 문화적으로는 눈부신 발전을 이루었지만, 정치적으로는 많은 혼란을 겪고 있었습니다. 특히 3세기에 이르러서는 군대가 정치에 깊숙이 개입하면서 '군인 황제 시대'가 열리게 됩니다. 이 시기에는 군대가 황제를 폐위하고 새로운 황제를 옹립하면서 황제가 자주 바뀌고, 각지에서 반란과 이민족의 침입이 이어지면서 국가 전체가 흔들리기 시작합니다. 이때 가장 위협적인 외부세력이 누구였을까요? 바로 게르만족과 사산 왕조 페르시아입니다. 그들의 지속적인 침입으로 농촌은 황폐화됐고, 이로 인해 도시와 상공업도 쇠퇴하게 됩니다. 문제는 여기서 끝나지 않아요. 경제적 압박을 견디지 못한 중산층 자유민들이 농촌으로 대거 이주하면서, 대토지 소유자들이 이들을 소작인인 '콜로누스'로 받아들여 토지를 경작하게 한 현상, 바로 '콜로나투스'가 확산되기 시작합니다.

이런 위기 속에서 디오클레티아누스 황제가 등장합니다. 그는 위기를 수습하고자 강력한 개혁을 추진했어요. 가장 대표적인 것이 바로 '4제 통치 체제'입니다. 제국을 4등분해서, 두 명의 황제와 두 명의 부황제가 각각 나눠서 통치하도록 한 제도죠. 4제 통치 체제를 통해 통치 효율을 높이고, 황제권을 강화하려고 한 겁니다. 그 외에도 화폐 개혁, 군사 개편 등을 추진하며 제국을 다시 일으키려 노력했습니다.

4세기 초, 콘스탄티누스 대제는 크리스트교를 공식적으로 인정하고, 제국의 쇠퇴를 막기 위해 여러 가지 개혁을 추진했습니다. 그중 하나가 바로 수도를 로마에서 '콘스탄티노폴리스(지금의 이스탄불)'로 옮긴 것이죠. 그는 제국을 새롭게 정비하고 로마의 부흥을 꾀했습니다. 하지만 시간이 흐르면서 제국의 내부 갈등과 외부 침입이 겹쳐 위기는 커지기만 했고, 테오도시우스 황제가 사망한 395년, 결국 로마 제국은 동로마와 서로마로 분열되고 맙니다. 이후 동로마 제국(비잔티움 제국)은 콘스탄티노폴리스를 중심으로 무려 1,000년 가까이 명맥을 유지했지만, 서로마 제국은 게르만족의 끊임없는 침입과 내부 혼란 속에 결국 476년에 멸망하게 됩니다.

제국의 몰락과 게르만족의 대이동

로마의 몰락에서 프랑크 왕국의 분열까지
• 375~843년 •

게르만족의 대이동과 서로마 제국의 멸망

자, 이제 게르만족의 대이동과 서로마 제국의 멸망 이야기를 해봅시다. 원래 게르만족은 발트해 연안과 스칸디나비아반도, 그러니까 오늘날 덴마크나 노르웨이 근처에 살면서 농경, 목축, 수렵 생활을 했습니다. 그런데 이 지역은 춥고 땅이 척박해서 농사짓기가 쉽지 않았어요. 인구가 증가하면서 생활 자원까지 점점 부족해졌죠. 그래서 어떻게 했을까요? 더 넓고 기름진 땅을 찾아 남하하기 시작했습니다. 이 중 일부는 로마 제국의 변경 지대에 정착해서 로마군의 용병으로 일하거나, 로마인의 땅을 빌려 경작하는 소작인이 되며 로마 문화에 동화돼 갔습니다.

그런데 4세기 말, 상황이 또 크게 바뀝니다. 중앙아시아에 살던 훈족이 서쪽으로 이동하면서 다른 부족들을 밀어내기 시작했거든요. 훈족의 압박에, 흑해 연안에 살던 게르만족이 대규모로 로마 제국의 영토 안으로 이

동하게 된 것, 바로 우리가 말하는 '게르만족의 대이동'입니다. 게르만족은 이동 과정에서 로마 도시들을 약탈하며 큰 혼란을 일으켰고, 로마의 경제·사회 구조에 심각한 혼란을 빚었습니다. 결국 쇠약해진 서로마 제국은 476년, 게르만족 출신의 용병 대장 오도아케르에 의해 멸망했습니다.

프랑크 왕국의 성장과 카롤루스 대제의 통치

로마가 멸망하는 과정에서 고트족, 반달족, 프랑크족, 롬바르드족 등 여러 게르만 부족이 로마 영역 내에 자신들만의 왕국을 세웠습니다. 게르만족이 세운 여러 국가 가운데서도, 특히 오래 기간 번영을 누린 나라가 있었어요. 바로 '프랑크 왕국'입니다. 다른 게르만 왕국들이 정착지를 옮기는 동안, 프랑크족은 원래 머물던 곳에서 그리 멀지 않은 갈리아 지역, 즉지금의 프랑스 일대에 자리를 잡고, 빠르게 정착과 적응에 성공했습니다.

5세기 말, 프랑크 왕국에는 클로비스라는 왕이 등장해 메로베우스 왕조를 세우게 되는데요. 그는 중요한 결정을 하나 합니다. 바로 로마 가톨릭으로 개종한 것이죠. 여기서 잠깐! '로마 가톨릭'이 무엇일까요? 크리스트교는 시간이 흐르면서 서방 교회(가톨릭)와 동방 교회(정교회)로 나뉘게 되는데요. 그중 서유럽을 중심으로 발전한 분파가 바로 로마 가톨릭입니다. '로마'라는 이름이 붙은 이유는 이 교회가 로마 교황을 중심으로 조직됐기 때문이에요. 그리고 이 로마 가톨릭의 최고 지도자가 바로 교황입니다. 가톨릭에서 교황은 단순한 종교 지도자가 아니라, 예수의 수제자였던 베드로의 후계자, 곧 예수의 권위를 이은 존재로 여겨지죠. 그가 머무르며 활동하는 장소가 바로 '교황청'이고요. 자, 다시 본론으로 돌아와서 클로비스는 교회와 긴밀한 관계를 맺고, 로마 교회의 강력한 지지를 얻었습니다.

덕분에 프랑크 왕국은 다른 게르만족 중에서도 독보적인 강국으로 부상할 수 있었죠.

그러나 클로비스가 사망한 뒤, 왕위 계승 문제와 권력 분할로 인해 왕실 내부에 분열이 생겨, 왕권이 약화되기 시작합니다. 이 시기에 궁재, 즉 재상 격인 카롤루스 마르텔이 실질적인 권력을 쥐게 되죠. 8세기 초, 카롤루스 마르텔은 이베리아반도를 넘어 침입한 이슬람군을 투르-푸아티에 전투(732년)에서 물리치며, 크리스트교 세계를 보호했습니다. 또한 그의 통치 시기부터 교황청과의 정치적 연대가 강화되었고, 이는 훗날 아들 피핀 3세가 롬바르드족에 맞서 교황청을 군사적으로 지원하는 동맹으로 발전해요.

카롤루스 대제

  그의 아들 피핀은 이 기회를 잘 활용합니다. 로마 교회의 지지를 얻어 기존의 메로베우스 왕조를 종식시키고, 새로운 '카롤루스 왕조'를 출범시킵니다. 그리고 그 보답으로 교황에게 롬바르드족에게서 빼앗은 이탈리아 중부 지역을 기증하게 되죠. 이 땅이 바로 훗날의 교황령이 되고, 이를 통해 교황은 종교뿐 아니라 세속 권력까지 행사할 수 있는 위치에 오르게 됩니다.

  이어서 피핀의 아들인 카롤루스 대제는 프랑크 왕국을 전성기로 이끌며, 유럽 역사에 깊은 족적을 남기게 되죠. 주변 게르만족을 정복해 프랑크 왕국의 영토를 대폭 확장하고, 궁정 학교를 설립해 고대 그리스와 로마 문화의 부흥을 도모하고, 고전 문헌의 번역과 학문적 활동도 장려했습니다. 이러한 문화적 부흥을 두고 '카롤루스 르네상스'라고 합니다. 카롤루스 르네상스는 중세 유럽 문화와 학문의 발전에 큰 영향을 미쳤어요. 그뿐만 아니라 크리스트교 전파에도 힘써서, 800년에는 로마 교황 레오 3세로부터 황제의 관을 받으며 프랑크 왕국의 위상을 공고히 했습니다.

프랑크 왕국의 분열과 중세 유럽의 시발점

카롤루스 대제의 통치 아래, 중세 서유럽 문화는 눈에 띄게 발전하게 됩니다. 그리스·로마 문화, 게르만 문화, 그리고 크리스트교가 이 시기에 융합됐기 때문이죠. 이 세 요소가 어우러지며 중세 유럽만의 독특한 문화가 형성된 겁니다.

문제는 카롤루스 대제가 사망한 이후에 찾아옵니다. 그가 남긴 거대한 제국은, 아쉽게도 왕위 계승자들 간의 영토 다툼으로 흔들리게 됩니다. 결국 843년, 그의 손자 세 명이 제국을 셋으로 나누기로 한 베르됭 조약이 체결돼요. 이 조약에 따라 프랑크 왕국은 서프랑크, 중프랑크, 동프랑크로 나뉘게 됩니다. 이 세 왕국은 각각 오늘날 프랑스, 이탈리아, 독일의 기초가 됐습니다.

프랑크 왕국의 분열은 단순한 영토 분리가 아니라, 오늘날 유럽의 정치적 경계와 국가 정체성의 시작점이 됩니다. 유럽의 지도가 점차 민족과 언어, 문화에 따라 독립적으로 분화하기 시작한 것이죠. 그리고 얼마 지나지

않아 870년, 또 한 번 중요한 변화가 생깁니다. 중프랑크의 로타르 2세가 후사 없이 사망하면서, 이 지역은 '메르센 조약'에 따라 다시 서프랑크와 동프랑크가 나눠 갖게 됩니다. 이 과정에서 중프랑크는 소멸하고, 프랑스와 독일의 기반은 더 확고해지게 된 거죠.

기사와 영주, 봉건 사회의 탄생

봉건제의 확립과 중앙 집권화의 시도
·800~1086년·

봉건제의 성립과 장원제 경제

9세기 무렵, 프랑크 왕국의 분열로 정치적 불안정이 심화되면서 유럽은 또다시 크고 복잡한 변화의 시기를 맞이하게 됩니다. 이 무렵에 노르만족이 더 비옥한 땅을 찾아 남하하기 시작해요. 여기서 잠깐 노르만족에 대해 짚고 갈게요. 노르만족은 게르만족의 한 갈래로, 스칸디나비아반도에서 활동하던 바이킹 계열의 민족을 말합니다. 이들은 바다를 건너 무역이나 약탈, 이주를 활발히 했기 때문에 남쪽으로 이주한 게르만 부족과는 다른 방식으로 영향력을 키워 나갔습니다. 노르만족은 이주한 지역에 키예프 공국, 노르망디 공국, 노르만 왕조 등을 세우며 세력을 확장했고, 원래 살던 스칸디나비아반도에는 지금의 스웨덴, 덴마크, 노르웨이 같은 나라들이 형성됐죠. 한편, 서유럽에는 노르만족뿐만 아니라 마자르족, 이슬람 세력의 침입까지 겹치면서 큰 혼란을 겪게 됩니다. 유럽 전역의 정치적·사회

적 구조에 커다란 변화가 생긴 거죠.

외부의 위협이 커질수록 중앙 권력은 점점 힘을 잃고, 지역마다 스스로를 지켜야 하는 상황이 된 겁니다. 그 결과, 지방의 유력자들은 성을 쌓고 무력을 갖추며 기사 계급으로 성장했습니다. 빈번한 침입과 전쟁 속에서 상업은 크게 위축되고, 경제 중심도 농촌으로 옮겨가죠. 기사나 토지 소유자들은 지역민을 보호하는 대가로 농민들에게 자신의 토지를 경작하게 하고, 그들을 예속 농민으로 삼았어요. 이런 흐름 속에서 기존의 주종 관계는 더욱 확대됐고, 영주가 지배하는 장원(대규모 농경지와 그 주변 지역)을 중심으로 한 지방 분권적 체제가 강화되며, 봉건제는 중세 유럽 사회의 주요한 틀로 완전히 자리 잡게 됩니다.

주종 관계는 왕에서부터 제후, 하급 기사에 이르기까지 피라미드처럼 위계적으로 이어지는 구조였어요. 하급 기사들은 봉신이 돼 자신보다 높은 신분의 제후나 왕을 주군으로 섬기고 충성을 맹세했습니다. 반대로 주군은 그런 봉신에게 충성의 대가로 '봉토'라고 불리는 토지를 나누어 주었고요. 봉토는 단순히 땅만을 말하는 것이 아니라, 봉신의 생계를 보장하고 필요 시 군사적 보호를 제공한다는 의미였습니다. 중요한 건 이런 주종 관계가 일방적인 복종이 아니라 '쌍무적 계약'이라는 것입니다. 주군이 보호 의무를 다하지 않거나 봉신이 충성 의무를 다하지 않을 경우, 이 관계는 파기될 수 있었죠.

> 타인의 권력에 몸을 의탁한 자로서 (…) 나는 다음과 같이 처신한다. 나의 봉사와 공로에 따라 당신은 나에게 음식과 의복을 주어 나를 부양해야 한다. (…) 둘 중 한 명이 계약을 파기하려고 한다면, 그는 상대방에게 얼마간 돈을 지급해야 할 것이며, 그로써 계약은 모든 효력을 잃을 것이다.
>
> _메로베우스 왕조와 카롤루스 왕조 시대의 봉신계약서

이 글에서 볼 수 있듯이, 원래 주종 관계는 개인 간의 계약이었어요. 하지만 시간이 지나면서 상황이 바뀌게 됩니다. 주종 관계가 세습되기 시작했고, 봉신이 가진 봉토에 대한 지배권은 점점 영구적인 성격을 띠게 됐어요. 그 결과 봉신은 자신의 봉토 내에서 왕의 간섭 없이 독자적으로 권한을 행사하게 됩니다. 이때 봉신이 행사하던 대표적인 권리가 바로 불입권不入權이에요. 말 그대로 왕이 함부로 들어올 수 없는 권리, 즉 재판, 징세 등을 지방에서 독립적으로 행사할 수 있는 권한이었죠. 이런 봉신의 독립적 권한 행사는 지방 분권화를 촉진했고, 결국엔 왕권 약화로 이어집니다.

이번에는 봉토와 장원제의 경제에 대해 얘기해 볼게요. 봉토는 말 그대로 봉신이 군사적 지원과 충성의 대가로 받은 토지입니다. 하나의 봉토는 여러 개의 장원으로 구성될 수 있었고, 각 장원은 독립된 경제 단위, 쉽게

말해 하나의 자급자족 마을처럼 기능했어요. 대부분의 장원은 농업 중심의 경제 공동체로, 영주의 성, 교회, 농민들의 촌락, 공공시설물 등으로 구성돼 있었습니다. 장원의 토지를 경작하던 농민들 중 일부는 자유민이었지만, 대부분은 농노였습니다. 농노는 고대의 노예와는 달리 토지를 소유하고 가정을 꾸릴 수 있었고, 일정한 보호도 받았지만, 영주의 허락 없이는 장원을 떠날 수 없는 자유롭지 못한 신분이었죠.

농민은 지대(토지 사용의 대가)의 형태로 매주 2~3일간 영주의 직영지를 경작했고, 수확물의 일부를 공납으로 바쳤습니다. 장원 내의 제분소, 양조장 등의 시설을 이용할 때는 사용료를 냈고요. 그 밖에도 인두세, 사망세, 혼인세 같은 세금이 다양하게 부과됐고, 법적인 문제는 모두 영주의 법정에서 재판을 받아 해결해야 했습니다.

장원의 토지는 보통 경작지, 목초지, 삼림으로 구분되는데, 그중 경작지는 영주가 직접 관리하는 영주 직영지와 농민이 보유하고 경작하는 농민 보유지로 나뉘었습니다. 농사는 삼포제 방식으로 이루어졌습니다. 삼포제란 경작지를 세 부분(춘경지, 추경지, 휴경지)으로 나누어, 해마다 돌려가며 경작하는 방식인데요. 토양의 비옥도를 유지하면서도, 수확량을 안정적으로 늘릴 수 있기 때문에 널리 쓰였습니다.

중세 유럽의 봉건 국가들: 프랑스, 신성 로마 제국, 잉글랜드

중세 유럽에서는 봉건제에 기반한 다양한 국가들이 형성됐는데요. 그 대표적인 세 나라인 프랑스, 신성 로마 제국, 잉글랜드를 살펴보겠습니다.

먼저 프랑스부터 봅시다. 프랑스는 지방 분권적 봉건 국가의 전형적인 모습을 보여준 나라였습니다. 987년, 귀족들의 추대로 위그 카페가 프랑스 왕으로 즉위하면서 카페 왕조가 시작돼요. 하지만 당시만 하더라도 왕권은 매우 약했고, 위그 카페의 영향력은 파리와 그 주변 지역에 국한돼 있었죠.

그럼 프랑스의 나머지 지역은 누가 다스렸을까요? 바로 강력한 지방 제후들이었습니다. 이들은 자신의 영토에서 왕보다 더 큰 권력과 영향력을 행사했고, 특히 노르망디 공작 같은 제후는 넓은 영지와 막강한 군사력을 바탕으로, 왕의 권위에 도전하기도 했어요.

다음은 신성 로마 제국입니다. 이 국가는 프랑크 왕국이 분열된 후, 동프랑크 지역에서 등장한 봉건 국가예요. 여기서 핵심 인물은 오토 1세인데요. 그는 마자르족과 슬라브족의 침입을 막고, 동유럽의 안정을 이끈 인물입니다. 또 이탈리아 내란을 진압하고, 962년에 교황 요한 12세로부터 로마 황제의 관을 받아, 마침내 신성 로마 제국을 세우게 됩니다.

하지만 신성 로마 제국의 황제는 제후들의 선거로 선출됐기 때문에 권력이 약했고, 실제로는 지방 제후들의 힘이 더 컸어요. 게다가 황제들은 이탈리아 문제나 로마 교황과의 관계에 집중하느라 본국의 정치에는 소홀했어요. 이로 인해 황제의 권위가 약화되고 구조적으로 중앙 집권화가 어려울 수밖에 없었습니다.

마지막으로 잉글랜드입니다. 잉글랜드의 경우 1066년, 아주 중요한 사건이 벌어져요. 바로 노르망디 공작 윌리엄 1세가 헤이스팅스 전투에서 승리하면서 잉글랜드 왕위에 올라 '노르만 왕조'를 세운 것입니다. 윌리엄 1세는 봉건제를 잉글랜드에 본격적으로 도입했고, 광범위한 토지를 왕의 직할지로 삼아, 왕을 대신해 토지를 관리할 제후들에게 충성 서약을 받았습니다. 그 결과, 잉글랜드에서는 봉건적 권리와 의무가 강화됐고, 윌리엄

1세는 강력한 왕권을 행사할 수 있었죠.

월리엄 1세는 통치를 보다 체계적으로 하기 위해, 세금 징수나 법적 분쟁 해결에 쓸 기초 자료가 필요하다고 판단했어요. 따라서 전국적인 토지 조사를 실시하게 됩니다. 그 결과로 만들어진 것이 바로 유명한 토지 대장인 『둠즈데이 북 Domesday Book』입니다. 이 책은 1086년에 완성됐고, 토지 면적, 소유자의 이름, 거주 중인 노예와 자유민의 수까지 아주 꼼꼼하게 기록돼 있어요. 지금도 영국 국립 기록 보존소에 보관돼 있는 『둠즈데이 북』은 중세 최고의 행정 업적 중 하나로 손꼽히며, 중세 잉글랜드의 사회 구조와 경제 상황을 이해하는 데 반드시 필요한 1차 사료로 평가받고 있죠.

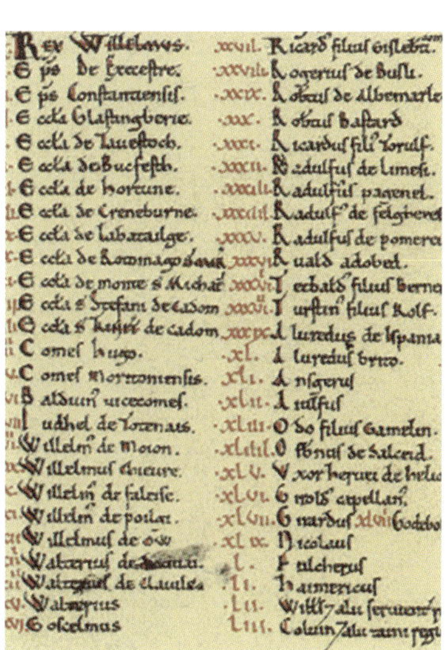

『둠즈데이 북』 일부

신의 이름으로, 중세의 크리스트교와 문화

교황권의 강화와 신앙 중심의 문화 발전
· 600~1200년 ·

교회의 성장과 동서 교회의 분열

7세기 이후, 이슬람 세력의 급격한 확장으로 크리스트교 세계에 큰 변화가 일어납니다. 원래 크리스트교는 예루살렘·알렉산드리아·안티오크·로마·콘스탄티노폴리스 다섯 개의 주요 교구를 중심으로 운영되고 있었어요. 그런데 이슬람 세력이 북아프리카와 중동 지역을 장악하면서, 결국 5대 교구 중 로마 교구와 콘스탄티노폴리스 교구만 남게 됐죠. 이 두 교구가 서유럽 교회와 동유럽 교회를 각각 대표하게 됩니다.

특히 서유럽에서는 지방 분권적인 봉건제가 발전하면서, 로마 교회의 주교는 교회의 권위를 더욱 강화할 필요가 있었어요. 그래서 자신을 예수의 제자 베드로의 후계자라고 주장하며, 스스로를 '교황'이라 부르게 됩니다. 한편, 비잔티움 제국의 황제는 자신이 크리스트교 세계의 수호자이자 중심이라는 입장에서 교회를 직접 통제하려 했고, 이로 인해 로마 교황과의 긴장과 갈등이 점점 깊어졌죠.

동서 교회의 분열은 단순히 한두 번의 사건 때문이 아니라, 오랜 기간 신학적·정치적 갈등이 쌓인 결과였습니다. 그중에서 특히 결정적인 계기는 726년, 비잔티움 제국의 황제 레오 3세가 내린 '성상 파괴령'이에요. 이 칙령은 예수, 마리아, 성인들의 성상 제작과 숭배를 금지한 조치였습니다. 하지만 서유럽에서는 게르만족 등 개종자들을 대상으로 크리스트교를 전파할 때 이 성상이 매우 유용한 교육 도구로 활용됐기 때문에, 로마 교회는 황제의 조치에 강하게 반발했죠. 결국 동서 교회의 갈등은 더 깊어졌고, 1054년 교황을 중심으로 한 서유럽의 로마 가톨릭교회와 비잔티움 제국 황제의 영향 아래 있던 동유럽의 정교회로 분열하게 됩니다.

이후 로마 가톨릭교회는 서유럽 전역에서 강력한 영향력을 행사하게 됩니다. 유럽인의 정신세계와 일상생활을 깊이 지배했어요. 교황은 왕의 대관식을 주관하며 통치에 신적인 권위를 부여했고, 성직자·영주·농노로 구성된 중세 신분 질서를 『성서』에 근거한 신의 뜻으로 정당화했어요. 또한 교회는 신도들이 기증한 토지를 바탕으로 막대한 경제력을 축적해, 또 하나의 강력한 봉건 세력이 됐습니다. 교회 조직은 교황을 정점으로 대주교, 주교, 교구 사제로 이루어진 '계서제'를 확립했고, 이 위계 구조는 중세 서유럽 전역에서 교회의 권위와 질서를 유지하는 기반이 됐습니다.

교황권 강화와 서임권 투쟁

로마 가톨릭교회는 시간이 흐르면서 점점 세력이 커졌지만, 그와 동시에 성직자의 결혼 문제, 성직 매매 같은 세속화 문제도 심각해졌어요. 특히 문제가 된 건 성직자를 임명할 수 있는 권리, 즉 성직 서임권이었습니다. 당시 교회는 황제, 국왕, 지방 세력가들의 보호 아래 있었고, 고위 성직자들은 이들 국왕이나 제후 봉신이 됐어요. 그러다 보니 성직자 임명권역시 자연스럽게 세속 권력 쪽으로 넘어간 겁니다. 이런 상황을 바꾸기 위해, 10세기 초 프랑스의 클뤼니 수도원을 중심으로 교회를 세속 권력으로부터 독립시키고 순수성을 회복하려는 개혁 운동이 시작됐어요.

클뤼니 수도원은 교황에게 직속된 수도원이라 일반 수도원과 달리 세속권력의 간섭을 받지 않았습니다. 덕분에 청빈, 순명, 정결이라는 베네딕트계율을 철저히 따르며 교회 개혁 운동을 주도할 수 있었습니다. 이 운동은성직 서임권 개혁, 성직자의 독신제 강화, 성직 매매 금지 같은 구체적인개혁 노선을 확립해 나갔고, 수도사들은 자급자족 노동을 중시하며 세속인의 신앙과 생활에 모범이 되는 공동체를 형성했습니다. 또한 이들은 학문 연구와 교육을 장려해 중세 지적 활동의 중심지 역할을 했습니다. 고전문헌을 필사하고 보존하는 데 힘을 쏟으며 중세 서유럽의 문화와 지식 전승에 크게 기여했어요. 클뤼니 수도원의 영향력은 중세 유럽 전역으로 확산됐으며, 교황을 배출하는 등 교황권 강화에도 기여했죠. 이러한 흐름은11세기 교황 주도의 개혁으로 이어졌습니다.

클뤼니 수도원 출신의 교황 중 한 명이 바로 그레고리우스 7세입니다.그는 성직 매매와 성직 세습을 금지하고, 황제가 행사하던 성직 서임권이교황의 권한이라고 주장했습니다. 교황이 국왕보다 우위에 있음을 강조하면서, 교회는 국왕이나 지방 세력가에게 기증받은 광대한 토지를 기반으로 교회의 봉건적 영향력을 확대했습니다. 교회의 내부 개혁을 넘어 교황권을 강화하고 세속 권력을 견제하려는 목적이었죠. 이는 곧 황제의 권위에 정면으로 맞서는 일이었고, 결국 신성 로마 제국의 황제 하인리히 4세와의 서임권 투쟁으로 이어집니다.

_1075년 그레고리우스 7세 「교황 칙령」

하인리히 4세는 독일의 주교들을 규합해 교황을 폐위하려 했고, 이에 맞서 교황은 하인리히 4세를 파문했어요. 파문을 당한 황제는 제후와 주교들의 지지마저 잃고 정치적으로 고립됐고, 결국 1077년 카노사 성을 찾아가 교황에게 용서를 빌어야 했습니다. 이게 바로 유명한 '카노사의 굴욕'이에요. 하인리히 4세는 사흘간 눈 덮인 성문 앞에 서서 회개하는 모습을 보인 끝에야 파문이 철회됐지만, 이건 잠깐의 타협이었을 뿐이죠. 서임권을 둘러싼 갈등은 이후에도 계속됐습니다. 결국 1122년, 교황과 황제 사이에 보름스 협약이 체결되면서 성직 서임권은 교회에 귀속됐고, 황제는 어느 정도의 영향력은 유지했지만, 성직 임명에 대한 직접적인 개입은 제한받았습니다.

신성 로마 제국 황제인 나, 하인리히는 모든 서임권을 성스러운 로마 가톨릭교회에 바친다.

_1122년 보름스 협약

하인리히 4세가 카노사에서 사흘 동안 기다리는 모습

이후 교황의 권위는 더욱 높아졌고, 13세기 인노켄티우스 3세 시대에는 '교황은 해, 국왕은 달'에 비유될 정도로 세속 군주보다 더 위에 있는 존재로 인식되기도 했습니다.

중세 유럽의 신학과 교육

중세 서유럽에서는 크리스트교를 중심으로 한 문화가 형성됐고, 학문 역시 신학, 즉 신에 대한 탐구와 교리 해석을 중심으로 발전했습니다. 철학은 이 시기에 신앙과 교리를 더 깊이 이해하기 위한 보조 학문으로 여겨졌기에, '철학은 신학의 시녀다'라는 말까지 생겨났습니다. 신학이 주인이고, 철학은 그 옆에서 돕는 역할이라는 의미죠.

초기 신학의 대표적인 인물은 아우구스티누스로, 그의 교부 철학이 중세 초 학문을 이끌었습니다. 그런데 십자군 전쟁 이후, 아라비아 지역을 통해 아리스토텔레스의 철학이 본격적으로 서유럽에 전해지면서 학문 풍토에 큰 변화가 일어나게 됩니다. 이때 등장한 것이 바로 스콜라 철학이에요. 스콜라 철학은 한마디로 신앙과 이성을 조화시키려는 철학적 방법론인데, 대표적인 철학자로는 『신학대전』을 저술한 토마스 아퀴나스가 있습니다.

신의 은총은 자연을 파괴하지 않고 오히려 완성한다. 그래서 이성은 신앙에 협력해야 한다.

_토마스 아퀴나스 『신학대전』

즉, 인간의 이성과 신의 계시는 서로 대립하는 것이 아니라, 서로 도우며 진리를 밝히는 데 함께 쓰일 수 있다는 입장이었어요. 하지만 시간이 흐르면서 이런 생각에 의문을 제기하는 철학자들도 등장합니다. 13세기 이후, 윌리엄 오컴은 신의 존재는 계시에 따라 받아들여야 할 문제이며, 이성은 이를 논리적으로 증명하는 도구가 될 수 없다고 주장했습니다. 스콜라 철학 내부에서도 다양한 견해가 부딪히기 시작한 거죠.

이제 교육 이야기로 넘어가 봅시다. 중세 초기의 교육 기관은 주로 교회나 수도원에 딸린 학교들이 중심이었어요. 이곳에서 성직자들이 교육을 받았고, 일반인에게도 기본적인 문해 교육이 이루어졌죠. 하지만 시간이 흐르며 도시가 성장하고, 학문 연구가 활발해지면서 '대학'이 학문의 중심으로 떠오르게 됩니다. 12세기경, 이탈리아의 볼로냐, 프랑스의 파리에서

중세 볼로냐 대학교

최초의 대학들이 설립되기 시작했고, 이후 유럽 각지로 퍼져 나갔습니다. 흥미로운 점은 중세의 대학은 국가나 왕이 만든 것이 아니라, 교수나 학생들의 자발적인 조합에서 시작됐다는 거예요. 그래서 대학마다 운영 방식과 전통이 달랐고, 때로는 교회나 세속 권력으로부터 자치권을 인정받기도 했습니다. 그 덕분에 비교적 독립적인 학문의 수립이 가능했던 거죠.

중세 유럽의 예술과 건축

중세 유럽에서는 기사도를 중심으로 한 문학이 유행했어요. 이 시기 문학 작품들은 대체로 용맹한 기사들의 모험과 사랑, 충성, 명예를 주제로 삼았습니다. 카롤루스 대제의 부하 롤랑의 무용담을 다룬 『롤랑의 노래』, 게르만족의 전설을 바탕으로 한 『니벨룽겐의 노래』, 그리고 우리가 잘 아는 아서왕과 원탁의 기사들에 관한 아서왕 이야기 같은 작품들이 있죠.

이제 건축 이야기를 해봅시다. 중세 유럽에서는 교회, 수도원 등 종교 건축이 중심이 됐고, 그 과정에서 건축 양식도 발전하게 됩니다. 먼저 11세기에는 로마네스크 양식이 유행했고, 12세기부터는 고딕 양식이 등장해 유럽 전역으로 확산됐습니다.

로마네스크 양식은 반원형 아치, 돌로 만든 두꺼운 천장, 천장을 지탱하기 위한 거대한 기둥과 두꺼운 석벽, 작은 창이 특징입니다. 건물 내부에는 『성서』의 내용을 묘사한 벽화가 그려졌고, 빛이 잘 들지 않는 어두운 내부 공간은 엄숙하고 장엄한 분위기를 자아내어 당시 크리스트교 사회의 신앙심과 교회의 권위를 시각적으로 표현했죠. 대표적인 로마네스크 양식 건축물로는 이탈리아의 피사 대성당과 피렌체 대성당이 있습니다.

그런데 12세기부터는 새로운 양식인 고딕 양식이 등장하면서 분위기가

피사 대성당 외부(좌) / 피사 대성당 내부(우)

확 바뀌게 됩니다. 프랑스를 중심으로 시작된 고딕 양식은, 로마네스크 양식의 무거운 분위기에서 벗어나 더 높고, 더 밝고, 더 화려한 구조를 추구했습니다. 고딕 양식은 끝이 뾰족한 높은 첨탑과 대형 스테인드글라스 창이 특징이고, 건물의 바깥쪽에 세운 지지벽인 부벽을 사용함으로써 벽의 두께를 줄였습니다. 부벽 덕분에 빛이 많이 들어오고, 건물도 훨씬 더 높이 지을 수 있었던 거죠. 웅장한 외관, 화려한 채광, 천장 높이의 극대화를 통해 신성하고 숭고한 분위기를 조성했어요. 대표적인 건축물로는 독일의 쾰른 대성당, 프랑스의 샤르트르 대성당과 노트르담 대성당이 있습니다.

천년 제국 비잔티움의 영광과 몰락

로마의 유산을 계승한 동방 제국
· 330~1453년 ·

유스티니아누스 대제와 비잔티움의 전성기

우리가 흔히 비잔티움 제국이라고 부르는 동로마 제국은, 서로마 제국이 멸망한 후에도 로마 제국의 전통을 이어받아 약 1000년간 명맥을 유지했습니다. 참고로 '비잔티움 제국'이라는 명칭은 후대 학자들이 수도인 콘스탄티노폴리스의 옛 지명 '비잔티움'에서 따온 것입니다. 지금의 튀르키예 이스탄불이 바로 그 자리죠.

비잔티움 제국은 단순히 오래 살아남은 나라가 아니었습니다. 이슬람 세력의 확장에 맞서 크리스트교 세계를 지켜내는 방파제 역할을 했고, 동방에서 서유럽 세계와 경쟁하며 독자적인 정치와 종교 구조를 발전시켜 갔습니다. 서유럽에서는 교황권과 황제권이 분리돼 각자의 영역을 가지고 있었지만, 비잔티움 제국에서는 황제가 곧 교회를 지배하는 구조인 '황제 교황주의'가 발전했어요.

또 수도인 콘스탄티노폴리스는 지리적으로도 아주 유리한 위치에 있었습니다. 유럽과 아시아를 잇는 길목에 자리하면서 동서 교통과 상공업 및 무역의 중심지로 크게 번영했어요. 그 결과, 비잔티움 제국의 전성기에는 콘스탄티노폴리스가 수도와 교외까지 합쳐 인구가 약 100만 명에 달하는 대도시로 성장했습니다.

비잔티움 문화가 슬라브 세계에 미친 영향

비잔티움 제국은 6세기, 유스티니아누스 황제 때 전성기를 맞이하게 됩니다. 유스티니아누스는 군사적으로 아주 능한 인물이었어요. 먼저 사산 왕조 페르시아와 협정을 맺어 배후의 위협을 제거했고, 그다음엔 반달족의 내분을 구실로 북아프리카에 군대를 보내, 반달 왕국을 정복하는 데 성공합니다. 거기에서 그치지 않고 곧바로 시칠리아를 점령하고, 나폴리까지 진출하면서 이탈리아반도의 상당 부분을 제국의 영향권 아래에 두는 데 성공했어요. 이로써 유스티니아누스는 지중해를 거의 장악하게 되죠.

말 그대로 지중해를 제국의 '호수'로 만든 셈입니다.

그는 또 정치와 행정 정비에도 힘을 쏟았는데요. 가장 유명한 업적 중 하나가 바로 『유스티니아누스 법전』을 편찬한 것입니다. 이 법전은 고대 로마법을 체계적으로 정리한 것으로, 후대 유럽의 법 체계에 큰 영향을 준 명실상부 '법의 기초'라고 할 수 있어요.

건축에서도 유스티니아누스의 업적을 찾아볼 수 있습니다. 콘스탄티노폴리스에 '성 소피아 성당'을 세우게 되는데, 이 건물은 유스티니아누스의 명령으로 무려 5년 만에 완공됐고, 정교회의 대표 성당으로 자리 잡습니다. 하지만 훗날 이 지역이 오스만 제국의 지배를 받게 되면서 성 소피아 성당은 이슬람 사원, 즉 모스크로 바뀌게 됩니다. 다음 쪽의 '술탄 아흐메트 사원이 된 성 소피아 성당' 사진의 우뚝 솟은 4개의 미너렛(첨탑)이 보이시나요? 이 미너렛이 바로 오스만 시기에 세워진 것들입니다.

비잔티움 제국은 단순히 정복만 잘한 나라가 아니었어요. 크리스트교를 바탕으로 그리스·로마 문화와 헬레니즘 문화까지 융합해 독자적인 문화

술탄 아흐메트 사원이 된 성 소피아 성당

를 발전시켰습니다. 언어도 라틴어 대신 그리스어를 공용어로 사용했고, 고대 그리스의 고전 문헌을 수집하고 연구하면서 사상과 학문이 끊이지 않고 보존될 수 있었어요. 이런 고전 연구의 성과는 훗날 서유럽에 전파되며 르네상스 운동의 토대가 되기도 합니다. 건축에서도 비잔티움 양식이라는 독특한 형태가 만들어졌어요. 대표적인 예시가 바로 앞서 말한 성 소피아 성당입니다. 이 양식은 웅장한 돔 구조와 화려한 모자이크 벽화로 장식된 내부가 특징입니다.

이 비잔티움 문화는 슬라브족에게도 큰 영향을 미쳤습니다. 슬라브족은 유럽 동북부에 살던 민족인데, 비잔티움 제국 내로 들어와 살면서 자연스럽게 문화적으로 동화됐죠. 특히 훗날 러시아의 기원이 되는 키예프 공국은 흑해를 통한 교역으로 비잔티움 제국과 긴밀하게 연결돼 있었습니다. 그런 이유에서 키예프 공국은 훗날 정교회를 국교로 받아들이고, 콘스탄티노폴리스를 본떠 같은 이름의 '성 소피아 성당'까지 세웠어요. 그만큼 비잔티움 문화의 영향을 깊이 받았다는 증거입니다.

외세 침략과 비잔티움 제국의 쇠퇴와 멸망

유스티니아누스 황제 이후, 비잔티움 제국은 끊임없는 외세 침략에 대비해야 했습니다. 그에 맞는 국가 체제를 갖추기 위해 몇 가지 중요한 제도를 시행하게 되죠. 먼저 나온 제도가 '군관구제'입니다. 군관구제는 제국 전역을 여러 개의 군관구로 나누고, 황제가 직접 임명한 사령관에게 군사권·행정권·사법권을 주며 지역 통치를 일원화한 방식이었어요. 쉽게 말해, 군사지역과 행정구역을 하나로 묶어 통제를 강화한 제도라고 보면 됩니다. 또 하나의 중요한 제도가 '둔전병제'입니다. 둔전병제는 군역에 복무하는 농민에게 토지를 주고, 그 농민이 군사 복무를 계속하는 조건으로 토지를 상속할 수 있게 해주는 제도였어요.

이를 통해 자영농을 육성함과 동시에 국방력도 강화했습니다. 이 두 제도 덕분에 한동안 비잔티움의 국방은 안정적이었지만, 문제는 시간이 흐르면서 제도의 근간이 흔들리기 시작했다는 겁니다. 9세기 후반, 한때는 이슬람 세력에 빼앗긴 영토를 일부 되찾는 등 잠시 부흥을 꾀하기도 했습니다. 하지만 지방 유력자들의 대토지 사유화 현상이 심해지면서 문제가 생깁니다. 일시적으로 개혁을 시도하기도 했지만, 결과적으로 둔전병제가 붕괴되고, 대토지 소유자들이 봉건 영주화되면서 황제권 역시 약화될 수밖에 없었어요.

그리고 11세기, 결정적인 사건이 터집니다. 셀주크 튀르크가 비잔티움의 영토를 침입해 차지하면서 크리스트교의 성지인 예루살렘까지 빼앗긴 거죠. 비잔티움 제국은 서유럽 세계에 군사적 지원을 요청했고, 이 요청이 십자군 전쟁으로 이어지게 됩니다. 십자군 전쟁은 200년 동안 이어졌고, 그 과정에서 비잔티움 제국 자체도 더욱 약화돼요. 결국 1453년, 오스만 제국의 공격으로 수도 콘스탄티노폴리스가 함락되면서 비잔티움 제국은 역사 속으로 사라지게 됩니다.

십자군 전쟁, 신앙과 욕망이 뒤엉킨 전쟁

크리스트교와 이슬람의 충돌

· 1095~1270년 ·

11세기부터 서유럽 세계는 경제적으로 안정되며 빠르게 발전하기 시작했어요. 삼포제가 확산되고, 말과 무거운 쟁기 같은 농기구가 본격적으로 사용되면서 농업 생산성이 올라가고, 그에 따라 인구도 증가하게 됩니다. 그런데 인구가 늘다 보니 농지가 부족해졌고, 새로운 땅을 찾아 동쪽으로 진출하는 이들이 많아졌어요. 오늘날 스페인과 포르투갈이 위치한 이베리아반도의 크리스트교 국가들이 이슬람 세력에 맞서 한때 빼앗긴 땅에 대한 재정복 운동(레콩키스타)을 벌이기도 했는데요. 이처럼 영토 확장에 대한 열망이 커지기 시작합니다.

이런 분위기 속에서 11세기 후반, 비잔티움 제국이 셀주크 튀르크에게 영토를 빼앗기고, 그 과정에서 예루살렘을 포함한 크리스트교의 성지를 상실하게 돼요. 그러자 비잔티움 제국의 황제 알렉시우스 1세는 로마 교황 우르바누스 2세에게 군사적 지원을 요청합니다. 교황은 이를 교황권

확대의 기회로 보고, 1095년에 클레르몽 공의회에서 다음과 같이 직접 호소했어요.

> "예루살렘, 안티오크 및 그 밖의 도시들에서 크리스트교도가 박해를 받고 있다. 신을 믿지 않는 튀르크인은 그칠 줄 모르고 콘스탄티노폴리스로 다가오고 있으니, 성지의 형제들을 구하자. (…) 예수의 성묘가 있는 곳으로 가지 않겠습니까? 젖과 꿀이 흐르는 땅은 신이 그대들에게 내린 토지이다. 그곳에서 불행한 자와 가난한 자는 번영할 것이다."

또한 전쟁에 참여하면 '지은 죄를 용서받을 수 있다'는 성지 회복을 위한 호소까지 더해집니다. 종교적 열정과 함께, 사회적 지위 상승, 경제적 기회, 모험심 같은 복합적인 이유로 많은 이들이 참여하게 됩니다. 그렇게 1096년, 유럽의 제후, 기사, 상인, 심지어 농민들까지 각자의 이유로 원정에 합류하여, 제1차 십자군 전쟁이 시작됩니다.

당시 유럽인들은 크리스트교에 대한 강한 자부심과 신앙 열정에 사로잡혀 있었고, 마침내 1099년, 3년의 긴 원정 끝에 예루살렘을 탈환하는 데 성공해요. 그리고 그곳에 예루살렘 왕국을 세웁니다. 하지만 이슬람 세력이 다시 반격을 시작하자, 유럽은 1147년에 제2차 십자군 전쟁을 일으켜 대응합니다. 하지만 결국 이슬람 군대에게 패하고 허망하게 유럽으로 철수해야 했죠.

제2차 십자군 전쟁이 끝나고 이슬람 세계에는 한 지도자가 등장합니다. 바로 살라딘이에요. 살라딘은 1171년 이집트의 파티마 왕조를 무너뜨리고 이집트의 술탄이 됐고, 이후 팔레스타인과 시리아까지 통일해 아이유브 왕조를 세웁니다.

그는 예루살렘 탈환을 목표로 '지하드', 즉 이슬람교의 성스러운 전쟁을 선포하고, 1187년 마침내 예루살렘을 되찾았습니다. 이 소식에 유럽은 1189년 제3차 십자군 전쟁을 일으키며 대응합니다. 이번에는 유럽의 세 강국인 영국, 프랑스, 신성 로마 제국이 직접 나섰습니다. 영국의 리처드 1세, 프랑스의 필리프 2세, 신성 로마 제국의 프리드리히 1세가 십자군을 이끌고 출정합니다. 하지만 원정 도중 프리드리히 1세는 강물에 빠져 익사했고, 리처드 1세와 필리프 2세는 내분 끝에 필리프 2세가 프랑스로 돌아가면서, 사실상 리처드 1세가 혼자 전쟁을 이어가게 됩니다.

결국 리처드 1세는 살라딘에게 협상을 제안해요. "크리스트교도들이 예루살렘을 자유롭게 순례할 수 있게 해주면 영국으로 돌아가겠다." 살라딘이 이 제안을 받아들임으로써, 마침내 제3차 십자군 전쟁은 협상으로 마무리됩니다.

이후에도 유럽은 1270년까지 다섯 차례나 십자군을 더 파견하지만, 점

십자군 전쟁

점 원래의 목적이 희미해졌죠. 예루살렘 탈환보다는 약탈과 정치적 목적이 주가 된 겁니다. 십자군을 주도한 교황과 왕, 기사들은 이 전쟁을 권력 확대나 경제적 이익을 위한 수단으로 삼기 시작했고, 결과적으로 십자군 전쟁은 제1차를 제외하고는 거의 실패로 끝났습니다.

결국 예루살렘은 오랜 세월 이슬람 세력의 지배 아래 남게 됐고, 서유럽 사회는 십자군 전쟁 이후 큰 변화를 겪었죠. 가장 먼저 교황권이 눈에 띄게 약화됐고, 오랫동안 원정에 나섰던 제후와 기사 계층이 몰락하면서 봉건제가 흔들렸으며, 그 여파로 상대적으로 왕권이 강해지는 결과를 낳았거든요.

중세의 변화, 도시의 성장과 왕의 힘

봉건제의 해체와 중앙 집권화로 가는 길
· 1000~1500년 ·

도시와 상업의 성장에 따른 경제 구조 변화

유럽에서는 11세기부터 교통 요지마다 시장이 생기고, 상인과 수공업자가 모여들었어요. 그에 따라 도시가 성장하기 시작했죠. 특히 십자군 전쟁 이후에는 원거리 무역이 활발해지고 거래 규모도 커지면서 도시는 더 빠르게 발전했습니다.

이탈리아의 베네치아, 제노바 같은 지중해 연안 도시들은 동방 무역으로 큰 번영을 누렸고, 피렌체와 밀라노는 금융업과 직물업을 중심으로 성장했습니다. 독일 북부 지역의 함부르크, 뤼베크 등은 '한자 동맹'이라는 무역 공동체를 구성해 북해와 발트해 연안의 무역을 독점했어요. 한자 동맹은 단순한 상업 조직을 넘어서, 해군력을 갖춘 군사적 동맹으로 발전했습니다. 또 프랑스의 샹파뉴 지방에서는 지중해 무역과 북방 무역을 연결하는 정기시(정기적으로 열리는 시장)가 열리며 상업 중심지로 떠올랐습니다.

도시는 처음에는 영주의 지배 아래 있었지만, 경제력이 커지자 시민들이 재력과 무력을 앞세워 영주로부터 자치권을 얻기 시작했어요. 시민들은 시의회를 구성해 도시를 운영했고, 그 비용을 부담하는 대신 법적으로 신분상의 자유를 누릴 수 있었습니다.

이 도시민들은 공동의 이익과 안전을 도모하기 위해 '길드'를 만들었어요. 길드는 상인이나 수공업자들이 만든 동업 조합인데, 노동 시간, 생산 기술, 상품 가격 등을 규제하고, 규칙을 어긴 회원에게는 벌금을 부과하기도 했습니다.

처음에는 일반 상인 중심의 길드가 주도했지만, 시간이 지나면서 대상인들이 길드 운영과 도시 행정을 독점하게 됐습니다. 그래서 수공업자도 별도의 길드를 조직해 대항했죠. 수공업자 길드는 장인 중심으로 구성됐고, 각 장인은 도제와 직인을 두었습니다. 도제는 장인의 지도하에 일을 배우는 수습 단계이고, 직인은 도제에서 한 단계 올라간 숙련공이에요.

한편 상공업이 발달하고 도시가 커지면서 화폐 경제도 널리 퍼졌습니다. 영주들도 농민에게 더 이상 부역을 강요하기보다는 현물이나 화폐로 지대를 받게 됐어요. 그 결과 농민은 점점 부역에서 벗어날 수 있었고, 곡물 가격은 오르고 화폐 가치는 떨어지면서 농민의 경제적 지위도 점차 향상됐습니다.

그런데 14세기 중엽, 유럽을 휩쓴 흑사병으로 상황은 급변합니다. 인구가 크게 줄고 노동력이 부족해지자 영주들은 농민의 처우를 개선해 노동력을 유지하려 했고, 그 결과 농노에서 해방되는 이들이 늘어나요. 자영 농민이 증가하면서 장원제는 점차 해체되는 방향으로 흘러갔습니다.

물론 일부 지역에서는 상황이 달랐어요. 수입이 줄어든 영주가 오히려 직영지를 확대하고 화폐 지대를 다시 부역으로 되돌리면서 농민을 더욱 억압하기도 했습니다. 이런 억압에 맞서 프랑스에서는 자크리의 난, 영국 에서는 와트 타일러의 난 등 농민 봉기가 일어나게 됩니다.

근대 국가의 초석이 된 교황권의 쇠퇴와 왕권의 강화

십자군 전쟁이 실패하면서 교황의 권위는 점차 약해졌습니다. 14세기 초, 교황 보니파키우스 8세는 프랑스 왕 필리프 4세와 교회와 성직자에 세금을 부과하는 문제를 두고 크게 대립했어요. 그런데 당시 교황은 정치적으로 힘이 많이 약해져 있었기에, 필리프 4세는 프랑스의 세 신분(귀족·고위 성직자·평민) 대표자들이 모인 '삼부회'의 지지를 등에 업고 교황을 압박하게 됩니다. 이로 인해 교황은 필리프 4세에게 굴복하게 되고, 이후 교황청은 아비뇽으로 옮겨져 약 70년 동안 프랑스 왕의 통제를 받았죠. 이 시기를 '아비뇽 유수'라고 합니다.

그 후 교황청은 다시 로마로 돌아오긴 했지만, 문제는 여기서 끝나지 않았습니다. 아비뇽에서도 또 다른 교황이 선출되면서 1378년부터 1417년까지 40년 동안 두 명의 교황이 서로 정통성을 주장하며 대립하는 사태가 발생했어요. 이것이 바로 '교회의 대분열'입니다.

이처럼 교황과 교회의 권위가 추락하자, 개혁을 요구하는 움직임도 나타났습니다. 영국의 위클리프와 보헤미아의 후스는 교회의 세속화와 성직자의 타락을 비판하며, 『성서』에 근거한 신앙의 순수성을 강조했어요. 이에 로마 가톨릭교회는 콘스탄츠 공의회를 열어 위클리프를 이단으로 규정하고, 후스를 화형에 처했습니다. 또 공의회를 통해 교황의 정통성을 인정하고, 새로운 단일 교황을 선출하면서 교회의 대분열은 일단락됐습니다.

한편, 이 시기 유럽 각국에서는 봉건 영주의 힘이 약해지고 교황권도 약화되면서 왕권을 강화하려는 움직임이 나타납니다. 국왕들은 사법권과 과세권을 확대하고, 상비군과 관료를 양성하면서 중앙 집권 체제를 갖춰가기 시작했어요. 도시의 상공업자들도 봉건적 제약에서 벗어나기 위해 국가 재정을 지원하거나 왕의 관료로 활동하며, 귀족, 성직자와 함께 신분제 의회에 참여했습니다. 또 이 무렵에는 화약의 도입으로 전통적으로 군사력을 쥐고 있던 기사 계층은 점차 약화됐고, 왕의 통제 아래 있는 신하로 편입됩니다.

영국은 노르만 왕조가 들어선 이래로 비교적 왕권이 강한 편이었지만, 12세기부터는 귀족들의 정치적 저항에 부딪히게 됩니다. 특히 13세기, 존 왕이 프랑스와의 전쟁에서 패하면서 악화된 재정을 회복하기 위해 무거운 세금을 부과했는데, 이에 귀족이 반발해서 왕에게 '대헌장(마그나 카르타)'을 승인하도록 했습니다. 대헌장은 왕이 귀족의 권리를 침해하지 않겠다고 약속하는 일종의 계약이었어요.

이후 성직자, 귀족, 각 주와 도시의 대표들이 참여하는 '모범 의회'가 열렸고, 14세기에는 상원과 하원으로 구성된 '양원제 의회'의 기틀도 마련됩니다. 이렇게 해서 영국은 왕권과 의회가 함께 성장하는 정치 구조를 갖춰 나가게 된 거죠.

백년 전쟁,
통일 국가의 씨앗

전쟁과 재편, 중세에서 근대로 가는 길

• 1337~1492년 •

백년 전쟁

14세기 초, 프랑스 북부의 플랑드르 지방은 영국의 지배를 받고 있었어요. 지금의 벨기에, 프랑스, 네덜란드에 걸쳐 있는 이 지역은 양모 산업과 포도주로 유명했고, 세금 수입도 많았기 때문에 영국 측에는 재정적으로 매우 중요한 지역이었죠. 반면 프랑스의 입장에서는 이런 요지에 영국이 발을 들여놓고 있는 걸 달가워할 리 없었고, 기회가 된다면 반드시 되찾고 싶어 했습니다.

그러던 중 1328년, 프랑스 국왕 샤를 4세가 자손 없이 사망하면서 왕위 계승 문제가 생깁니다. 사촌 동생인 필리프 6세가 왕위를 잇게 되자, 영국의 왕 에드워드 3세는 "나는 샤를 4세의 외조카이니 프랑스 왕위를 계승할 자격이 있다"고 주장했어요. 하지만 프랑스 의회는 이를 인정하지 않고 필리프 6세를 국왕으로 추대했습니다. 결정적으로 1337년, 필리프 6세

가 프랑스 내 영국령을 공격하고 플랑드르까지 침공하자, 두 나라는 전면전에 돌입하게 되죠. 이것이 바로 '백년 전쟁'의 시작입니다.

사실 양국 모두 전쟁이 이렇게 오래갈 거라고는 생각하지 못했어요. 하지만 전쟁은 서로 우열을 가리지 못한 채 장기전으로 이어졌습니다. 그러다 1347년경, 유럽에 흑사병이 창궐하면서 전쟁은 일시 중단될 수밖에 없었습니다. 유럽 인구의 3분의 1이 사망할 정도로 피해가 컸고, 그 여파로 노동력 부족과 경제 혼란이 겹치면서 사회가 크게 흔들렸어요. 그 와중에 1358년 프랑스에서는 자크리의 난, 1381년 영국에서는 와트 타일러의 난이 일어납니다. 이 두 사건은 모두 농민들이 봉건적 억압에 저항하며 일어난 대규모 봉기였죠. 이처럼 흑사병 이후 농민들의 불만이 폭발하면서 영국과 프랑스의 전쟁은 한동안 교착상태에 빠지게 됩니다.

시간이 흘러 1429년, 전쟁의 흐름은 프랑스에 매우 불리하게 전개되고 있었어요. 영국군은 이미 프랑스 북부 대부분을 점령하고 있었고, 프랑스 중앙부에 위치한 오를레앙까지 공격하고 있었죠. 이때 등장한 인물이 다들 한 번쯤 들어봤을 '잔 다르크'입니다. 농부의 딸로 태어난 열일곱 살 소녀 잔 다르크는 "신의 목소리를 들었다"고 말하며, 프랑스를 구하겠다는 사명감으로 샤를 왕자에게 찾아가 군대를 요청했어요.

잔 다르크의 등장으로 사기가 오른 프랑스군은 결국 영국군을 무찌르고 오를레앙을 구하는 데 성공합니다. 이 승리를 계기로 샤를 왕자는 왕위에 오를 수 있었죠. 하지만 잔 다르크의 운명은 비극적이었어요. 1430년, 프랑스 귀족 부르고뉴파가 영국군과 손을 잡고 그녀를 넘겼고, 영국은 잔 다르크를 마녀로 몰아 재판에 넘긴 뒤 화형에 처했습니다.

잔 다르크

이후에도 프랑스는 영국과의 전투에서 유리한 국면을 이끌어갔고, 결국 1453년에 프랑스 북부 칼레를 제외한 전역에서 영국군을 몰아내며 전쟁에서 승리하게 됩니다. 백년 전쟁은 단순한 영토 전쟁이 아니었어요. 프랑스는 전쟁을 겪으며 귀족들이 왕을 중심으로 단결하는 경험을 했고, 그 결과 중앙 집권 체제로 나아가는 계기를 마련할 수 있었습니다.

장미 전쟁

반면 백년 전쟁에서 패한 영국에서는 왕위 계승권을 둘러싸고 요크가와 랭커스터가 사이에 전쟁이 벌어졌어요. 랭커스터가는 붉은 장미, 요크가

장미 전쟁

는 흰 장미를 상징으로 삼았기 때문에 이 전쟁은 장미 전쟁이라고 불립니다. 전쟁은 1455년부터 1485년까지, 약 30년간 이어졌죠. 전쟁이 길어질수록 두 가문 모두 귀족 세력의 힘은 약해집니다. 그런데 그 틈을 랭커스터가 출신의 헨리 튜더(훗날 헨리 7세)가 잘 활용했습니다. 헨리는 요크가의 유력 인물들과 화해와 혼인 동맹을 맺는 방식으로 지지를 확보했고, 내전으로 지친 귀족과 국민들의 '안정된 왕권'에 대한 열망을 등에 업고 왕위에 오르게 됩니다. 즉 랭커스터가의 승리였죠. 이렇게 해서 헨리 7세는 튜더 왕조를 열고, 전쟁으로 흩어진 권력을 다시 모아 중앙 집권 국가의 기반을 닦게 된 거예요.

분열된 독일과 이탈리아, 통일된 에스파냐와 포르투갈

영국과 프랑스는 비교적 일찍 중앙 집권 국가로 통일된 데 반해, 독일과 이탈리아는 오랫동안 분열 상태가 이어졌습니다. 독일의 경우, 신성 로마 제국 황제들이 제후들의 견제를 받으며 실질적인 권한을 행사하지 못했기 때문이에요. 13세기에는 아예 황제가 없는 '대공위 시대'를 겪었고, 14세기에는 '황금 문서'라는 제도가 생겨서 유력한 제후 8명이 황제를 선출하는 방식으로 권력이 더 나뉘게 됩니다. 이렇게 되다 보니 정치 실권은 각 지역의 대제후들이 쥐게 됐고, 강력한 중앙 집권 국가로 발전하기 어려운 구조가 만들어졌죠.

이탈리아도 마찬가지예요. 신성 로마 제국의 간섭이 계속되면서 베네치아, 피렌체 같은 도시 국가와 교황령, 나폴리 왕국 등으로 분열돼 있었고, 이 상태가 오랫동안 유지됩니다. 반면 이베리아반도에서는 흐름이 좀 달랐어요. 이슬람 세력을 몰아내는 재정복 운동(레콩키스타)이 진행되면서 카스티아 왕국과 아라곤 왕국이 성장했습니다. 또한 이 두 나라는 왕실 간의 결혼을 통해 하나로 통합되죠. 그렇게 해서 에스파냐 왕국이 탄생합니다. 그리고 1492년, 이슬람 세력의 마지막 거점인 그라나다를 정복하면서, 에스파냐는 통일 국가로서의 모습을 완성하게 됩니다.

한편, 같은 이베리아반도에 위치한 포르투갈은 12세기에 카스티아에서 독립하고, 15세기 후반에는 독립된 통일 국가로 성장합니다. 이후 포르투갈은 인도 항로를 개척하는 등 해외 진출을 본격화하게 됩니다.

르네상스, 인간을 다시 발견하다

인문주의와 예술 그리고 근대 사회로의 도약

· 1350~1600년 ·

르네상스, 이탈리아에서 인문주의를 꽃피우다

'르네상스'는 프랑스어로 '재생', '부활'을 뜻합니다. 르네상스는 14세기부터 16세기까지 유럽에서 일어난 문예 부흥 운동으로, 고대 그리스·로마 시대의 고전 작품을 수집하고 연구하려는 움직임이 활발했죠.

특히 이탈리아는 과거 로마 제국의 중심지였던 만큼, 고전 문화의 전통이 상대적으로 많이 남아 있었습니다. 여기에 1453년 비잔티움 제국이 멸망하면서, 많은 학자가 콘스탄티노폴리스에서 이탈리아로 망명하게 되죠. 이들이 가져온 고전 문헌과 학문은 이탈리아의 르네상스에 큰 자극이 됩니다.

또한 십자군 전쟁 이후, 지중해 무역과 제조업으로 부를 축적한 이탈리아 북부 도시의 상인과 군주들이 자신의 명예를 높이고자 문예를 적극 후원하면서 르네상스가 꽃피기 좋은 환경이 갖춰졌어요.

이 시기에 르네상스의 핵심 정신으로 '인문주의'가 발전합니다. 인문주의는 인간의 본성과 삶을 긍정적으로 바라보는 태도이자, 인간의 존엄성과 문화적 교양을 중시한 학문적 경향이에요. 문법, 수사학, 시, 역사, 철학 등이 대표적인 인문주의 분야죠.

인문주의자들은 고대 그리스와 로마의 고전 작품을 깊이 연구하면서, 가톨릭교회의 권위와 신 중심의 전통적인 사고에서 벗어나, 인간을 개성과 감정을 지닌 존재로 바라보기 시작했어요. 또 인간과 자연을 있는 그대로 관찰하고, 그 아름다움과 복잡함을 사실적으로 묘사하려고 노력했습니다. 이탈리아의 시인 페트라르카는 사랑의 기쁨과 슬픔, 인간과 자연의 아름다움을 서정시로 표현했고, 소설가 보카치오는 『데카메론』이라는 작품에서 교회의 타락과 사회의 모순을 풍자하면서, 인간의 욕망과 위선을 사

『군주론』 1550년대판 표지

니콜로 마키아벨리

실적으로 묘사했어요.

또 한 명의 중요한 인물이 바로 마키아벨리예요. 그는 『군주론』에서 분열된 이탈리아를 통일하려면 강력한 군주가 필요하다고 주장했습니다. 이 책은 정치에서 종교나 윤리를 분리해서 바라보는 시각을 제시했고, 그 덕분에 근대 정치학의 출발점으로 평가받고 있죠.

르네상스 정신이 가장 뚜렷하게 드러난 분야는 미술입니다. 레오나르도 다 빈치, 미켈란젤로, 라파엘로, 보티첼리 같은 예술가들은 인간의 균형 잡힌 신체와 자연의 아름다움을 정밀하게 묘사했어요. 건축에서도 르네상스 양식이 발전했는데, 그 대표적인 예시가 바로 성 베드로 성당입니다. 성 베드로 성당은 웅장함과 화려함이 결합된 르네상스의 정신과 양식을 잘 보여주는 상징적인 공간이죠.

유럽 전역으로 전파된 르네상스의 정신

16세기에 들어서면서 르네상스는 알프스를 넘어 유럽 곳곳으로 퍼져나

갔습니다. 당시 알프스 북쪽 지역은 여전히 교회의 권위와 봉건 사회의 관습이 강하게 남아 있었어요. 이런 배경 속에서 북유럽의 인문주의자들은 교회와 사회 지배층을 비판하며 초기 크리스트교의 순수한 정신으로 돌아가야 한다고 주장하게 됩니다. 그 과정에서 『성서』를 원문으로 연구하는 경향이 확산됐고, 이 흐름은 결국 종교 개혁으로 이어지는 토대를 마련하게 되죠.

대표적인 인문주의자이자 신학자인 에라스뮈스는 『우신예찬』에서 교회의 허례허식과 성직자의 타락을 날카롭게 풍자하면서 종교 개혁에 영향을 줬습니다. 법률가 토머스 모어는 『유토피아』에서 당시 현실 사회의 부조리함을 비판하고, 빈부 격차가 없는 이상 사회를 제시했어요. 미술 분야에서도 변화가 있었어요. 반 에이크 형제는 유화 기법을 개발했고, 화가 브뤼헐은 전통적인 종교적 주제뿐 아니라 평범한 사람들의 일상적인 모습까지 사실적으로 묘사하며 새로운 미술 경향을 보여줬습니다. 문학에서는 중세의 보편적인 언어였던 라틴어 대신 각국의 모국어를 사용하는 '국민 문학'이 발전했어요. 예를 들어 에스파냐의 세르반테스는 『돈키호테』를 통해 몰락하는 봉건 기사를 풍자했고, 영국의 셰익스피어는 『햄릿』과 『로미오와 줄리엣』 등을 통해 인간의 감정과 갈등을 깊이 있게 다루는 문학 세계를 열었습니다.

한편, 르네상스의 자연을 관찰하고 탐구하려는 정신은 훗날 근대 과학기술 발달의 바탕이 되기도 했습니다. 특히 중국에서 전해진 화약과 나침반은 유럽에서 개량되며 사회 전반에 큰 영향을 주게 되죠. 화약이 전쟁에 사용되며 봉건 기사 계급의 몰락을 불러왔고, 나침반은 원거리 항해를 가능하게 만들어 유럽 국가들이 전 세계로 진출하고 영향력을 확대하는 데

구텐베르크의 인쇄소 풍경

중요한 역할을 하게 됩니다. 또 하나 빼놓을 수 없는 것이 바로 구텐베르크가 고안한 활판 인쇄술이에요. 이 인쇄술은 제지술과 결합돼 유럽 전역에 새로운 지식과 사상의 전파가 활발해지게 만들었고, 이는 르네상스와 종교 개혁의 확산을 이끄는 결정적인 계기가 됩니다.

이처럼 르네상스는 기존의 전통적인 교리나 신 중심 세계관에서 벗어나, 인간 개개인의 개성과 능력을 존중하려는 움직임이었어요. 결과적으로 근대 유럽 사회의 형성과 발전에 큰 영향을 미친 사상적 전환점이 됐습니다.

종교 개혁과 전쟁,
유럽을 흔든 믿음의 충돌

신앙의 개혁에서 정치적 변혁으로
·1517~1648년·

종교 개혁의 시작

로마 가톨릭교회는 중세 내내 서유럽 사회 전반에 아주 큰 영향을 끼쳤습니다. 그런데 14세기 이후, 알프스 북쪽 지역을 중심으로 성직자의 타락과 교회의 부패에 대한 비판이 점점 커지기 시작했어요. 이렇게 교회의 영향력이 흔들리기 시작하면서 교회 내부에서도 개혁을 요구하는 목소리가 높아졌죠.

대표적인 인물이 바로 인문주의 신학자 에라스뮈스입니다. 그는 『우신예찬』에서 타락한 성직자들을 비판하는 한편, 교회가 본래의 초기 크리스트교 정신으로 돌아가야 한다고 주장했어요. 에라스뮈스의 이런 활동은 후에 종교 개혁에도 적지 않은 영향을 미치게 됩니다.

당시 교황 레오 10세는 성 베드로 대성당의 증축 비용을 마련하기 위해 신성 로마 제국에서 면벌부를 판매하기 시작합니다. 쉽게 말해 면벌부란

금전이나 재물을 바친 사람에게 죄를 면해준다는 증서였어요. 대성당 증축 자금이 시급했던 교황청은 면벌부를 대량으로 발행했고, 이것이 결국 큰 논란을 불러일으켰죠.

이때 독일의 성직자 마르틴 루터가 나섭니다. 1517년, 그는 '95개조 반박문'을 발표해서 교황과 교회의 면벌부 판매를 강하게 비판했어요. 특히 루터는 "죄의 용서는 오직 하느님의 은총과 참된 회개를 통해 이루어지는 것이지, 돈으로 살 수 있는 것이 아니다"라고 주장했죠. 루터는 나아가 인간의 구원은 오직 신앙과 은총에 달려 있으며, 신앙 생활의 중심은 『성서』가 되어야 한다고 강조했습니다. 이러한 루터의 주장은 인쇄술의 발달 덕분에 유럽 전역으로 빠르게 확산될 수 있었어요.

그런데 이때 신성 로마 제국의 제후들이 루터를 지지하고 나섰습니다. 여기엔 정치적 이해관계가 깔려 있었습니다. 루터가 교황의 권위를 부정하고, 교회의 부패를 비판하며 『성서』를 중심으로 한 신앙을 강조한 것이, 제후들에게는 자신들의 권력을 교황으로부터 독립시킬 수 있는 좋은 기회

였거든요. 그래서 많은 제후들이 루터파를 지지하면서 교황과 황제의 영
향력에 맞서 싸우게 됩니다.

이렇게 루터파를 지지하는 제후들이 로마 가톨릭을 지지하는 신성 로마
제국 황제와 오랫동안 대립한 끝에, 1555년 아우크스부르크 화의에서 루
터파 교회가 공식적으로 인정받게 됐죠.

종교 전쟁과 베스트팔렌 조약

아우크스부르크 화의는 종교 전쟁의 결과로 1555년 아우크스부르크에
서 열린 독일 제국 의회의 결의입니다. 이 결의에는 개인이 아닌 제후와
자유 도시가 루터파와 가톨릭교회 사이에서 종교 선택권을 가질 수 있다
는 내용이 담겨 있어요. 이는 교황의 지배에서 벗어난 새로운 교회가 처음
으로 인정받은 것이었죠.

스위스에서는 사상가 장 칼뱅이 "인간의 구원은 신에 의해 미리 정해져
있으므로 구원을 믿고 『성서』에 따라 생활해야 한다"는 '예정설'을 주장하
며 종교 개혁을 추진했습니다. 칼뱅은 검소하고 금욕적인 생활 윤리를 강
조했어요. 한편으로는 검소하게 생활해 부자가 됐다면, 그것 또한 하느님
의 축복이라고 여겼습니다. 칼뱅의 주장은 그 무렵 확산되던 자본주의 정
신과 맞물리며 신흥 상공업자들 사이에서 큰 호응을 얻었고, 칼뱅의 교리
는 프랑스, 영국, 네덜란드 등으로 퍼져나갔습니다.

한편 영국의 헨리 8세는 왕비와 이혼하고 싶어 했지만, 교황은 이를 허
락하지 않았습니다. 이에 저항하며 헨리 8세는 1534년 수장법을 발표해
자신이 영국 교회의 수장임을 선포하고, 영국 교회를 교황의 지배에서 독
립시켰어요. 이후 엘리자베스 1세는 1559년 통일법을 반포해 헨리 8세가

아우크스부르크 화의

독립시킨 교회를 국교회로 공인했습니다. 영국 국교회는 로마 가톨릭교회의 의식과 루터파 교회를 비롯한 신교의 교리가 혼합돼 있었고, 국가가 교회를 통제하려는 성격이 강했죠. 로마 가톨릭교회에서 떨어져 나와 성립된 신교들 중에서 가톨릭교회의 성격이 가장 강하게 남아 있었어요.

로마 가톨릭교회는 종교 개혁으로 위기를 느꼈습니다. 1545년 트리엔트 공의회를 열어 교황의 권위와 가톨릭교회의 교리를 재확인하고 교회의 위기를 초래한 폐단을 고치려고 했습니다. 또 신교 확산을 막기 위해 종교 재판소를 설치하기도 했어요. 에스파냐의 사제 로욜라는 1534년 종교 개혁 운동에 대항해 가톨릭교회의 결속을 다지고 역량을 모으고자 예수회를 창설했고, 아시아 · 아프리카 · 아메리카에서 선교 활동을 벌였습니다.

　종교 개혁으로 크리스트교는 구교와 신교로 분열해 대립했고, 유럽 곳곳에서 종교 전쟁이 일어났죠. 프랑스에서는 신교도인 위그노와 가톨릭 세력 간에 위그노 전쟁이 일어났어요. 위그노 전쟁은 정치적·종교적 대립으로 장기화됐습니다. 1598년 낭트 칙령이 반포되어 위그노에게 정치적 권리를 보장하고 제한된 지역에서 예배의 자유가 허용됐습니다. 독일에서는 1618년부터 1648년까지 30년 전쟁으로도 불리는 종교 전쟁이 벌어졌습니다. 신성 로마 제국의 황제가 신교의 제후들을 탄압하면서 시작된 전쟁인데, 처음에는 종교적 갈등이 중심이었지만 점차 유럽 각국이 정치적 이해관계에 따라 참전하면서 국제 전쟁으로 확대됐어요. 영국, 네덜란드, 프랑스는 신교를 지원했고, 에스파냐는 구교를 지원했습니다.

　30년 전쟁의 결과, 1648년 베스트팔렌 조약이 체결됐습니다. 신성 로마 제국과 프랑스, 스웨덴 등 조약 당사국의 제후들은 가톨릭, 루터파, 칼뱅파 중 하나를 선택할 종교적 권리를 얻었고, 스위스와 네덜란드의 독립이 공식적으로 승인됐습니다. 또 신성 로마 제국 제후들의 정치적 독립권이 인정되면서 신성 로마 제국이 유명무실해지는 결과를 가져왔습니다.

　결국 종교 개혁은 유럽의 크리스트교가 구교와 신교로 분열되는 계기가

됐고, 오랜 종교 전쟁으로 각국의 국왕들이 통치권을 강화하면서 국왕 중심의 중앙 집권 국가가 등장하게 됐어요. 또 시민 계급과 신교도의 성장을 촉진해 근대 자본주의가 발전하고 시민 혁명이 일어나는 기반이 마련됐습니다.

세계를 하나로 연결시킨 신항로 개척

유럽의 탐험, 정복 그리고 경제적 변혁
• 1492~1650년 •

대항해 시대의 시작

유럽인들에게 이슬람 세계 너머의 아시아는 동경의 대상이자 부를 얻을 수 있는 기회의 땅이었어요. 당시 유럽인들은 아시아 어딘가에 전설 속의 사제왕 요한이 다스리는 크리스트교 왕국이 있고, 동쪽 끝에는 천국이 존재한다고 믿었죠. 그가 세운 신비한 크리스트교 왕국이 동방 어딘가에 있다는 전설도 널리 퍼져 있었고요. 이런 상상과 믿음은 13세기 후반, 마르코 폴로가 아시아를 여행하고 남긴 『동방견문록』을 통해 더욱 부풀려졌어요. 이 책이 유럽인들의 호기심과 탐험 욕구를 한껏 자극했거든요.

게다가 아시아에서 생산된 향신료와 비단 등의 물품들이 이슬람 세계를 거쳐 유럽에 들어오면서, 유럽인들도 자연스럽게 원산지인 아시아에 관심을 갖게 됐습니다. 금, 은과 같은 귀금속에 대한 욕망도 컸고요. 여기에 아시아의 크리스트교 세력과 손을 잡고, 더 나아가 복음을 전파하려는 종교

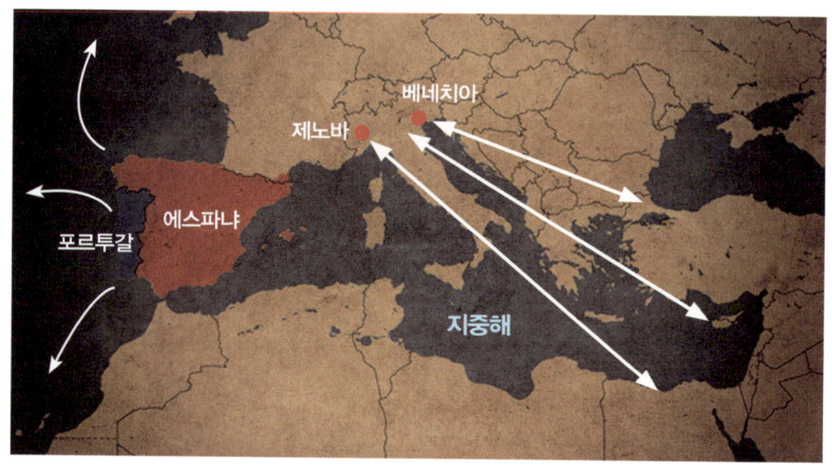

적 동기까지 더해졌습니다.

그런데 13세기 이전까지만 해도 유럽은 아시아로 가는 바닷길을 개척할 수 없었어요. 이슬람 상인들과 이탈리아 상인들이 향신료와 비단 무역을 독점하고 있었고, 유럽의 기술력으로는 원양 항해가 어려웠던 시기였죠. 하지만 시간이 지나면서 지리학, 천문학, 조선술이 발달했고 조금씩 상황이 달라지기 시작했어요. 특히 중국에서 전해진 나침반은 유럽의 항해 기술에 큰 전환점을 가져다주었습니다.

에스파냐와 포르투갈은 대서양 연안에 위치해 있어서, 이탈리아의 베네치아와 제노바에 비해 지중해 무역을 수행하기가 상대적으로 불리했어요. 그래서 더더욱 새로운 항로를 개척하려는 의지가 강했습니다. 그 대표적인 인물이 '항해 왕자'라 불리는 포르투갈의 엔히크 왕자죠. 그는 서아프리카 탐험을 적극적으로 후원했고, 그 덕분에 포르투갈은 아프리카 서해안을 따라 내려가는 항로를 개척할 수 있었습니다.

이후 항해가 바르톨로메우 디아스는 1488년에 아프리카 남단을 돌아

항해에 성공하고, 아프리카 남서쪽 끝의 곳에 '희망봉'이라는 이름을 붙였고, 바스쿠 다 가마는 1498년 이 희망봉을 돌아 인도의 캘리컷(오늘날의 코지코드)에 도달해 인도 항로를 여는 데 성공했습니다.

한편, 에스파냐의 이사벨라 여왕의 후원을 받은 콜럼버스는 1492년 인도에 가는 새로운 길을 찾겠다며 서쪽으로 항해에 나섰다가 아메리카 대륙에 도착하게 되죠. 그는 자신이 도착한 곳이 인도인 줄 알았는데, 그런 이유에서 원주민을 '인디언', 즉 인도 사람이라 불렀어요. 그렇게 유럽의 신항로 개척은 본격적으로 시작된 겁니다.

신대륙의 발견과 아메리카 문명의 몰락

콜럼버스 이후 이 신대륙에 도착한 아메리고 베스푸치는, 콜럼버스와 달리 그곳이 인도가 아니라는 사실을 알아차렸어요. '처음 발견한 사람'은 아니었지만 '처음으로 제대로 인식한 사람'이라는 의미에서 그의 이름을 따 '아메리카'라고 부르게 됐습니다.

포르투갈 출신의 항해사 페르디난드 마젤란은 1519년 에스파냐를 출발해 대서양을 건너 아메리카 대륙 남단을 돌아 태평양을 건넜고, 필리핀에 도착했어요. 마젤란은 이곳에서 원주민에게 목숨을 잃었지만, 그의 선원들은 항해를 이어가 인도양과 아프리카 남단의 희망봉을 돌았고, 1522년 마침내 에스파냐로 돌아왔습니다. 이로써 인류 역사상 최초의 세계 일주가 완성된 것이죠. 지구가 둥글다는 사실이 마젤란의 실제 항해를 통해 증명됐습니다.

이처럼 신대륙에 진출한 유럽인들은 곧 아메리카 문명과 마주하게 됐는데요. 그 문명은 유럽인들이 도착하기 전부터 이미 매우 발달해 있었습니다. 중부 멕시코 고원에서 발전한 아스테카 문명은 14세기부터 번성하기 시작해, 전성기였던 15세기 말에서 16세기 초에는 수도 테노치티틀란에 약 30만 명이 살았고, 전체 인구는 2,000만 명이 넘을 정도였어요. 아스테카인들은 여러 신을 섬겼는데, 특히 태양신을 가장 숭배했습니다. 그 신에게 제사를 지내기 위해 거대한 피라미드식 신전을 지을 만큼 종교적 열정이 강했죠.

한편, 페루 남부의 안데스 고원에 자리한 잉카 문명은 1300년경 소규모 왕국에서 출발해 15세기 중반부터 빠르게 주변 지역을 정복하며 제국을 형성했습니다. 수도 쿠스코에는 태양신을 위한 거대한 신전이 있었고, 해발 2,400m의 험준한 산 정상에는 석조 도시 마추픽추가 세워져 있었습니다. 이러한 유적들은 잉카의 뛰어난 건축 기술을 잘 보여줍니다. 잉카인들은 농업을 생계의 중심으로 삼았고, 안데스 산맥의 가파른 비탈을 계단식 밭으로 깎아내려 농사를 지었는데, 산맥 위로 물을 끌어올리는 관개 기술까지 발전시켰어요.

페루 안데스 고원에 위치한 고대 석조 유적 마추픽추

하지만 이렇게 발전한 문명들도 유럽인의 침략 앞에서는 무너질 수밖에 없었어요. 신항로 개척 이후 에스파냐에서 온 정복자들, 즉 콩키스타도르들이 아메리카에 도착하면서 상황은 급변합니다. 코르테스는 1519년부터 단 3년 만에 아스테카 제국을 무너뜨렸고, 피사로는 그보다 적은 병력으로 잉카 제국을 정복했어요. 유럽인들은 강력한 무기와 병력뿐 아니라, 일부 원주민 세력의 도움을 받기도 하면서 아메리카 문명을 철저히 파괴해 나갔습니다.

대서양 삼각 무역과 세계 경제의 변화

신항로 개척 이후 유럽의 교역망은 기존의 지중해 중심에서 점차 대서양 중심으로 확대됐어요. 자연스럽게 교역 규모도 훨씬 커졌죠. 아메리카

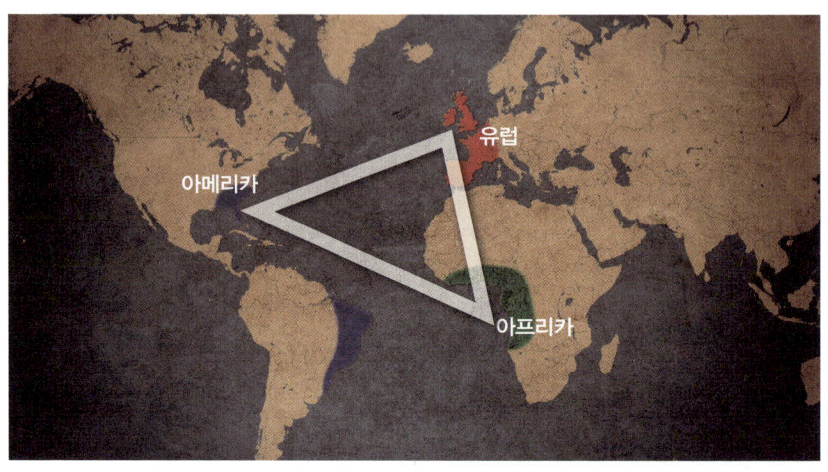

에서는 사탕수수, 담배, 목화처럼 유럽에서 인기가 높았던 상품 작물의 재배가 본격화됐고요. 유럽인들은 이런 작물을 대규모 농장에서 재배하면서 원주민을 혹독하게 부렸습니다. 결국 과도한 노동과 유럽에서 유입된 질병에 시달리던 원주민들은 급격히 인구가 줄어들었습니다. 이에 유럽인들은 노동력을 대신할 인력으로 아프리카인을 노예 삼아 아메리카 대농장에 동원하기 시작했어요.

이렇게 유럽, 아프리카, 아메리카를 잇는 대서양 삼각 무역이 형성됐습니다. 유럽은 이 삼각 무역으로 막대한 부를 축적했어요. 게다가 아메리카에서 약탈한 막대한 은이 유럽으로 들어왔는데, 당시 은은 단지 귀금속으로서만 아니라 '결제 수단'으로서 엄청난 가치를 지녔습니다. 그 덕분에 유럽은 아시아와의 교역에서도 주도권을 가질 수 있었던 거죠. 당시 아시아, 특히 중국과 인도에서는 은을 기준으로 거래했기 때문에, 유럽은 아메리카의 은을 무기로 삼아 비단, 도자기, 향신료 등 아시아산 고급 물품들을 사들일 수 있었습니다. 결국 유럽의 신항로 개척으로 인해 아시아, 아메리카, 아프리카, 유럽을 잇는 세계 교역망이 하나로 연결되기 시작했고, 이때 아메리카의 은이 거래의 매개체 역할을 했던 겁니다.

한편 아메리카에서 유럽으로 대량의 금과 은이 들어오면서 유럽 전역에서 물가가 크게 오르는 가격 혁명이 일어났어요. 예전에는 주로 토지와 농업에서 수익을 얻던 봉건 지주 계층이 경제의 중심이었는데, 이 시기에는 상공업에 종사하던 신흥 부르주아 계층이 더 큰 경제적 이익을 얻으며 두각을 나타내기 시작했습니다.

이처럼 대서양 삼각 무역을 비롯해 세계적으로 교역이 활발해지면서, '상업 혁명'이라 불리는 변화가 본격적으로 일어났습니다. 이 과정에서 자본주의적 제도도 점차 자리를 잡게 돼요. 영국과 네덜란드 등은 동인도 회사를 앞세워 적극적으로 해외 진출에 나섰고, 이 회사들은 주식회사라는 새로운 기업 형태의 발전을 이끌었습니다. 금융과 보험 제도가 발달하면서 상인들은 어음을 사용해 현금을 직접 지참하지 않아도 거래할 수 있었고, 원거리 교역에 따르는 위험도 훨씬 줄일 수 있었어요.

국제 교역과 금융으로 확보된 이윤과 시장은, 훗날 유럽에서 산업 혁명이 일어나는 데 아주 중요한 발판이 됐답니다.

절대 왕정,
왕이 곧 국가다

중앙 집권의 강화와 근대 국가 형성
• 1500~1790년 •

절대 왕정의 등장과 중상주의 정책

16세기에서 18세기 사이, 유럽 여러 나라에서는 왕권이 강화되면서 중앙 집권 체제가 본격적으로 자리 잡았어요. 이 과정에서 등장한 것이 바로 '절대 왕정'입니다. 절대 왕정은 이전의 봉건 국가가 가지고 있던 지방 분권적인 성격을 극복하고, 국왕을 중심으로 한 강력한 중앙 집권 국가로 발전한 정치 체제였죠.

물론 절대 왕정 아래에서도 귀족들은 여전히 특권을 누렸어요. 하지만 시간이 지나면서 귀족들의 정치적 영향력은 점점 줄어들었고, 결국 국왕에게 의존하게 됐습니다. 절대 왕정은 말 그대로 '절대적인 권력'이 군주에게 집중된 체제였어요. 다만 이 체제는 단순히 군주의 독재가 아니라, 봉건 귀족 세력이 약해지고 시민 계급이 성장하는 사이에서 그 균형을 잡는 일종의 과도기적인 정치 형태이기도 했습니다.

군주는 자신의 권력을 정당화하기 위해 '왕권신수설'을 내세웠습니다. 왕권신수설은 국왕의 권위가 신으로부터 부여받은 것이라는 주장인데요. 이를 통해 외부의 간섭을 막고 절대 권력을 정당화했죠. 또 왕은 상비군과 관료제를 운영하면서 자신의 권한을 더욱 공고히 했는데, 이런 국가 시스템을 유지하려면 많은 재정이 필요했어요. 그 재정은 주로 경제 활동을 하는 시민 계급이 납부한 세금으로 충당됐습니다. 시민 계급 입장에서도 국왕 중심의 통일 국가가 경제 활동에 유리하다고 여겼기 때문에 서로의 이해가 맞아떨어졌던 거죠.

그래서 절대 왕정 시대의 국가들은 상업을 중시하는 '중상주의' 정책을 적극적으로 펼쳤습니다. 당시에는 공업 생산이 아직 본격적으로 발전하지 않았기 때문에, 직접 뭔가를 만드는 것보다는 무역과 상업을 통해 부를 축적하는 게 더 확실한 수단으로 여겨졌어요. 금과 은을 국부의 원천으로 본 각국은 수출을 늘리고 수입을 줄이려 했고, 이를 위해 국내 산업을 적극 보호했습니다. 원료의 수출은 억제하고 완제품의 수입을 막았으며, 높은 관세 장벽을 세우고 식민지를 확보해 경제적 기반을 넓히려고 했죠.

에스파냐는 레콩키스타, 즉 이슬람 세력을 몰아내는 재정복 운동을 통해 중앙 집권적인 통일 국가로 거듭났고, 이어서 아메리카 대륙을 식민지로 삼으며 거대한 제국을 건설했습니다. 또 펠리페 2세는 레판토 해전에서 오스만 제국을 격파하며 국제적인 위신도 세웠어요.

하지만 문제도 있었죠. 펠리페 2세는 가톨릭 신앙을 강하게 고집하며 다른 종교에는 전혀 관용을 베풀지 않았어요. 이런 강압적 종교 정책 때문에 네덜란드를 비롯한 여러 지역에서 반란이 일어났고, 결국 네덜란드의 독립을 초래했습니다. 게다가 당시 에스파냐의 자랑이었던 무적함대가 영

국에게 패하고 말았고, 국내 산업 역시 기대만큼 발전하지 못하면서 에스파냐는 점차 쇠퇴의 길을 걷게 됩니다.

태양왕에서 해양 강국까지⋯ 서유럽의 절대 군주들

영국에서는 헨리 8세가 종교 개혁을 단행하고 해군을 육성하는 등 국가의 기반을 다지는 활동들로 절대 왕정의 토대를 마련했어요. 그의 딸인 엘리자베스 1세가 왕위에 오르면서 영국 절대 왕정은 전성기를 맞이합니다. 엘리자베스 1세는 에스파냐의 무적함대를 물리치고, 동인도 회사를 설립해 유럽을 넘어 국외 시장까지 적극적으로 진출하기 시작했죠.

당시 유럽은 대항해 시대를 맞아 동방 진출에 열을 올리고 있었는데, 각국은 이 목적을 달성하기 위해 '동인도 회사'를 세웠어요. 이 회사들은 단순한 무역 회사를 넘어, 본국 정부로부터 무역 독점권뿐만 아니라 군대를 보유하고 조약까지 체결할 수 있는 막강한 권한을 부여받았죠. 대표적으로는 영국, 프랑스, 네덜란드 등이 동인도 회사를 설립했는데, 특히 네덜

란드 동인도 회사는 포르투갈의 무역 거점
을 빼앗아 아시아 무역에서 주도권을 잡으
며 당시 세계 최대 규모의 무역 회사로 성장
했습니다.

한편 프랑스에서는 앙리 4세가 오랜 종교
전쟁을 수습하며 절대 왕정의 기반을 닦았
고, 그 뒤를 이은 루이 14세 때 절대 왕정은
절정에 이르렀어요. 루이 14세는 "짐은 곧
국가다"라고 선언하는가 하면, 자신을 '태양
왕'이라고 부를 만큼 권력을 과시했는데, 이
로 인해 절대적인 권한을 가진 국왕의 상징
으로 여겨지고 있습니다.

태양 역을 맡은 루이 14세의 공연 〈밤의 발레〉

한편 그는 경제학자 콜베르를 중용해 중상주의 정책을 강하게 밀어붙였
는데요. 콜베르는 이렇게 주장했습니다.

모든 공업, 심지어 사치품 공업도 되살리거나 새로 세워야 합니다. 관세
와 관련해서는 보호무역 제도를 확립해야 합니다. 생산자와 상인을 수공
업 길드에 편입시켜야 합니다. 백성에게 해를 끼치는 국가 재정 적자를
줄여야 합니다. 국산품의 해상 운송을 프랑스가 다시 맡도록 해야 합니
다. 식민지를 발전시켜 무역에서 프랑스에 종속시켜야 합니다.

_콜베르의 의견서

콜베르는 프랑스의 부를 키우기 위해 상업과 공업을 적극적으로 육성한

대표적인 중상주의자였지만, 문제는 루이 14세가 너무 많은 전쟁을 벌였다는 거예요. 전쟁으로 인해 국가 재정은 바닥났고, 경제는 점점 어려워졌습니다. 게다가 루이 14세는 한때 종교 갈등을 완화하고자 제정됐던 '낭트 칙령'을 폐지하고 신교도들을 탄압했어요. 그 결과, 상공업에 종사하던 유능한 신교도들이 프랑스를 떠났고, 이로 인해 프랑스 산업은 크게 위축되며 경제적·인적 손실도 컸습니다. 절대 왕정의 권위를 지키려던 정책이 오히려 국가의 기반을 흔든 셈이죠.

절대 군주의 문화 정책

유럽의 절대 군주들은 예술을 통해 자신들의 권력을 드러내고, 나아가 국가의 정체성을 확립하려 했어요. 대표적으로 초상화를 통해 자신을 고대의 신이나 영웅처럼 묘사하게 했는데요. 이렇게 군주의 신성함과 위엄을 시각적으로 표현한 거죠. 또 하나 중요한 수단이 있었는데, 바로 궁전이에요. 군주들은 웅장하고 화려한 궁전을 짓고, 그곳에서 유명한 예술가와 사상가들을 초청해 연회를 열며 문화의 중심지로 만들었습니다. 이 시기의 대표적인 궁전이 바로 프랑스의 베르사유 궁전과 독일의 상수시 궁전입니다.

프랑스의 베르사유 궁전은 원래 루이 13세가 사냥용 별장으로 지은 것이었는데, 루이 14세가 대대적으로 증축해 지금의 모습이 됐어요. 이 궁전은 바로크 건축 양식의 대표작으로 손꼽히며, 그 위엄과 화려함이 마치 신이 거하는 공간처럼 느껴질 정도입니다. 특히 '거울의 방'은 공간감과 장식성이 극대화된 공간으로, 베르사유 궁전의 상징이자 루이 14세의 절대 권력을 시각적으로 보여주는 핵심 장소예요.

베르사유 궁전(좌) / 상수시 궁전(우)

　반면 독일의 상수시 궁전은 프리드리히 2세가 베르사유 궁전을 참고해 지은 궁전인데요. '상수시'라는 말은 프랑스어로 '근심이 없다'는 뜻이에요. 이름부터가 좀 더 개인적이고 철학적인 분위기를 풍기죠? 이 궁전은 18세기 로코코 양식을 대표하는 건물로, 베르사유의 장중함과는 달리 훨씬 섬세하고 우아한 미감을 가지고 있어요. 프리드리히 2세는 이 궁전에서 계몽 사상가인 볼테르를 비롯한 여러 지식인들과 교류하며 사상을 나눴습니다. 그래서 상수시 궁전은 단순한 왕실 거처가 아니라 프리드리히 2세의 이상과 통치 철학이 담긴 공간이기도 했어요.

　이처럼 절대 군주들에게 궁전은 단지 머무는 장소가 아니라, 자신이 누구인지를 보여주는 일종의 '정치적 상징물'이었던 셈이죠.

동유럽의 절대 왕정과 계몽 전제 군주

　서유럽은 중세 말부터 상업과 도시가 활발하게 발전하면서 시민 계급이 성장했어요. 도시의 발전은 단순한 경제 성장만을 의미하는 것이 아니라,

기존의 봉건 귀족 권력을 견제할 수 있는 새로운 사회 세력이 등장했다는 뜻이기도 해요. 이처럼 독자적인 경제 기반과 정치적 영향력을 가진 시민 계층이 성장함에 따라, 국왕은 귀족뿐 아니라 시민 계급과도 손잡고 권력을 강화할 수 있었고, 이는 초기 절대 왕정의 성립에 큰 도움이 됐죠.

반면 동유럽은 사정이 좀 달랐습니다. 동유럽에서는 상공업과 도시의 발달이 상대적으로 더뎠기 때문에, 시민 계급이 충분히 성장하지 못했어요. 그러다 보니 귀족의 권한을 견제할 수 있는 사회적 기반이 부족했고, 국왕 역시 귀족을 대체해 협력할 만한 대안 세력이 마땅치 않았습니다. 이런 구조적 차이 때문에 동유럽에서는 절대 왕정이 서유럽보다 약 1세기 정도 늦게 나타났어요.

그 대표적인 사례가 바로 독일 동북부에 위치한 프로이센의 프리드리히 2세입니다. 그는 오스트리아와의 전쟁을 통해 슐레지엔을 차지하며 국력을 키웠고, 동시에 계몽 사상에 깊이 영향을 받아 "나는 국가 제일의 공복이다"라고 선언했어요. 여기서 말하는 '공복'은 '국가를 위한 심부름꾼',

다시 말해 인민을 섬기는 공직자라는 뜻이에요. 프리드리히 2세는 산업을 적극 장려하고 종교의 자유를 인정하는 관용 정책도 펼쳤죠.

> 군주의 가장 중요한 책임은 정의를 실현하는 것이다. 군주가 지배하는 인민에게 무엇보다 중요한 것이 정의이므로, 군주는 자신의 그 어떤 이익보다 정의에 최우선을 두어야 한다. 적나라한 사리사욕과 세력 확장의 추구, 야심 추구와 폭정을 권장하는 마키아벨리는 대체 무엇이란 말인가? 군주는 결코 자기가 지배하고 있는 인민의 절대적인 주인이 아니라, 국가 제일의 공복에 지나지 않는다.
>
> _프리드리히 2세 『반(反)마키아벨리론』

한편 오스트리아에서는 요제프 2세가 계몽 전제 군주를 자처하며 내정 개혁을 시도했지만, 보수적인 귀족층의 강한 반발에 부딪혀 큰 성과를 거두진 못했어요.

동유럽에서는 러시아가 17세기 말 표트르 대제에 의해 본격적인 근대화를 시작합니다. 그는 대규모 사절단을 이끌고 서유럽을 직접 순방하면서 그곳의 기술과 문물을 적극적으로 받아들였고, 이를 바탕으로 내정 개혁과 군비 확장을 했죠. 시베리아 경영에도 힘쓰면서 중국 청과 네르친스크 조약을 맺어 국경선을 확정했고, 스웨덴과의 전쟁에서 승리하며 발트해 진출에도 성공합니다. 이때 상트페테르부르크를 수도로 삼아 '러시아의 유럽화'를 상징하는 공간으로 만들었죠.

그리고 18세기 말에는 예카테리나 2세가 계몽 전제 군주를 자처하며 입법위원회를 조직하고, 새로운 교육 제도와 복지 시설을 마련하는 등 여러

개혁을 시도했어요. 또한 1772년에는 프로이센, 오스트리아와 함께 제1차 폴란드 분할에 참여해 벨라루스 지역을 편입시키며 영토를 더욱 확장했습니다. 이처럼 동유럽에서도 점차 절대 왕정이 자리 잡았지만, 그 배경과 전개 양상은 서유럽과는 다소 다른 맥락 속에서 이루어졌던 것이죠.

하지만 동유럽의 절대 왕정은 서유럽과는 다른 특징을 보였습니다. 절대 왕정 속에서도 봉건 귀족 세력은 강력했고, 계몽 군주들은 귀족을 관료와 군대 지휘관으로 등용했어요. 즉, 귀족들의 특권을 보장해 주고 지위를 유지시킨 것이죠. 귀족들의 지위 보장으로 인해 영주권은 강화될 수밖에 없었고, 농노제는 서유럽과 달리 그대로 유지되거나 오히려 강화되기도 했습니다. 따라서 동유럽의 근대화는 서유럽보다 지연됐습니다.

과학 혁명과 계몽 사상, 새로운 빛을 찾다

합리적 사고의 발전과 사회 변화

· 1540~1780년 ·

자연 법칙의 발견과 과학 혁명

르네상스 이후 유럽은 이슬람 세계에서 발전한 과학 기술을 적극적으로 받아들이며, 특히 자연 과학 분야에서 커다란 변화를 겪게 됩니다. 망원경과 현미경의 발명으로 인간의 관찰 범위는 그야말로 획기적으로 확장됐고, 베이컨과 데카르트가 근대적 연구 방법론을 제시하면서 과학 실험과 합리적 추론에 기반한 연구가 본격화됐어요.

천문학에서는 코페르니쿠스가 중세 이후로 절대적 진리처럼 여겨졌던 천동설에 의문을 제기하고, 태양을 중심으로 행성이 돈다는 지동설을 주장합니다. 이어서 케플러는 행성들이 태양 주위를 원이 아니라 타원 궤도로 돌고 있다는 사실을 밝혀냈고, 화성의 궤도를 분석하며 지동설을 수학적으로 입증했습니다. 갈릴레이는 기존 망원경을 개량해 천체 관측용으로 제작하면서 목성의 위성 등을 발견하고 지동설을 적극 옹호했죠. 또 자유

낙하 실험을 통해 기존의 아리스토텔레스 이론을 뒤집는 새로운 운동 법칙도 밝혀냈습니다.

뉴턴은 '만유인력의 법칙'을 발견하고 이를 수학적으로 설명했어요. 그는 이 세상 모든 자연 현상이 일정한 원리, 즉 인과관계에 따라 움직인다고 주장했습니다. 그리하여 우주를 마치 하나의 거대한 기계처럼 정밀하게 작동하는 존재로 바라봤어요. 이렇게 해서 '기계론적 우주관'이 등장하게 된 겁니다.

의학 분야에서도 놀라운 발전이 이어졌습니다. 베살리우스는 기존의 의학 이론에 의존하지 않고, 인체를 직접 해부하고 관찰하며 인체 해부학의 기초를 세웠습니다. 윌리엄 하비는 실험과 관찰을 통해 혈액 순환의 원리를 밝혀냈어요.

이처럼 17세기 전후에 일어난 과학의 눈부신 발전과 그것에 따른 세계관의 전환을 우리는 '과학 혁명'이라고 부릅니다. 과학 혁명을 거치면서 사람들은 이성적이고 합리적인 사고를 더욱 중요하게 여기게 됐고, 이것이 곧 계몽사상이 자라나는 밑바탕이 됐던 거죠.

사회 개혁을 이끈 계몽사상

과학 혁명은 단지 자연 현상만을 설명하는 데 그치지 않았어요. 과학적 사고방식은 정치나 사회를 이해하는 방식에도 영향을 미쳤죠. 이 시기에는 '자연법 사상'에 기초한 '사회계약설'이 등장합니다. 자연법 사상이란, 현실의 법 위에 존재하는 보편적이고 타당한 원리가 있다는 믿음에서 출발해요. 즉, 인간 사회에는 타고난 권리와 질서가 있다는 것이죠.

사회계약설은 이런 자연법 사상을 바탕으로 합니다. 국가란 원래부터 존재한 게 아니라, 개인들이 서로 계약을 맺고 권리를 위임함으로써 형성된 것이라는 주장입니다. 이 사회계약설은 특히 영국의 정치사상가들에 의해 구체화되는데요, 대표적으로 토머스 홉스와 존 로크의 주장을 비교해서 살펴볼 수 있어요.

홉스는 자연 상태의 인간은 서로를 불신하고, 끝없는 투쟁 속에 놓일 수밖에 없다고 봤어요. 그래서 이런 혼란을 피하기 위해 사람들은 계약을 통해 '절대 군주'에게 권력을 넘기고, 평화와 질서를 유지해야 한다고 주장했습니다. 다시 말해 정부가 존재해야 하는 이유를 설명하면서도 절대 군주제를 옹호한 셈이죠.

반면 로크는 생각이 달랐어요. 그는 정부는 국민의 생명, 자유, 재산을 보호하기 위해 존재하는 것이며, 만약 정부가 그 역할을 다하지 못한다면 국민은 저항할 권리가 있다고 봤습니다. 즉, 로크는 국민의 권리와 자유를 더욱 강조한 사람이었죠. 그의 사상은 훗날 미국 독립 혁명과 프랑스 혁명에도 큰 영향을 주게 됩니다.

이처럼 18세기 유럽에서는 계몽사상이 본격적으로 퍼지게 돼요. 계몽사상은 근대 과학과 정치 이론을 바탕으로 사회를 개혁하려는 지적 운동이었고, 인간의 이성으로 낡은 관습과 미신을 극복할 수 있다고 믿었습니다. 이성의 힘으로 사회 진보를 이룰 수 있다고 본 거예요. 계몽사상가들은 인간 개개인의 자유와 평등을 중요하게 생각했고, 절대 왕정을 비판하여, 시민 혁명에도 결정적인 영향을 줍니다.

대표적인 계몽사상가들을 보면요. 볼테르는 관용의 원리를 설파하고, 신앙과 언론의 자유를 강조했습니다. 또한 계몽된 군주가 백성을 이끌어야 한다는 '계몽 전제 군주'를 지지했어요. 몽테스키외는 영국의 정치 제도를 본보기로 삼아, 입법·행정·사법의 권력을 나누는 삼권 분립을 주장했죠. 루소는 한 걸음 더 나아가, 국민이 주권을 가지고 국가를 운영해야 한다는 '일반 의지' 개념을 제시했는데요. 그의 사상은 프랑스 혁명은 물론 현대 민주주의의 이념에도 깊은 영향을 끼쳤습니다. 이 외에도 디드로와 달랑베르는『백과전서』를 편찬해 당대의 과학적·실용적 지식을 집대성하며 지식 보급에 큰 기여를 했고, 애덤 스미스는『국부론』에서 '보이지 않는 손'이라는 개념을 제시해, 시장 경제의 자율성과 개인의 자유로운 경제 활동을 옹호하며 고전 경제학의 기초를 세웠어요.

이렇듯 계몽사상은 과학적 이성과 자유, 평등, 합리주의라는 새로운 시대정신을 사회 전반에 퍼뜨리며 근대 사회의 출발점이 됐던 거예요.

볼테르　　　　　　　루소　　　　　　애덤 스미스

영국 혁명, 민주주의의 뿌리를 내리다

절대 왕정에서 의회 정치로
·1628~1714년·

청교도 혁명과 공화정 실험

16세기부터 17세기 사이, 영국의 농촌 사회와 정치 구조에는 큰 변화가 일어났어요. 원래는 영주와 농민이 지배와 예속의 관계로 묶여 있는 장원제가 사회 제도의 중심이었는데, 이 장원제가 무너지면서 변화가 시작됐습니다. 장원제가 해체되자 자영 농민층이 형성됐고, 동시에 지주층인 '젠트리'가 새롭게 등장했어요.

젠트리는 '인클로저 운동'을 주도한 계층이었습니다. 인클로저란 기존의 공동 경작지나 공유지를 개인이 울타리로 둘러싸고 사유지로 만든 것을 말하는데요, 16세기 제1차 인클로저 운동은 모직물 산업이 발전하면서 농경지를 방목지로 바꾸는 데 초점이 맞춰져 있었고, 18세기 제2차 인클로저 운동은 도시 인구 증가와 곡물 가격 상승에 따라 대규모 농장을 확대하는 데 목적이 있었어요. 이 과정을 통해 젠트리는 부를 쌓았고, 농촌 지역의 행정을 책임지는 사회 지도층으로 성장하게 됩니다.

이 시기에는 젠트리뿐 아니라 도시의 상공업 시민들도 함께 성장하면서, 이들이 의회에 진출해 점차 다수를 차지하게 됩니다. 이들 대부분은 청교도였고요. 이 청교도들은 왕실의 부패를 강하게 비판하면서, 의회 중심의 입헌주의 전통을 지지했어요.

그런 분위기 속에서 엘리자베스 1세가 사망하고, 스튜어트 왕조의 제임스 1세가 즉위하게 되는데요. 제임스 1세는 '왕권신수설'을 주장하며 국왕의 권위가 신에게서 비롯됐다고 보고, 국교회를 고수하면서 의회를 무시하고 전제 정치를 펼칩니다. 그의 아들 찰스 1세는 의회의 동의 없이 세금을 걷고 청교도를 박해하면서 의회와의 갈등을 더욱 심화시켜요. 이에 대해 의회는 1628년 '권리 청원'을 제출해 의회의 동의 없는 과세 금지와 이유 없는 체포나 구속을 금지할 것을 요구합니다. 찰스 1세는 당시 대외 전쟁 비용이 급해 어쩔 수 없이 권리 청원에 동의했지만, 곧바로 의회를 해산하고 장기간 소집하지 않았어요.

그러다가 1640년, 스코틀랜드와의 전쟁 비용이 필요해지자 찰스 1세는 다시 의회를 소집하게 됩니다. 하지만 의회는 왕의 실정을 비판하며 과세 요구를 거부했고, 이에 격분한 찰스 1세가 무력으로 의회를 탄압하려 들자, 의회도 무력으로 맞서면서 결국 내전이 발발해요(1642년). 이 전쟁은 왕당파와 의회파라 불린 두 세력의 충돌이었고, 결국 청교도였던 크롬웰이 이끄는 의회파가 승리하게 됩니다.

1649년, 의회는 찰스 1세를 처형하고 공화정을 수립합니다. 크롬웰은 이후 왕당파의 거점이었던 아일랜드를 정복하고, '항해법'을 제정해 무역을 강화하는 한편, 유럽의 해상 강국이었던 네덜란드에 타격을 가합니다.

하지만 크롬웰은 의회를 해산하고 스스로 '호국경'이라는 직위에 올라 청교도적 독재 정치를 펼치면서 국민의 반감을 사게 돼요.

이때 제정된 '항해법'은 영국과 그 식민지의 무역을 보호하고 해상 패권을 확보하기 위한 법이었어요. 이 법은 영국으로 들여오는 수입품을 영국과 영국의 식민지, 또는 해당 수출국의 선박으로만 운송하도록 제한했기 때문에, 당시 유럽 최대의 해상 중계 무역국이었던 네덜란드의 강한 반발을 불러왔습니다.

결국 이러한 정치적 긴장과 갈등, 그리고 무역 경쟁은 이후 영국의 정치 구조뿐 아니라 국제 질서에도 큰 영향을 미치게 됩니다.

명예혁명과 입헌군주제의 확립

크롬웰이 사망한 뒤, 영국은 다시 군주제로 돌아가게 됩니다. 이를 '왕정 복고'라고 해요. 이때 왕위에 오른 사람이 찰스 2세인데, 그는 가톨릭교도에게 우호적인 태도를 보이며 전제 정치를 지향했어요.

이에 의회는 왕권 강화를 견제하기 위해 여러 조치를 취합니다. 먼저 '심사법'을 제정해 가톨릭교도는 물론, 영국 교회의 교리를 따르지 않는 개신교 분파인 '비국교도'들의 공직 진출도 막았어요. 당시 국교회가 국가의 정치·종교적 통합을 상징하는 도구였기 때문에, 가톨릭은 물론 국교회 바깥의 종교 세력은 모두 견제 대상이었던 거죠. 그리고 왕이 법 없이 체포나 구속을 자의적으로 하지 못하도록 '인신 보호법'도 제정해 왕권에 제동을 걸었어요.

이 무렵부터 의회에서는 왕을 지지하는 '토리당'과 의회의 권리를 강조하는 '휘그당'이 본격적으로 대립하기 시작합니다. 휘그당은 나중에 자유주의를 지향하는 자유당으로 발전했고, 토리당은 전통과 질서를 중시하는 보수당으로 이어졌어요.

찰스 2세의 뒤를 이은 제임스 2세는 한층 더 노골적인 친가톨릭 정책을 펼쳤고, 의회가 만든 심사법과 인신 보호법까지 폐지하려 했어요. 결국 의회는 이에 강하게 반발했고, 1688년 제임스 2세를 폐위하는 결정을 내립니다. 대신 그의 딸이자 신교도였던 메리와, 그녀의 남편인 네덜란드 총독 윌리엄을 공동 국왕으로 추대했어요. 이 과정은 유혈 사태 없이 비교적 평화롭게 이루어졌기 때문에, '명예혁명'이라는 이름이 붙었습니다.

메리와 윌리엄은 의회가 제시한 '권리 장전'에 동의하고 서명했어요. 이 문서는 국민의 기본권과 자유를 보장하고, 군주의 권한을 명확히 제한하는 내용을 담고 있었어요. 이로써 '왕이 법 위에 있는 것이 아니라, 의회 속에 있다'는 원칙이 자리 잡히게 됐고, 영국 입헌군주제의 토대가 마련됐습니다.

그 뒤로도 영국의 국력은 계속해서 성장했어요. 1707년, 앤 여왕 때는 스코틀랜드를 병합해 '대영 제국'이 성립됐습니다. 그런데 앤 여왕이 후사 없이 죽자, 독일 하노버 지역의 조지 1세가 왕위에 오르며 하노버 왕조가 시작돼요. 문제는 조지 1세가 영어도 못하고 영국 정치 상황에도 어두웠다는 점이에요. 그래서 정치를 실질적으로 이끄는 역할은 의회의 다수당이 맡게 됐고, 여기서 내각 책임제가 자연스럽게 시작된 겁니다. 이때부터 '왕은 군림하되 통치하지 않는다'는 영국 특유의 정치 전통이 자리 잡게 된 거예요.

미국 혁명, 민주 공화국의 첫 탄생

자유와 독립을 향한 투쟁
• 1765~1789년 •

영국의 식민 통치와 식민지인의 반발

17세기부터 많은 영국인이 종교적 박해를 피하거나 경제적 기회를 찾아 북아메리카로 이주하기 시작하면서, 영국의 식민지가 하나둘씩 세워졌어요. 이렇게 형성된 북아메리카 식민지는 시간이 지나며 점차 자립적인 분위기를 갖추게 되지만, 18세기 중반에 들어 큰 변화를 겪게 됩니다. 바로 유럽에서 벌어진 7년 전쟁 때문이죠.

7년 전쟁(1756~1763년)은 처음엔 오스트리아가 프로이센에게 빼앗긴 영토를 되찾기 위해 시작됐지만, 점차 영국과 프랑스를 포함한 유럽의 여러 강대국들이 얽히면서 국제전으로 확대됐어요. 영국은 이 전쟁에서 프랑스를 꺾고 북아메리카와 인도에서 많은 식민지를 얻는 데 성공했지만, 문제는 전쟁 비용이 어마어마했습니다. 전쟁이 끝난 뒤 영국은 심각한 재정난에 빠졌고, 그 부담을 식민지에 전가하려고 했습니다.

영국 정부는 북아메리카 식민지에 대한 통제를 강화하면서, 다양한 세금을 부과하기 시작했습니다. 1764년에는 설탕세를, 1765년에는 인지세를 도입했는데요. 이런 세금은 식민지인들에게 큰 반발을 불러일으켰어요. 식민지인들은 자신들의 대표가 영국 의회에 없는데도 세금을 부과하는 건 부당하다고 생각했고, "대표 없는 곳에 과세도 없다No taxation without representation"라는 구호를 외치며 저항했죠.

이러한 반발은 점차 조직적인 저항 운동으로 발전했고, 결국 1773년에는 유명한 '보스턴 차 사건'이 벌어지게 됩니다. 이 사건은 단순한 세금 반대 시위를 넘어, 식민지인들의 독립 의지가 본격적으로 피어오르는 계기가 됐어요.

독립 전쟁과 미합중국의 탄생

보스턴 차 사건은 북아메리카 식민지인들이 영국의 세금 정책에 맞서 벌인 대표적인 저항 사건이에요. 식민지인들은 아메리카 원주민으로 위장

하고, 보스턴 항에 정박해 있던 영국 동인도 회사의 배를 습격해 배 안에 있던 차 상자들을 바다에 던져버렸죠. 영국 정부는 이 사건에 강경하게 대응해 보스턴 항을 봉쇄했고, 식민지인들의 반발은 더욱 커졌습니다.

식민지 대표들은 '대륙 회의'를 소집해 영국 정부에 항의하고, 식민지들의 권리를 주장하기 시작했어요. 얼마 지나지 않아 영국군과 식민지 민병대 사이에 무력 충돌이 발생하면서, 본격적인 독립 전쟁이 시작되고 말았습니다.

모든 사람은 평등하게 태어났으며, 창조주로부터 생명, 자유, 행복 추구를 포함해 타인에게 양도할 수 없는 확실한 권리를 부여받았다. 이 권리를 지키기 위해 사람들은 정부를 만들었고, 이 정부의 정당한 권력은 통치를 받는 사람들의 동의로부터 나오는 것이다. 만일 어떠한 형태의 정부든 이 권리를 침해한다면 사람들은 그 정부의 형태를 바꾸거나 폐지해 식민지 군대는 초반에는 병력과 장비 면에서 열세였지만, 조지 워싱턴을 총사령관으로 내세워 강한 리더십을 보여주었고, 시간이 갈수록 전세를 뒤집어 갑니다. 여기에 더해 프랑스, 에스파냐 등 영국과 경쟁하던 유럽 국가들이 식민지 편에 서서 군사적·재정적 지원을 하면서 전쟁은 식민지 측에 유리하게 흘러가요. 결국 1783년 파리 조약을 통해 영국은 북아메리카 13개 식민지의 독립을 공식적으로 인정하게 됩니다.

독립에 성공한 식민지들은 이후 헌법을 제정하고, 연방 정부를 수립해 워싱턴을 초대 대통령으로 선출했어요. 이렇게 해서 연방주의와 삼권 분립 원칙에 기반한 새로운 정치 체제가 만들어졌고, 바로 오늘날의 미국, '미합중국'이 탄생하게 된 겁니다.

미국 혁명은 단순히 식민지의 독립을 넘어, 자유주의와 공화주의, 민주주의 이념을 바탕으로 새로운 국민 국가가 탄생했다는 데 중요한 역사적 의의가 있어요. 그리고 이 혁명은 곧이어 유럽에서 벌어진 프랑스 혁명에도 깊은 영향을 미쳤습니다.

프랑스 혁명,
구제도를 무너뜨리다

자유, 평등, 혁명의 물결
· 1789~1799년 ·

구제도의 모순과 혁명의 시작

프랑스 혁명 이전의 프랑스 사회 체제를 '구제도', 프랑스어로 '앙시앵 레짐Ancien Régime'이라고 불러요. 이 구제도는 절대 왕정과 신분제를 바탕으로 유지되던 체제였습니다. 당시 사회는 크게 세 신분으로 나뉘어 있었는데요. 제1신분인 성직자와 제2신분인 귀족은 인구의 극히 일부였지만, 절대 왕정 속 국왕의 보호 아래 막강한 특권을 누렸어요. 많은 토지를 소유했고, 고위 관직도 독점했죠. 반면 제3신분인 평민은 전체 인구의 다수를 차지했지만, 무거운 세금과 봉건적 의무를 떠안으면서도 정치적으로는 철저히 배제당한 상태였어요.

그런데 18세기에 들어 상공업과 전문직 종사자 중심의 시민 계급이 점점 부를 축적하며 성장했습니다. 이들은 계몽사상과 미국 혁명에 자극받아 구제도에 강한 불만을 품기 시작합니다.

베르사유에서 열린 삼부회 개최식

　한편 프랑스는 오랜 전쟁과 왕실의 사치로 재정이 심각하게 악화된 상태였습니다. 이에 루이 16세는 1789년 재정 문제를 해결하고자 세 신분의 대표들이 모이는 삼부회를 소집합니다. 그런데 삼부회는 곧바로 신분 간 갈등으로 치닫게 돼요.

　문제는 표결 방식이었습니다. 제1신분(성직자)과 제2신분(귀족)은 기존 제도였던, 신분별로 1표씩 행사하는 방식을 원했어요. 각 신분의 총의를 모아 1표씩 행사하면 총 3표가 투표돼서, 그 결과에 따라 의사결정을 하는 거였죠. 하지만 제3신분(평민)은 인구 비율에 맞게 '한 사람당 한 표', 즉 머릿수로 표결하자고 주장했죠. 제3신분은 인구의 절대다수였기 때문에, 이 방식이 훨씬 공정하다고 본 거예요. 그러나 그 요구가 받아들여지지 않자 제3신분 대표들은 삼부회를 나와 독자적으로 '국민 의회'를 결성합니다. 그리고 헌법이 제정되기 전까지는 해산하지 않겠다는 '테니스코

테니스코트 서약

트 서약'을 발표했어요.

이런 움직임에 국왕이 강하게 반발하면서 국민 의회를 탄압하려 하자, 분노한 파리 시민들이 들고일어나 1789년 7월, 전제 정치의 상징이었던 바스티유 감옥을 습격합니다. 이 사건은 프랑스 혁명의 시작을 알리는 신호탄이 됐고, 이후 혁명은 지방으로 퍼져나가요. 농민들은 귀족의 저택을 습격하고 장원 문서를 불태우며 반란에 동참했습니다.

국민 의회는 농민들의 분노를 달래고 혁명을 안정시키기 위해 봉건제 폐지를 선언하고, 혁명의 기본 이념을 담은 '인간과 시민의 권리 선언'도 발표합니다. 하지만 루이 16세는 이런 혁명적 변화들을 받아들일 수 없었고, 결국 국외로 도망치려다 체포되면서 민중의 분노는 더 커졌어요.

1791년에는 입헌군주제를 바탕으로 한 새로운 헌법이 제정되고, 이에 따라 입법 의회가 구성됩니다. 그런데 이 시점에서 외부의 위협이 닥쳐와

요. 프랑스 혁명이 유럽 전역으로 퍼질까 두려워한 오스트리아와 프로이센이 프랑스를 압박하자, 입법 의회는 이들 국가에 선전포고를 하고 '혁명 전쟁'이 시작됩니다.

이 과정에서 파리 민중의 분노는 더 격렬해졌습니다. 왕과 보수 귀족들이 외국과 몰래 내통하고 있다는 소문까지 퍼지면서, 결국 민중은 왕궁을 습격하는 데까지 나아가요. 이로 인해 입법 의회는 공식적으로 왕정 체제를 폐지하고, 스스로 해산하는데, 그 뒤를 이어 '국민 공회'가 들어서게 됩니다. 이로써 프랑스 혁명은 입헌군주제를 넘어서 공화정 단계로 들어가게 되는 거죠.

공화정 수립과 자코뱅의 공포 정치

국민 공회는 왕정을 폐지하고 공화정을 선포한 뒤, 재판을 거쳐 루이 16세를 처형합니다. 이 사건은 유럽의 군주국들에게 큰 충격을 주었고, 곧바로 영국과 오스트리아 등 여러 유럽 국가들이 동맹을 맺어 프랑스를 공격하게 돼요. 프랑스는 외부의 침략뿐만 아니라, 내부적으로도 경제난과 반란에 시달리며 위기에 처하게 됩니다.

이런 상황에서 정권을 장악한 세력이 바로 자코뱅파입니다. 자코뱅파는 중앙 집권적 공화정을 주장하던 급진파로, 로베스피에르를 중심으로 온건파를 제거하고 정권을 잡게 되죠. 자코뱅파는 1793년, 공화제와 보통 선거제를 기반으로 한 새로운 헌법을 제정했지만, 전쟁 상황이 계속되고 있었기 때문에 실제로는 시행을 유보했습니다. 대신 현실적인 문제 해결에 집중했어요. 먼저 봉건적 공납을 무상으로 폐지해 농민들의 부담을 덜었고, 물가 안정을 위해 '최고 가격제'를 도입했습니다. 또 징병제를 실시해 국민군을 조직하고 본격적인 전쟁에 나섭니다.

하지만 자코뱅 정부는 동시에 매우 강경한 방식으로 정치를 운영했어요. '공안 위원회'와 '혁명 재판소'를 통해 반혁명 세력을 무자비하게 처형하며, 일명 공포 정치를 펼친 겁니다. 이러한 공포 정치에 국민들의 불만은 점점 커졌고, 결국 1794년 로베스피에르와 그의 지지자들이 반대파에 의해 처형당하면서 자코뱅의 공포 정치는 막을 내리게 됩니다.

나폴레옹, 혁명의 불꽃을 이어가다

혁명의 유산과 황제의 야망
· 1799~1815년 ·

나폴레옹의 개혁과 황제 즉위

로베스피에르의 공포 정치가 끝난 후, 프랑스에는 다섯 명의 총재가 이끄는 '총재 정부'가 들어섰어요. 하지만 총재 정부는 내부적으로 권력이 분산되어 있었고, 지도력도 약했기 때문에 정국을 안정시키지 못했어요. 반대파의 음모와 끊임없는 비판에 시달려야 했고, 여전히 유럽과의 전쟁은 계속되고 있었기 때문에 군부의 세력이 점점 커지게 됩니다.

이런 혼란 속에서 등장한 인물이 누구일까요? 바로 나폴레옹이에요. 그는 군사적 명성과 인기를 바탕으로 쿠데타를 일으켜 총재 정부를 무너뜨리고, '통령 정부'를 수립합니다. 통령 정부는 새로운 헌법에 기반한 정부 형태였지만, 법률 발의권, 행정부 수장 권한, 군 통수권, 외교권까지 갖춘 강력한 권력을 행사할 수 있었어요. 이로써 프랑스 혁명은 사실상 마무리 됩니다.

나폴레옹

프랑스 혁명은 봉건적 신분제를 타파하고 시민 사회와 자본주의가 성장할 수 있는 기반을 마련한, 대표적인 시민 혁명이었습니다. 특히 '자유, 평등, 우애'라는 혁명의 이념은 훗날 민주주의 발전에도 깊은 영향을 줬어요.

권력을 잡은 나폴레옹은 외교적으로도 성과를 냈습니다. 오스트리아를 격파하고, 영국과는 휴전에 성공해 당시 프랑스를 포위하고 있던 '대프랑스 동맹'을 무너뜨렸어요. 그 결과 프랑스는 오랜 전쟁을 끝내고 평화를 회복하게 됩니다.

나폴레옹은 단순한 전쟁 영웅이 아니라, 혁명의 성과를 계승하고 제도화한 개혁가이기도 했어요. 그는 『나폴레옹 법전』을 편찬해 법 앞의 평등, 시민권 보장, 재산권 보호 같은 시민 사회의 기본 규범을 명확히 했고, 프랑스 은행을 설립해 금융 시스템을 정비했으며, 산업 보호 정책을 통해 경제 기반도 다졌습니다. 또 능력에 따라 관직에 오를 수 있도록 교육 개혁과 공공 교육법을 제정해 실력 중심의 사회 구조를 만들어 갔어요.

이러한 내정 개혁 덕분에 나폴레옹은 국민의 폭넓은 지지를 받았고, 결국 국민 투표를 통해 황제로 즉위하게 됩니다. 그는 혁명 정신을 이어받되, 새로운 질서와 안정을 구축하는 방식으로 프랑스를 이끌었던 인물이었어요.

유럽 정복 전쟁과 나폴레옹의 몰락

황제가 된 나폴레옹은 프랑스를 넘어서 유럽 전역을 자신의 지배 아래 두고자 했어요. 그러자 이에 맞서 영국을 중심으로 다시 '대프랑스 동맹'이 결성되고, 이들과 프랑스 사이에 전쟁이 벌어집니다.

나폴레옹은 해전에서는 영국에게 밀려, 특히 트라팔가 해전에서 넬슨 제독이 이끄는 영국 해군에 크게 패하게 돼요. 하지만 육상전에서는 강력한 전투력으로 오스트리아, 프로이센, 러시아를 차례로 격파하며 유럽 대륙을 휩쓸었습니다. 그리고 그 과정에서 오랜 역사를 지닌 신성 로마 제국까지 해체해 버려요.

하지만 나폴레옹의 가장 큰 목표였던 영국은 좀처럼 무너지지 않았습니다. 그래서 그는 영국을 경제적으로 고립시키려는 전략으로 '대륙 봉쇄령'을 내립니다. 이는 유럽 대륙 전체가 영국과의 교역을 끊고, 영국 경제를 압박하자는 조치였어요. 하지만 유럽 각국의 불만은 점점 커졌고, 특히 러시아는 이 봉쇄령을 끝내 따르지 않았죠.

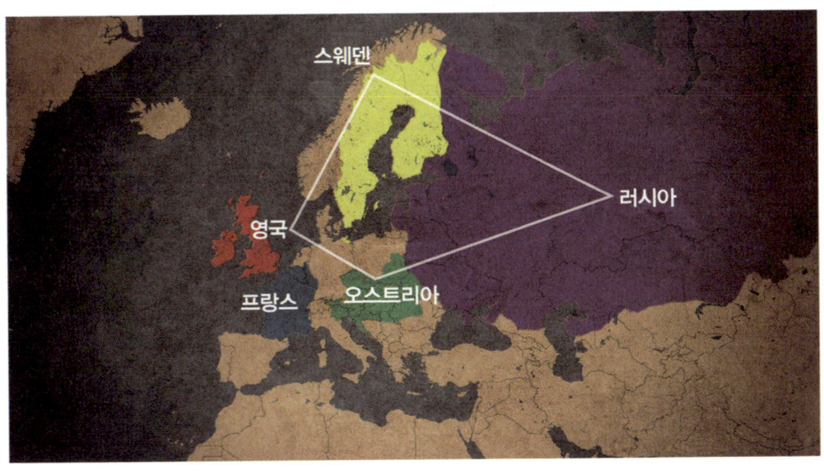

　이에 나폴레옹은 1812년 직접 러시아 원정에 나섭니다. 그러나 러시아
는 광대한 영토를 이용해 프랑스군을 유인했고, 결국 프랑스군은 겨울의
혹한과 식량 부족, 끝없는 후퇴 속에서 엄청난 피해를 입으며 무너지고 말
아요. 이 패배는 나폴레옹에게 결정적인 전환점이 됩니다.

　러시아 원정의 실패 이후, 대프랑스 동맹은 반격에 나서며 프랑스 군대
를 차례로 격파했고, 나폴레옹은 결국 몰락하게 돼요. 한때 유럽을 호령하
던 영웅이었지만, 무리한 정복 전쟁과 봉쇄 정책으로 인해 스스로 쇠퇴의
길로 접어든 셈이죠.

빈 체제와
자유주의의 도전

보수적 질서 유지와 그에 대한 저항
• 1815~1871년 •

빈 회의와 보수적 국제 질서

1814년부터 1815년까지 열린 오스트리아의 '빈 회의'는 나폴레옹이 몰락한 뒤, 유럽에 새로운 질서를 세우기 위해 열렸어요. 이 회의에서는 '정통주의' 원칙에 따라 프랑스 혁명과 나폴레옹 전쟁으로 바뀌었던 국경과 왕조 질서를 다시 예전으로 되돌리기로 했습니다. 그래서 혁명 이전에 존재하던 왕조들이 대부분 복귀하게 됐죠.

이렇게 형성된 빈 체제는 유럽의 안정과 질서 유지라는 명분을 가지고 있었으나, 사실상 보수적인 정치 체제를 지키는 데 목적이 있었어요. 그 중심에 있었던 건 '신성 동맹'이었는데, 러시아를 중심으로 오스트리아와 프로이센이 참여했습니다. 이어서 영국까지 가세하면서 4국 동맹이 결성됐고, 이들은 자유주의나 민족주의 운동을 억압하며 기존 체제를 유지하려 했습니다.

하지만 이런 보수 체제에 대한 반발도 곧 이어졌어요. 독일에서는 학생 중심의 자유주의 운동 조직인 부르센샤프트가 활동했고, 이탈리아에서는 비밀 결사인 카르보나리당이 자유주의와 민족주의 운동을 외쳤습니다. 그러나 오스트리아가 유럽 각국에 영향력을 행사하면서 이런 운동들은 쉽게 탄압당하고 말았죠.

한편 그리스에서는 오스만 제국의 지배에 저항하는 독립 운동이 일어났습니다. 이때 유럽 열강, 특히 러시아·영국·프랑스가 각자의 이해관계에 따라 그리스를 도왔고, 유럽 지식인들의 문화적·정서적 지지도 더해졌어요. 결국 1829년, 그리스는 독립을 쟁취하게 됩니다.

라틴아메리카에서도 독립 운동이 활발하게 일어났습니다. 시몬 볼리바르와 산 마르틴 같은 지도자들이 앞장서 각국의 독립을 이끌었고, 여기에 영국은 새로운 시장을 얻기 위해 경제적·외교적으로 지원했습니다. 미국도 1823년 먼로 대통령이 선언한 먼로 선언을 통해 유럽 국가들이 아메리카 대륙에 간섭하지 말 것을 경고하면서, 라틴아메리카의 독립 분위기에 힘을 실어줬어요.

이렇게 러시아와 영국의 지원을 받은 그리스의 독립과, 라틴아메리카의 탈식민 운동 성공은 결국 빈 체제의 기반을 뒤흔드는 계기가 됩니다. '질서와 안정을 유지한다'는 명분으로 시작된 빈 체제였지만, 자유와 민족 자결의 목소리를 억누르는 데에는 한계가 있었던 거죠.

한편, 빈 체제 아래 프랑스도 다시 왕정으로 돌아갔습니다. 루이 18세에 이어 왕위에 오른 샤를 10세는 성직자와 귀족의 권력을 강화하고, 언론을 탄압하고, 의회를 해산하는 등 전제 정치를 강화했어요. 그러나 이런 보수 회귀는 결국 프랑스 시민들의 불만을 키우고 또 다른 변화를 불러오게 됩니다.

> 정기 간행물의 발행 자유를 정지한다. 어떠한 신문, 정기 간행물, 준정기 간행물도 당국의 허가를 받지 않고는 발행할 수 없다. 하원은 해산한다. 향후 의회에서 하원의원의 수를 줄인다. 하원의 헌법 수정 권한을 철회한다. 선거권과 피선거권은 오로지 정해진 납세액에 따라 결정된다.
>
> _샤를 10세의 1830년 7월 칙령

자유주의 혁명과 빈 체제의 붕괴

1830년, 샤를 10세의 전제 정치에 대한 불만이 커지면서 자유주의자들과 시민들이 들고일어납니다. 이들이 일으킨 '7월 혁명'을 통해 샤를 10세는 퇴위하게 되고, 시민들의 지지를 받은 루이 필리프가 새 국왕으로 추대돼 입헌군주제가 수립돼요. 이로써 프랑스는 '7월 왕정'이라 불리는 새로운 정권을 맞이하게 됩니다.

7월 혁명

루이 필리프의 7월 왕정은 '시민의 왕'을 자처했지만 실상은 소수의 은행가와 대지주가 부와 권력을 독점하는 체제였어요. 선거권도 부유한 시민들만 행사할 수 있었기 때문에, 점점 더 많은 사람들이 선거권 확대와 시민적 자유를 요구하게 됩니다.

특히 1830년대 이후 본격화된 산업 혁명을 계기로 중간계층과 노동자들이 새로운 정치 세력으로 성장하면서, 그들의 불만도 거세졌어요. 결국 1848년, 파리에서 중하층 시민과 노동자들이 선거권 확대를 외치며 들고 일어났고, 이로써 '2월 혁명'이 발발합니다. 이 혁명의 결과, 루이 필리프는 퇴위하고 프랑스는 다시 공화정으로 돌아가 제2공화정이 수립돼요.

2월 혁명의 여파는 프랑스에만 그치지 않았습니다. 유럽 전역으로 자유주의와 민족주의의 물결이 확산되면서 각국에서 혁명이 잇따라 일어났고,

오스트리아에서는 '3월 혁명'이 발생해 보수 체제의 상징이던 수상 메테르니히가 몰락하게 됩니다. 이로써 1815년 빈 회의 이후 유지되던 빈 체제는 사실상 붕괴됐죠.

이후 프랑스에서는 나폴레옹의 조카 루이 나폴레옹이 대통령에 당선됩니다. 그는 이후 쿠데타를 일으켜 황제로 즉위하고, 나폴레옹 3세라는 이름으로 독재 정치를 펼치며 강력한 권력을 행사합니다. 안으로는 경제 발전에 힘쓰고, 밖으로는 영토 확장을 추구했지만, 결국 프로이센과의 전쟁에서 패배하면서 몰락하게 됩니다.

이때 파리는 프로이센 군대에 포위된 상황이었고, 시민과 노동자들은 이에 맞서 '파리 코뮌'이라는 자치 정부를 수립해 저항했어요. 하지만 프로이센과 협력하던 프랑스 임시 정부는 곧 제3공화정을 수립하고, 무력으로 파리 코뮌을 진압해요.

이처럼 프랑스는 19세기 내내 왕정과 공화정, 제정이 반복되는 정치적 격동기를 거치며 점차 민주주의의 기반을 마련하게 됩니다.

영국의 자유주의 개혁

19세기 영국에서는 의회 중심의 자유주의 개혁이 단계적으로 추진됐어요. 먼저 종교적 차별을 완화하는 데서 시작됐습니다. 1673년에 국교도, 즉 성공회 이외의 사람은 공직에 오를 수 없게 했던 심사법이 폐지되면서, 신교도들도 관직에 진출할 수 있게 됐고요. 이어서 가톨릭 해방법이 제정되면서 구교도인 가톨릭 신자에 대한 차별도 공식적으로 금지됐습니다.

정치적인 면에서는 1832년 제1차 선거법 개정이 중요한 전환점이었어요. 이 개정은 산업 혁명 이후 인구 구조가 크게 변한 데 따른 대응으로, 당시의 낡고 불합리한 선거 제도를 개혁하는 것이 핵심이었습니다. 대표적으로 부패 선거구가 폐지됐는데요. 부패 선거구란 인구가 거의 없거나 아예 사라진 지역임에도 불구하고 여전히 의원을 배출하던 곳을 말해요. 또한 도시의 신흥 상공업자와 중간 계층으로 선거권이 확대됐는데, 이는

1848년 4월 10일 케닝턴 커먼에서 열린 차티스트 모임

영국 민주주의 발전의 중요한 이정표가 됐죠.

하지만 여전히 선거권을 얻지 못한 노동자 계층의 불만은 커졌습니다. 이들은 정치적 권리를 요구하며 1838년 '인민 헌장'을 발표했고, 이를 바탕으로 '차티스트 운동'을 전개했어요. 차티스트 운동은 영국 최초의 전국적인 노동계급 정치 운동으로, 다음과 같은 6가지 요구를 했습니다.

1. 보통 선거권: 21세 이상의 모든 남성에게 선거권 부여

2. 비밀 투표: 공개 투표로 인해 부유층과 지주들이 노동자들에게 투표 압력을 행사하는 것을 방지

3. 입후보 자격 제한 철폐: 하원의원이 되기 위한 재산 요건을 철폐

4. 의원에게 급여 지급: 경제적 부담 없이 노동자 계층도 정치에 참여할

　　수 있도록 유도

　　5. 인구 비례에 따른 공정한 선거구 조정: 노동자들이 밀집한 지역은 과소 대표되는 문제 해결

　　6. 매년 선거 실시: 의원들이 국민의 뜻을 충실히 반영하도록 하고, 장기 집권을 방지

이 운동은 당시로서는 매우 진보적인 요구를 담고 있었고, 자유주의 개혁의 내용을 한층 더 확장한 시도였지만, 결국 정부의 강경 대응과 제도적 장벽에 가로막혀 실패로 돌아갑니다. 그래도 이후 여러 차례의 선거법 개정을 통해 노동자 계층도 점차 선거권을 얻게 돼요.

자유주의 흐름은 경제 분야로도 이어졌습니다. 대표적인 것이 곡물법과 항해법의 폐지예요. 곡물법은 외국산 곡물 수입을 제한해 국내 지주들의 이익을 보호했던 법이지만, 그로 인해 식료품 가격이 상승하면서 노동자들에게는 큰 부담이었죠. 결국 1846년에 곡물법이 폐지되면서 값싼 곡물이 수입될 수 있게 됐고, 노동자들의 생활도 한층 나아졌습니다.

또 하나는 항해법인데요. 이 법은 영국과 식민지 사이의 무역을 영국 선박으로만 운송하도록 했던 규제로, 영국의 해상 패권을 지키기 위한 조치였지만 동시에 자유무역을 방해하는 요인이기도 했어요. 마침내 1849년, 항해법이 폐지되면서 영국은 본격적인 자유무역 체제로 전환하게 됩니다.

이러한 정치와 경제 개혁은 영국이 점차 보호주의에서 자유주의 경제로 전환하는 중요한 계기가 됐고, 이를 기반으로 산업화의 성과를 세계 시장에서 적극적으로 활용하며 19세기 세계 최강국으로 떠오를 수 있었던 겁니다.

러시아의 개혁과 한계

19세기의 러시아는 넓은 영토와 강력한 군사력을 가진, 말 그대로 유럽의 강대국이었어요. 하지만 그 이면을 들여다보면, 황제(차르)가 권력을 독점하는 전제 정치 체제였고, 국민 대다수는 여전히 농노라는 신분에 묶여 살아가야 했습니다. 이런 상황 속에서 서유럽의 자유주의 사상에 영향을 받은 젊은 장교들이 나타나 입헌군주제를 지향하며 변화를 요구하게 되죠. 그 대표적인 사건이 바로 '데카브리스트의 봉기(1825년)'였습니다. 데카브리스트란 12월에 봉기한 사람들이라는 뜻으로 러시아의 젊은 장교들과 귀족 개혁 세력을 가리킵니다. 이 시도는 군대 내 지지 부족과 체제의 강력한 억압으로 인해 결국 실패로 돌아갑니다.

대외적으로는 러시아가 흑해 방면으로 세력을 확장하려다 오스만 제국과 충돌하면서 크림 전쟁이 일어나요. 하지만 이 전쟁에서도 러시아는 패배하고, 그만큼 내부의 문제들이 더 이상 방치할 수 없는 수준에 이르렀다는 것을 보여줍니다.

이런 배경 속에서 등장한 인물이 알렉산드르 2세예요. 그는 러시아의 체제를 개혁하지 않으면 더 큰 위기가 올 수 있다는 판단 아래, 1861년 '농노 해방령'을 선포하고, 지방의회 창설 등 내정 개혁에 착수합니다.

> 농노는 적절한 시기에 자유로운 농민으로서의 모든 권리를 갖는다. 지주가 허락한다면 영구 사용권이 주어진 경지나 그 밖의 쓸모 있는 땅도 개인 소유로 할 수 있다. 농노는 토지를 지주로부터 되사는 방법으로, 지주에 대한 의무에서 벗어나 진정 자유로운 농민의 신분이 된다. 농노가 지주로부터 토지를 사들이는 가격은 지대의 15~20배로, 그 대금의

80%는 정부가 대신 지급하고 농민은 이자를 붙여 49년간 나누어 갚도록 한다.

이렇게 보면 농노에게 자유가 주어진 것 같지만, 실상은 달랐어요. 토지를 사들이는 비용이 너무 높았고, 땅의 질도 좋지 않았기 때문에 농민들은 해방 이후에도 여전히 빈곤에서 벗어나지 못했어요. 더구나 차르의 전제 정치 체제는 그대로 유지됐기 때문에, 개혁의 효과는 제한적이었죠.

이런 상황에서 러시아의 지식인들은 농민을 계몽하고, 차르 체제를 바꾸기 위한 '나로드니키' 운동을 전개하게 됩니다. 나로드니키는 러시아어로 인민주의자라는 뜻으로, 이들은 '민중 속으로!(브나로드)'라는 구호 아래, 농촌으로 직접 들어가 농민과 함께 생활하며 혁명 의식을 고취하려 했어요. 하지만 농민들의 반응은 냉담했고, 정부의 탄압도 거셌기 때문에 이 운동은 실패로 끝납니다.

이후 일부 급진 세력은 무정부주의로 나아가 '인민의 의지'라는 비밀 결사를 조직하고 무력 투쟁을 감행해요. 그리고 마침내 1881년 알렉산드르 2세를 암살하기에 이릅니다. 그러나 이 사건 이후, 러시아 정부는 오히려 자유주의 운동을 더 철저히 탄압하게 되고, 차르의 전제 정치는 더 강하게 되살아나게 됩니다. 변화의 목소리는 거셌지만, 제도와 권력은 여전히 단단히 닫혀 있던 시기였죠.

민족주의의 물결과 강대국의 등장

이탈리아, 독일, 미국의 통일과 산업화
· 1830~1870년 ·

이탈리아, 분열에서 하나가 되다

19세기 초, 이탈리아반도는 안팎으로 여러 가지 제약에 놓여 있었어요. 내부적으로는 각기 다른 왕국과 교황령 등으로 분열돼 있었고, 외부적으로는 프랑스와 오스트리아의 간섭을 받고 있었죠. 이처럼 정치적으로 분열되고 외세의 영향 아래 있었던 이탈리아는 통일이라는 과제를 안고 있었습니다.

이탈리아 통일의 계기가 된 사건 중 하나는 나폴레옹 전쟁이에요. 이 전쟁을 겪으며 이탈리아인들 사이에서는 민족의식이 크게 고취됐고, 이후 프랑스 2월 혁명의 영향을 받아 마치니와 가리발디 같은 급진 세력들이 등장해, 민족 통일과 민주 개혁을 외치며 본격적인 운동을 벌입니다. 하지만 당시의 정치 상황과 외세의 압박 속에서 이 시도 대부분은 실패로 끝나고 말죠.

하지만 통일의 꿈은 끝나지 않았고, 이후 사르데냐 왕국을 중심으로 좀 더 현실적인 방식으로 통일 운동이 전개됩니다. 이때 중요한 인물이 바로 재상 카보우르예요. 그는 산업을 발전시키고 군사 개혁을 단행하며 통일의 기반을 다졌고, 치밀한 외교 전략으로 사르데냐의 위상을 높였습니다.

1859년, 카보우르는 프랑스의 지원으로 제2차 이탈리아 독립 전쟁을 일으켜 오스트리아에 맞서 싸웁니다. 이 전쟁의 결과로 롬바르디아를 획득하고, 이어 중·북부 이탈리아의 여러 국가를 병합하면서 통일의 외형이 서서히 갖춰졌어요.

한편 남부 이탈리아에서는 가리발디가 이끄는 의용대인 '붉은 셔츠단'이 1860년 시칠리아와 나폴리를 점령하고, 이 지역을 사르데냐 왕국에 바칩니다. 그렇게 남북이 연결되면서 1861년, 마침내 이탈리아 왕국이 수립됐고, 사르데냐 왕국의 국왕 비토리오 에마누엘레 2세가 이탈리아의 초대 국왕으로 즉위하게 됩니다.

곧이어 1866년, 프로이센-오스트리아 전쟁에 참여한 이탈리아는 베네치아를 손에 넣고, 1870년 프로이센-프랑스 전쟁 중 프랑스군이 로마에서 철수한 틈을 타 교황령까지 병합하면서 비로소 이탈리아 통일이 완성됩니다. 이렇게 이탈리아는 오랜 분열 상태를 극복하고 하나의 단일 국가로 자리 잡게 됐고, 이는 유럽의 정치 지형에도 적지 않은 변화를 불러오는 계기가 됐어요.

독일, 철과 피로 이루어진 제국

빈 체제 아래에서 독일 지역은 약 40여 개의 소국으로 분열된 상태였어요. 이들 국가는 프로이센과 오스트리아를 중심으로 연방을 이루고 있었

지만, 정치적 통일과는 거리가 멀었습니다. 그러던 중 1834년, 프로이센의 주도로 관세 동맹이 결성되면서 독일 지역 국가들 사이에서 경제적 통합이 먼저 추진되기 시작합니다. 이 관세 동맹은 상품에 붙는 세금을 없애 동맹국 간 무역을 자유롭게 만들었습니다. 독일 지역 국가들이 경제적으로는 하나의 시장으로 움직이게 된 것이죠.

이후 1848년 프랑스에서 2월 혁명이 일어나자, 그 영향으로 독일에서도 자유주의자들이 모여 프랑크푸르트 국민 의회를 열고 정치적 통일 방안을 논의합니다. 하지만 내부의 입장 차이와 외부의 반대로 큰 성과를 내지 못했고, 이로 인해 독일 통일 운동의 주도권은 오스트리아가 아닌 프로이센으로 넘어가게 됩니다.

프로이센 통일의 중심 인물은 바로 비스마르크입니다. 그는 재상으로 취임한 뒤, 강력한 군비 확장 정책을 추진하면서 '철혈 정책'을 내세웠어요. 1862년 의회 연설에서는 "문제의 해결은 말이나 표결이 아니라 철과 피를 통해서 가능하다"는 유명한 말을 남기며, 무력과 군사력을 통한 통

일을 천명했습니다. 그는 먼저 1864년 제2차 슐레스비히 전쟁에서 덴마크를 격파하고, 이어 1866년에는 오스트리아와 맞붙은 전쟁에서 승리해 북독일 연방을 창설합니다. 이로써 독일 북부 지역을 실질적으로 지배하는 국가가 등장하게 된 거죠.

마침내 1870년에서 1871년 프랑스-프로이센 전쟁에서까지 승리하자, 독일 남부의 여러 나라들도 프로이센 주도의 통일에 합류합니다. 그리고 1871년 1월 18일, 프로이센 국왕 빌헬름 1세가 베르사유 궁전에서 독일 제국의 황제로 즉위하면서, 독일 제국의 통일이 공식 선포됩니다. 이는 민족주의 운동이 현실로 이루어진 상징적인 순간이었어요.

이후 통일된 독일은 국가 주도로 빠르게 산업화를 추진하며, 영국에 도전할 만큼 강대국으로 성장하게 됩니다. 독일 통일의 완성은 단순히 한 국가의 부흥이 아니라, 유럽 전역에 민족주의가 뿌리내리고 국민 국가 체제가 자리 잡는 전환점이 됐습니다.

미국, 남북전쟁과 산업 강국의 길

18세기 말, 독립을 이룬 미국은 민주주의 체제를 발전시키며 본격적으로 서부 개척을 추진했습니다. 그 결과 1840년대 말에는 태평양 연안까지 영토를 확장하게 돼요. 마침 이 시기에는 산업 혁명도 시작되고 있었기에, 광대한 영토와 풍부한 자원, 빠르게 늘어나는 인구와 시장을 바탕으로 미국은 빠르게 경제 성장을 이룰 수 있었죠.

하지만 그 과정에서 남부와 북부의 대립이 격화됩니다. 남부는 노예 노동을 기반으로 한 대규모 목화 재배 농장 중심이었기 때문에, 자유무역론이 우세했어요. 반면 북부는 임금 노동자를 활용한 상공업 중심의 경제 구조였고, 산업 보호를 위해 보호무역론을 지지했습니다. 경제 구조와 이익이 완전히 달랐기 때문에, 두 지역은 끊임없이 충돌하게 됩니다.

결정적인 계기는 노예제 확대에 반대하는 에이브러햄 링컨이 대통령으로 당선되면서 찾아옵니다. 남부 7개 주는 이를 받아들일 수 없다며 연방 탈퇴를 선언했고, 이후 11개 주까지 확대되며 남북 전쟁(1861~1865년)이

남북전쟁

발발하게 된 거예요. 전쟁이 진행되던 중, 링컨은 1863년 1월 1일에 노예 해방을 선언합니다. 이는 단순한 정책 이상의 의미를 가졌어요. 북부는 우월한 경제력과 군사력, 그리고 노예 해방이라는 도덕적 정당성을 바탕으로 국내외 여론의 지지를 얻어내며 결국 전쟁에서 승리하게 됩니다.

전쟁 이후, 미국은 빠르게 전쟁의 상처를 회복하고 국민 통합을 이뤘어요. 특히 1869년 대륙 횡단 철도가 개통되면서 동부와 서부가 연결되고, 산업화와 지역 간 통합이 크게 촉진됐습니다. 여기에 더해 유럽과 아시아에서 이민자들이 대거 유입되며 노동력이 풍부해지고 시장도 확대됐죠.

이러한 조건들을 바탕으로 미국은 점차 세계 최대의 공업국, 그리고 강력한 자본주의 국가로 성장하게 됩니다. 독립 이후 100년이 채 되지 않아, 미국은 유럽 강대국들과 어깨를 나란히 하는 세계의 중심국가로 도약하게 된 거예요.

산업 혁명, 증기와 기계가 만든 새로운 세상

신항로 개척과 상업 혁명, 글로벌 산업화까지
• 1492~1870년 •

신항로 개척과 경제 발전

신항로가 개척된 이후, 유럽에서는 상업 혁명과 인구 증가를 바탕으로 경제가 급속도로 발전했어요. 특히 신항로 개척을 계기로 대서양과 인도양을 통한 교역이 활발해지면서, 유럽의 상업 활동은 그 어느 때보다도 활기를 띠게 됩니다. 이처럼 국제 교역이 확대되자 상품에 대한 수요도 급증했는데요. 문제는 기존의 길드 체제로는 이런 수요를 감당할 수 없었다는 점이에요. 길드는 주로 장인들이 일정한 규격의 물건을 소량 생산하는 방식이었기 때문에, 대량 생산과 빠른 공급을 요구하는 새로운 시장 경제에는 잘 맞지 않았던 거죠.

이에 상인 자본가들은 더 많은 이윤을 추구하고 길드의 제약을 피하기 위해 농촌으로 눈을 돌리기 시작합니다. 이들은 농민에게 원료와 도구, 임금을 제공하고 상품을 생산하게 했는데, 이러한 형태를 '선대제'라고 해

매뉴팩처

요. 이는 일종의 가내 수공업으로, 농촌의 노동력을 활용한 초기 자본주의적 생산 방식이었습니다. 한편, 좀 더 조직적인 방식도 나타났어요. 여러 일꾼을 한 작업장에 모아 분업 체계로 생산을 진행한 공장제 수공업, 즉 '매뉴팩처'가 대표적이죠. 매뉴팩처는 상품 생산의 효율성을 크게 높이는 결과를 낳았습니다.

이 두 방식은 모두 상인 자본가들이 생산을 통제하고 이윤을 극대화하려는 시도였다고 볼 수 있어요. 하지만 이 시기의 생산은 기계를 사용하지 않은 수공업 중심이었고, 사회 구조도 여전히 농업 중심이었습니다. 즉, 산업 혁명 이전의 전환기적 모습이 드러나는 시기였던 거예요.

산업 혁명과 기계화

산업 혁명이란 기계의 발명과 기술의 획기적인 발전을 바탕으로 산업 전반에 걸쳐 일어난 대변혁을 말해요. 이 혁명은 18세기 후반 영국에서 가장 먼저 시작됐습니다. 그 배경에는 여러 가지 조건이 있었어요. 우선 시민 혁명을 통해 정치적으로 비교적 안정된 체제가 자리 잡았고, 그 과정에서 자본과 기술이 축적됐습니다. 또 모직물 공업의 발달 덕분에 이미 제조업 기반이 잘 갖춰져 있었고, 도로와 운하 같은 교통망이 정비되면서 국내 시장의 유통망도 훨씬 효율적으로 바뀌었죠. 특히 맨체스터를 비롯한 지역에는 철과 석탄 같은 자원이 풍부했기 때문에 공업 발전에 아주 유리한 환경이 마련돼 있었습니다.

산업 혁명 초기, 영국은 질 좋은 인도산 면직물과 경쟁해야 했으므로 자연스럽게 면직물 공업의 기계화에 박차를 가하게 됩니다. 이 과정에서 방적기와 방직기 같은 기계들이 발명됐습니다. 여기에 결정적인 전환점을 마련해준 것이 바로 제임스 와트의 증기 기관 개량이에요. 1760년대부터 1770년대를 거쳐 와트는 기존에 토머스 뉴커먼이 발명한 증기 기관을 보다 효율적으로 개량했고, 이것이 산업 혁명의 핵심 동력이 됩니다.

증기 기관을 동력원으로 사용하게 되면서, 생산 공정이 기계화되고 대량 생산이 가능해졌습니다. 그 결과 값싼 면직물을 빠르게 대량으로 생산할 수 있게 됐고, 면직물 산업은 영국 산업 혁명을 이끄는 중심 산업으로 부상했어요.

이후 기존의 가내 수공업이나 공장제 수공업은 점차 쇠퇴하고, 공장제 기계 공업이 빠르게 확산되기 시작합니다. 이 새로운 생산 방식은 노동과 자본이 집중된 대규모 공장 중심의 체제로 자리 잡으며, 영국을 본격적인 자본주의 경제 체제의 중심지로 만들어 나갑니다. 즉, 산업 혁명은 기술의 발전을 넘어, 경제 구조와 사회 전체의 모습을 근본적으로 바꿔놓는 거대

한 변화였던 거예요.

게다가 영국은 일찍부터 해외에 식민지를 개척해 시장을 확보하고 있었고, 제2차 인클로저 운동으로 인해 토지를 잃은 농민들이 도시로 몰리면서 풍부한 노동력도 갖추게 됐어요. 여기에 경험과 실험을 중시하는 과학적 태도까지 더해지면서 신기술 개발이 활발히 이루어졌고, 이러한 여러 조건들이 맞물리며 19세기에는 '세계의 공장'으로 불릴 정도의 산업 강국으로 도약할 수 있었습니다.

동력 혁명과 교통 혁명

동력 혁명은 산업 혁명과 나란히 진행된 또 하나의 중요한 변화였습니다. 증기 기관을 비롯한 다양한 기계들이 널리 사용되면서, 이를 가동하기 위한 석탄 수요가 급격히 증가했어요. 특히 이전까지는 주로 목탄을 이용했지만, 석탄이 더 효율적이고 대량 생산에 적합했기 때문에 점차 제철 산업에도 석탄이 본격적으로 사용되기 시작합니다. 이런 변화는 기계화의

증기 기관차

확산을 가속화시키는 데 큰 역할을 했고, 산업 전반의 구조를 근본적으로 바꾸는 계기가 됐죠.

함께 일어난 또 하나의 큰 변화는 바로 교통 혁명이었습니다. 영국의 스티븐슨은 증기 기관차를 개발해 철도를 부설했고, 미국의 풀턴은 증기선을 실용화함으로써 육상과 해상 교통에 획기적인 전환점을 마련했습니다. 이로 인해 철도와 증기선을 기반으로 한 교통망이 전국적으로 확장됐고, 동시에 도로와 운하도 함께 정비되면서 상품과 사람의 이동이 훨씬 빠르고 효율적으로 바뀌었어요.

그뿐만 아니라 이 시기에는 통신 기술의 발전도 산업 사회에 매우 중요한 역할을 하게 됩니다. 미국의 모스는 유선 전신을 발명해 먼 거리에서도 신속하게 정보를 주고받을 수 있게 만들었고, 벨은 전화를 발명했고, 이탈리아의 마르코니는 무선 전신을 개발해 전 세계적인 통신 혁명을 이끌었습니다. 이런 통신 기술의 발전은 산업과 상업 활동의 효율을 높이고, 각 지역을 하나의 네트워크로 묶어주는 데 핵심적인 역할을 하게 됐습니다.

산업화의 확산

18세기 후반, 영국에서 시작된 산업화는 사실 초기에는 일부 지역과 특정 산업 부문에만 한정된 변화였어요. 하지만 19세기에 접어들면서, 영국을 제외한 유럽 여러 나라에서도 점차 자국의 여건에 맞는 산업화가 진행되기 시작합니다.

예를 들어 벨기에는 광업과 제철업을 중심으로 산업화를 선도했고, 프랑스는 섬유 공업을 중심으로 발전했어요. 독일은 특히 제철 공업을 중심으로 빠르게 성장하며 자체적인 산업 기반을 다져나갔죠. 이렇게 각국의 조건과 특성에 따라 점진적으로 산업화가 이루어졌고, 그 결과 유럽 전체의 생산력은 인도나 중국을 능가하게 됩니다.

그러다 19세기 후반에 이르러, 독일과 미국은 산업화의 주도권을 잡으며 신흥 공업 강국으로 부상합니다. 독일은 통일 이후, 정부 주도의 산업 정책 아래 빠른 산업화를 추진했어요. 중화학 공업을 중심으로 성장했으며, 정부는 기업에 산업 보조금을 지급하고, 기술자 양성을 지원하며, 보호무역 정책도 적극 시행했죠. 이러한 일련의 조치들은 독일 산업의 경쟁력을 끌어올리는 데 결정적인 역할을 했습니다.

한편 미국은 남북전쟁 이후 본격적인 산업화가 시작됐습니다. 풍부한 자원과 광활한 시장, 그리고 노동력을 바탕으로 중화학 공업 중심의 산업

화가 빠르게 진행됐고, 여기에 더해 대규모 자본 투자와 전문 경영인들의
체계적인 운영이 결합되며 거대 기업들이 등장하면서 강력한 자본주의 경
제 체제가 자리 잡게 됩니다.

이러한 흐름을 통해 독일과 미국은 19세기 말 세계 산업의 중심축으로
부상했고, 기존의 산업 선도국이던 영국을 위협할 정도로 영향력 있는 공
업국으로 성장하게 됐죠.

산업 사회의 그늘, 노동자의 고단한 삶

농업 사회에서 산업 사회로의 전환과 노동자의 삶
·1780~1870년·

농업 사회에서 산업 사회로의 전환

산업 혁명은 기존의 농업 중심 사회를 산업 사회로 급격히 변화시키는 역사적인 전환점이었습니다. 이 혁명을 통해 공장제 기계 공업이 본격적으로 자리 잡고, 자본주의 경제 체제가 확립되면서 생산력이 비약적으로 증가했어요. 그 결과 다양한 제품이 대량 생산되기 시작했고, 사람들의 생활 수준은 점차 풍요롭고 편리해졌습니다.

산업화가 본격적으로 진행되면서 공장이 들어선 지역을 중심으로 대도시들이 형성됐고, 교통과 통신의 혁신 덕분에 사람과 물자의 이동이 훨씬 자유로워졌어요. 특히 농촌 인구가 일자리를 찾아 도시로 이동하면서, 도시 인구가 급격히 증가하게 됩니다. 이렇게 해서 도시화 현상이 빠르게 진행됐고, 농업 사회에서 산업 사회로의 전환은 더욱 가속화됐죠.

이런 변화 속에서 새롭게 부상한 계층이 바로 중간 계급입니다. 이들은 주로 평민 출신으로, 산업 자본가나 전문직에 종사하며 점차 물질적 풍요를 누렸는데, 점차 정치 참여와 사회적 영향력까지 넓혀갔어요. 즉, 산업화는 단순히 기술과 생산의 변화에 그치지 않고, 사회 구조 자체를 재편하는 중요한 계기가 됐던 겁니다.

노동자의 고통과 사회주의 사상의 등장

하지만 산업화가 가져온 변화가 모두 긍정적인 것만은 아니었어요. 노동자들은 열악한 환경에서 장시간 저임금 노동에 시달려야 했습니다. 작업장은 위험하고 비위생적이었고, 심지어 어린이들까지도 일터에 동원됐죠. 노동자들은 기계화가 확대되면서 언제 일자리를 잃게 될지 모른다는 불안에 시달렸고, 공장에서는 시간 엄수와 근면함을 끊임없이 요구받았습니다.

이러한 노동 현실은 1830년 영국 의회에 제출된 「아동 노동 실태 보고서」에서도 확인할 수 있어요. 보고서에 따르면, 어린이들은 6세부터 일하기 시작했고, 하루 14시간 이상 일하는 경우도 있었으며, 체벌을 당하는 사례도 적지 않았습니다.

또한 산업화와 함께 도시화가 빠르게 진행되면서 주거 문제도 심각해졌어요. 갑작스럽게 인구가 몰리면서 주택 부족, 상하수도와 위생 시설의 미비, 전염병의 유행, 범죄 증가 같은 문제들이 특히 가난한 노동자들이 거주하는 지역에서 두드러지게 나타났습니다. 이로 인해 도시 생활은 매우 불편하고 불안정해졌죠.

그런 가운데 일부 노동자들은 이러한 어려움의 원인을 기계화 탓으로 돌리며, 기계를 파괴하는 운동을 벌이기도 했습니다. 이것이 바로 '러다이트 운동'인데요. 이는 기계가 일자리를 빼앗는다고 생각한 노동자들이 직

아동 노동 현장

접 방직기나 직조기 같은 기계를 부수는 방식으로 저항한 운동이었습니다. 하지만 정부는 공장주(자본가)의 이익을 대변하며 이 운동을 강하게 탄압했고, 러다이트 운동은 결국 실패로 끝나고 말았죠.

이후 노동자들은 조직적인 방식으로 권리를 요구하기 시작했습니다. 노동조합을 결성해 장시간 노동, 저임금, 위험한 작업 환경 같은 문제의 개선을 요구하는 한편, 정치 참여를 통해 노동자의 참정권도 주장했어요. 이러한 노력 덕분에 19세기 중반 이후, 노동조합은 점차 노동자들의 대표 조직으로 사회적 인정을 받게 됩니다.

정부와 자본가들 역시 계급 간 갈등과 사회 문제를 해결하기 위한 대책을 고민하게 되죠. 영국에서는 공장법을 제정하고, 공장 감독관을 두는 한편, 아동 노동 시간을 제한하고 의무 교육을 도입하는 등의 조치를 통해 노동자의 권리와 인권을 보호하려는 시도가 이어졌습니다. 경제 성장을 통해 얻은 이익이 노동자들에게도 일부 돌아가면서, 이들의 생활 수준도 점차 향상되기 시작했어요.

하지만 이 모든 변화에도 불구하고, 여전히 빈부 격차는 심화되고 노동 환경은 열악했습니다. 이 같은 현실에 문제의식을 느낀 일부 지식인들 사이에서는 자본주의 경제 체제를 비판하는 새로운 사상, 바로 사회주의가 등장합니다. 사회주의자들은 공장이나 토지 같은 생산 수단을 자본가가 독점하지 않고 공동 소유해야 빈부 격차를 해소할 수 있다고 주장했죠.

초기 사회주의 사상가였던 프랑스의 생시몽과 영국의 오언은 경쟁보다는 협동을 강조하고, 이익을 공정하게 분배해야 더 나은 사회를 만들 수 있다고 보았습니다. 여기에 마르크스와 엥겔스는 한 걸음 더 나아가, 현실 사회를 과학적으로 분석한 뒤 자본주의의 문제를 해결하기 위한 구체적인 방법을 제시했어요. 이들은 노동자와 자본가 간의 계급 투쟁을 통해 언젠가는 평등한 공산주의 사회가 도래할 것이라고 주장했습니다. 이들의 사상은 많은 노동자와 지식인들에게 지지를 받았고, 이후 유럽 여러 나라의 사회주의 운동에 큰 영향을 미치게 됩니다.

생시몽   오언   마르크스   엥겔스

제국주의,
세계를 나누어 먹다

서양 열강의 팽창과 식민지 지배의 전개
· 1870~1914년 ·

제국주의 시대의 전개와 열강의 대외 팽창

19세기 후반, 서양 열강은 산업화를 거치며 자본주의 경제를 급격히 발전시켰습니다. 이를 바탕으로 경제력과 군사력을 앞세워 약소국을 식민지로 삼고 지배하는 대외 팽창 정책을 본격적으로 추진하게 되는데요. 이를 바로 제국주의라고 부릅니다.

이 시기에는 특히 중화학 공업의 발달로 대량 생산이 가능해지면서, 유럽 열강은 국내에서 생산한 상품을 팔 새로운 소비 시장을 찾기 위해 적극적으로 해외로 진출합니다. 값싼 원료와 노동력을 확보하고, 잉여 자본을 투자할 곳을 마련하기 위한 목적도 있었죠. 그런데 이 제국주의는 단순히 경제적 목적에만 그치지 않았어요. 당시 유럽 사회에 퍼져 있던 강한 민족주의 정서와 결합되면서, 대외 팽창은 국가의 위신을 높이는 수단, 그리고 실업 등 내부 문제를 해결하는 돌파구로 여겨졌습니다. 유럽 사람들은 이

서양 열강의 식민 지배를 형상화한 그림

런 대외 진출을 국익을 위한 당연한 선택으로 받아들였고, 강대국의 의무이자 권리라고 생각하며 이를 지지했죠.

제국주의의 확산에는 이론적 정당화도 있었는데, 대표적인 것이 바로 사회 진화론입니다. 이 이론은 다윈의 생물학적 진화론을 사회에 적용한 개념으로, '우수한 인종이 살아남고 열등한 인종은 도태된다'는 논리를 바탕으로 했어요. 유럽인들은 자신들을 '우월한 인종', 비유럽 국가들을 '열등한 인종'으로 규정하며, 그들을 지배하고 문명화할 '책임'이 자신들에게 있다고 주장했습니다.

이러한 인식은 곧 '백인의 의무White Man's Burden'라는 사상과 연결됐고, 비서구 세계를 식민지로 삼고 지배하는 것을 정당화하는 근거로 적극 활용됐어요. 즉, 제국주의는 경제적 필요와 정치적 계산, 그리고 사상적 정당화가 복합적으로 맞물리며 추진된, 19세기 세계질서를 뒤흔든 중요한 역사적 흐름이었습니다.

아프리카와 아시아로의 확장

유럽 열강은 신항로가 개척된 이후 아프리카 서부 해안에 진출해 노예무역과 금 거래를 통해 막대한 이익을 얻었습니다. 그러다 산업화 이후에는 아프리카가 지닌 풍부한 자원과 시장 잠재력에 주목하게 됐고, 본격적으로 아프리카 내부에 침투하기 시작했어요.

이 과정에서 아프리카 분할을 주도한 국가는 영국과 프랑스였습니다. 영국은 이집트의 카이로에서 남아프리카의 케이프타운까지 남북을 잇는 '아프리카 종단 정책'을 추진했고, 프랑스는 이에 맞서 알제리를 거점으로 사하라 사막을 지나 마다가스카르까지 연결하는 '아프리카 횡단 정책'을 추진했죠.

이 두 강대국의 이해관계는 결국 충돌하여, 1898년 '파쇼다 사건'이 벌어집니다. 그러나 양측은 무력 충돌을 피하고 협상을 통해, 영국이 이집트를 차지하고 프랑스는 모로코를 차지하는 것으로 합의하면서 갈등을 일단락 지었어요.

이후에는 독일, 벨기에, 이탈리아 같은 다른 유럽 국가들도 아프리카 식민지 분할 경쟁에 뛰어듭니다. 특히 프랑스와 독일은 모로코를 둘러싸고 두 차례(1905~1906년, 1911년) 갈등을 벌이기도 했죠. 결국 20세기 초에 접

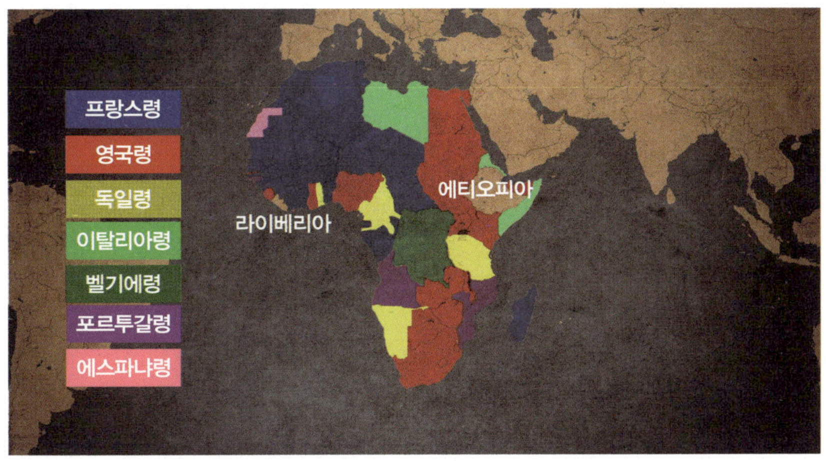

어들면서, 에티오피아와 라이베리아를 제외한 아프리카 전역이 유럽 열강의 식민지로 전락하게 됩니다. 한편, 영국은 카이로, 케이프타운, 인도 콜카타를 연결하는 '3C 정책'을 통해 아프리카와 아시아를 잇는 거대한 제국을 구축하려 했고, 이에 맞서 독일은 베를린, 바그다드, 비잔티움(이스탄불)을 연결하는 '3B 정책'으로 서아시아와 발칸반도에서 영향력을 넓히려 했어요. 이러한 두 강대국의 팽창 정책은 결국 러시아의 남하 정책과도 부딪히며 국제적 긴장을 고조시키는 계기가 됩니다.

제국주의 열강들은 식민지를 장악한 후 각기 다른 방식으로 통치했는데요. 프랑스는 현지인을 프랑스 국민으로 동화시키려는 '동화 정책'을 펼쳤고, 영국은 현지의 기존 지배층을 활용하는 '간접 지배' 방식을 선호했어요. 그러나 두 나라 모두 식민지에서 목화나 사탕수수 같은 농장을 운영하고, 광산을 개발하며 원주민을 착취했다는 점은 똑같았습니다. 즉, 어떤 방식이든 식민지 지배는 본질적으로 수탈과 지배를 위한 구조였던 셈이죠.

아시아와 태평양으로의 확장

영국은 17세기 초 동인도 회사를 설립해 인도 무역의 주도권을 잡았고, 이어 1757년 플라시 전투에서 프랑스를 격파하면서 인도에서 확실한 우위를 확보했습니다. 이후 점차 영향력을 확대해 19세기 중반에는 인도 전역 대부분을 지배하게 됐고, 이를 기반으로 싱가포르, 말레이반도, 미얀마 등지로 세력을 넓혀 나갔어요.

프랑스는 플라시 전투에서 패한 이후 베트남, 캄보디아, 라오스 등 인도차이나반도 지역으로 진출했으며, 1887년에는 이 지역을 통합해 '프랑스령 인도차이나 연방'을 조직했습니다. 이는 동남아시아에서 프랑스의 식민 지배 체제를 본격화한 것이었죠.

네덜란드는 이미 17세기부터 인도네시아에 진출해 포르투갈과 에스파냐로부터 해상권을 장악했고, 자와섬에서 차와 사탕수수 같은 작물을 재배해 큰 경제적 이익을 얻었어요. 이후에는 수마트라와 보르네오까지 점령하며, 19세기 초부터 '네덜란드령 동인도'로 묶어 통치를 강화했습니다. 이에 영국은 인도를 거점으로 삼아 싱가포르, 미얀마, 말레이반도, 보

르네오 섬 북부 등지로 세력을 넓혔고, 1895년 '말레이 연합주'를 수립해 이에 맞섰습니다.

한편 서아시아에서는 러시아와 영국이 충돌했어요. 러시아가 이란을 침략하고 아프가니스탄으로 진출하려 하자, 영국은 아프가니스탄을 보호국으로 삼아 러시아의 팽창을 견제했습니다. 이는 영국과 러시아 간의 세력 경쟁인 '그레이트 게임(1813~1907년)'의 일환이었죠.

또한 유럽 열강은 태평양 지역으로도 눈을 돌렸습니다. 영국은 오스트레일리아와 뉴질랜드를 점령하며 이 지역에서의 영향력을 키웠고, 독일은 비스마르크 제도와 마셜 제도를 차지해 태평양 섬들로 진출했어요. 한편 미국도 에스파냐와의 전쟁(1898년)에서 승리한 후 필리핀을 식민지로 삼고, 괌과 하와이까지 장악해 태평양으로의 세력 확장을 본격화했습니다. 이처럼 19세기 말 제국주의 열강은 아시아와 태평양 전역에서 치열한 경쟁을 벌이며 지구촌 전역에 걸친 식민지 체제를 구축해 나갔던 겁니다.

제1차 세계대전,
총성과 함께 무너진 낡은 세계

제국주의 갈등에서 전쟁으로, 세계질서의 재편
• 1914~1918년 •

제1차 세계대전의 배경과 발발

19세기 후반부터, 식민지를 둘러싼 제국주의 열강들 간의 경쟁이 격화되면서, 전 세계 곳곳에서 갈등과 긴장이 고조되기 시작했어요. 이런 상황 속에서 독일의 비스마르크는 독일 통일 이후 유럽의 현상 유지를 도모하고, 프랑스를 외교적으로 고립시키기 위해 1882년 오스트리아-헝가리 제국, 이탈리아와 함께 '3국 동맹'을 체결합니다.

비스마르크가 퇴진한 이후, 독일은 외교보다 팽창에 초점을 맞춘 세계 정책을 추진합니다. 영국과 프랑스는 러시아를 끌어들여 '3국 협상'을 맺고 독일을 견제하려 했죠. 이로 인해 유럽은 '3국 동맹'과 '3국 협상'이라는 두 개의 세력으로 나뉘며 긴장 상태가 고착화됩니다.

독일과 영국의 갈등도 본격화되는데요. 독일은 베를린-바그다드-비잔티움(이스탄불)을 잇는 '3B 정책', 영국은 카이로-케이프타운-콜카타를 연결하는 '3C 정책'을 추진하면서 경제적·군사적으로 충돌했고, 북아프리카의 모로코를 둘러싼 두 차례의 '모로코 사건(1905~1906, 1911년)'으로 독일과 프랑스 간 갈등도 심화됐습니다.

이 와중에 오스만 제국이 쇠퇴하면서 발칸반도에서는 여러 민족이 독립했고, 민족간 갈등이 이어지면서 정세는 더욱 복잡해졌어요. 독일과 오스트리아-헝가리 제국은 '범게르만주의'를 내세워, 슬라브계 국가들이 많은 발칸반도에서 영향력을 확대하려 했고, 러시아는 이에 맞서 '범슬라브주의'를 내세우며 슬라브계 국가들을 지원했습니다.

이런 민족주의 갈등은 1908년 오스트리아-헝가리 제국이 보스니아와 헤르체고비나를 합병하면서 더욱 격화됐고, 이에 반발한 세르비아는 주변 국가들과 함께 '발칸 동맹'을 결성해 맞서며 '발칸 전쟁'이 벌어졌어요.

제1차 발칸 전쟁 당시 불가리아의 차르 페르디난트 1세와 그리스 국왕 요르요스 1세

긴장이 고조되던 1914년, 결국 보스니아의 사라예보에서 세르비아계 청년이 오스트리아-헝가리 제국의 황태자 프란츠 페르디난트 부부를 암살하는 사건이 벌어지면서, 상황은 결정적으로 폭발합니다. 바로 '사라예보 사건'이죠.

이 사건을 계기로 오스트리아-헝가리 제국이 세르비아에 선전 포고했고, 뒤이어 같은 3국 동맹인 독일, 이탈리아와 3국 협상국인 영국, 프랑스, 러시아가 차례로 참전하면서 마침내 '제1차 세계대전'이 발발하게 됩니다. 이후 전쟁은 확산되며, 오스만 제국과 불가리아는 동맹국 편에, 이탈리아와 일본은 협상국 편에 가담하면서 전쟁은 세계적 규모로 확대됐죠.

제1차 세계대전의 전개와 종말

제1차 세계대전의 초반, 독일은 전쟁을 단기간에 끝내기 위해 벨기에를 거쳐 프랑스로 신속히 진격하는 전략을 펼쳤습니다. 독일은 이른바 슐리펜 계획에 따라 서부 전선에서 빠른 승리를 기대했죠. 하지만 1914년 마

른 전투에서 프랑스군이 독일군을 저지하면서 전선은 교착 상태에 빠졌고, 이후 참호전이 장기화되기 시작합니다.

한편, 동부 전선에서는 독일이 러시아를 상대로 강력한 공세를 펼치며 큰 피해를 입혔어요. 그런데 1917년, 러시아 내부에서 2월 혁명과 10월 혁명(볼셰비키 혁명)이 연달아 일어나면서 정권이 교체됐고, 신생 볼셰비키 정부는 독일과 단독 강화 조약인 '브레스트-리토프스크 조약(1918년)'을 체결하며 전쟁에서 이탈했습니다. 이로써 독일은 동부 전선의 부담을 덜고 서부 전선에 집중할 수 있는 여건을 마련하게 됐죠.

이 무렵, 처음에는 중립을 유지하던 미국도 점차 전쟁에 개입하게 됩니다. 결정적인 계기는 독일이 감행한 '무제한 잠수함 작전'이었어요. 독일은 협상국 측을 돕는 중립국 선박까지 공격했고, 이는 미국 내 여론을 크게 악화시켰습니다. 특히, 독일 외무 장관 치머만이 멕시코에 "미국을 공격하면 잃어버린 영토(텍사스, 애리조나, 뉴멕시코)를 돌려주겠다"고 제안한 '치머만 전보'가 공개되면서, 미국 내 반독 감정은 극에 달했습니다. 결국

1917년, 미국은 협상국 측에 참전하며 전세에 큰 변화를 가져옵니다.

1918년, 독일은 서부 전선에서 마지막 대공세를 펼쳤지만, 미국이 투입된 연합군의 반격을 막아내지 못하고 점점 밀리기 시작했어요. 오스트리아-헝가리 제국과 오스만 제국이 먼저 항복했고, 독일은 수세에 몰리게 됩니다.

그해 가을, 독일 발트해의 킬 군항에서 해군 반란이 일어나면서 독일 전역에 혁명이 번졌고, 결국 11월 혁명이 일어나 황제 빌헬름 2세가 퇴위해 네덜란드로 망명하게 됩니다. 이에 따라 독일 제국은 붕괴되고, '바이마르 공화국'이 수립됐어요.

그리고 1918년 11월 11일, 독일은 연합국에 공식 항복하면서 제1차 세계대전은 막을 내리게 됩니다. 전쟁은 유럽뿐 아니라 전 세계적으로 큰 영향을 끼친 총력전이었고, 수많은 희생과 정치적 지형의 변화를 남겼죠.

러시아 혁명, 붉은 깃발을 올리다

전제 정치의 몰락에서 사회주의 국가 건설까지

• 1905~1924년 •

혁명의 전조: 피의 일요일 사건과 3월 혁명

19세기 후반, 러시아는 국가 주도로 산업화를 추진하면서 대규모 산업 도시가 성장하고, 노동자 계층도 점차 확대됐습니다. 하지만 여전히 차르 (황제)의 전제 정치가 유지되고 있었고, 농업 중심의 사회 구조에서도 벗어나지 못했어요. 이 과정에서 자유주의와 사회주의 사상이 확산됐고, 경제적 불평등과 정치적 억압에 대한 불만도 갈수록 고조됐습니다.

그런 가운데, 1904년 러일 전쟁에서 러시아가 패배하자 국민의 불만은 폭발 직전까지 치솟았어요. 이듬해인 1905년 1월, 개혁을 요구하던 노동자들이 상트페테르부르크에서 대규모 평화 시위를 벌였지만, 차르 니콜라이 2세의 군대가 시위대에게 무차별적으로 발포하면서 수많은 사상자가 발생합니다. 이 사건이 바로 '피의 일요일 사건'이고, 이후 러시아 전역으로 혁명적 분위기가 확산되면서 차르 체제에 본격적으로 저항합니다.

혁명 세력의 압박이 거세지자, 니콜라이 2세는 두마(국회) 설치와 시민적 자유 보장 등을 약속하며 개혁을 시도했습니다. 하지만 실질적인 변화 없이 전제 정치는 계속됐고, 결국 이 개혁은 형식에 그치고 말았어요.

그러던 중, 1914년 러시아가 제1차 세계대전에 참전하게 되면서 상황은 더욱 악화됩니다. 전쟁은 불리하게 전개됐고, 패전과 전쟁 장기화로 인해 경제는 붕괴, 물자 부족과 생활고는 국민의 분노를 키웠습니다. 결국 1917년 3월(구력 2월), 상트페테르부르크에서 '식량 배급 개선, 전쟁 중지, 전제 정치 타도'를 외치는 대규모 시위가 발생했고, 군인들까지 이에 동참하게 되죠.

이러한 흐름 속에서 노동자, 농민, 병사들은 '소비에트(평의회)'를 조직하며 거리로 나섰습니다. 하지만 직접적으로 3월 혁명을 일으켜 황제를 퇴위시키고 임시 정부를 수립한 주체는 자유주의 계열의 정치인들이 중심이 된 세력이었어요. 즉, 소비에트는 혁명 세력의 일부로 강력한 영

피의 일요일

3월 혁명

향력을 행사했지만, 임시 정부 수립의 주도권을 쥔 것은 아니었습니다.

이렇게 해서 차르 니콜라이 2세는 퇴위하고, 로마노프 왕조는 막을 내리게 됐으며, '3월 혁명'을 통해 러시아는 임시 정부 체제로 전환됩니다. 그러나 진짜 격변은 이 다음에 일어납니다.

볼셰비키의 승리와 소비에트 사회주의 공화국의 수립

임시 정부는 국민의 기대와 달리 제1차 세계대전에서 계속 전쟁을 지속했고, 약속했던 개혁도 미뤘습니다. 당연히 국민의 실망과 불만은 점점 커질 수밖에 없었죠. 이런 상황에서 볼셰비키 지도자 레닌은 전쟁을 즉각 중단하고, 모든 권력을 소비에트로 이양하자고 주장하면서 급진적인 사회주의 혁명을 추진합니다.

레닌은 1917년 4월, 「4월 테제」를 발표해 제국주의 전쟁 반대, 소비에트

권력 강화, 공산주의적 개혁 등을 촉구했는데요. 이 강령은 볼셰비키의 혁명 노선을 확립하는 데 결정적인 역할을 하게 됩니다. 마침내 그해 11월(구력 10월), 레닌이 이끄는 볼셰비키는 무장 봉기를 일으켜 임시 정부를 전복하고, 노동자·농민 중심의 혁명 정부를 수립합니다. 이 사건이 바로 '11월 혁명'이에요.

혁명 이후 볼셰비키는 기존 의회를 해산하고 소비에트 중심의 권력 구조를 확립합니다. 레닌 정부는 독일과 브레스트-리토프스크 조약을 체결해 제1차 세계대전에서 이탈했고, 토지와 산업을 국유화하는 과감한 사회 개혁도 단행했죠. 하지만 이런 변화에 반발한 반혁명 세력과 내전이 벌어지면서 러시아는 혼란에 빠졌고, 경제 사정도 매우 어려워졌습니다. 이에 레닌은 기존의 계획 경제만으로는 회복이 어렵다고 판단해, 시장 경제 요소를 일부 도입한 '신경제정책(NEP)'을 시행합니다. 이 정책은 농민과 소규모 상인을 일정 부분 인정해 경제 회복을 도모하려는 실용적인 접근이었죠.

　그리고 1922년, 내전이 마무리되면서 주변 여러 공화국을 흡수해 '소비에트 사회주의 공화국 연방(소련)'이 공식 수립됩니다. 이후 레닌이 사망하고 스탈린이 권력을 장악하면서, 본격적인 사회주의 체제가 자리 잡게 돼요. 스탈린은 '경제 개발 5개년 계획'을 추진하며 중공업을 집중 육성해 소련을 세계적인 공업국가로 성장시켰고, 동시에 농업 집단화를 통해 농업 생산력을 국가가 통제하려 했습니다. 하지만 이와 동시에 정치적 탄압과 독재가 심화되며 국민의 자유는 철저히 억압됐고, 많은 사람들이 숙청과 강제노동 등 극심한 고통을 겪게 됩니다.

전후의 평화와 새로운 갈등

베르사유 체제와 국제 질서의 재편
·1919~1930년·

베르사유 조약과 국제 연맹의 탄생

제1차 세계대전이 끝난 후인 1919년 1월, 미국, 영국, 프랑스 등 전승국들은 전후의 혼란을 수습하고 새로운 국제 질서를 마련하기 위해 파리에서 강화 회의를 열었습니다. 이 회의에서는 미국 대통령 우드로 윌슨이 제시한 '평화 원칙 14개조'가 기본 원칙으로 채택됐어요. 이 원칙에는 민족 자결주의, 비밀 외교 금지, 국제 평화 기구 설립 등이 포함돼 있었습니다. 이는 많은 사람들에게 이제는 전쟁이 아닌 평화를 바탕으로 한 국제 질서가 가능하다는 희망을 안겨주기도 했습니다. 특히 '민족 자결주의' 원칙은 식민지 지배를 받고 있던 한국을 비롯한 여러 아시아 국가 독립 운동 세력에게 큰 기대를 안겼지만, 안타깝게도 그 기대는 곧 좌절됐어요. 실제로 이 원칙은 유럽 일부 민족에게만 적용됐고, 아시아와 아프리카 식민지 국가들에 제국주의 열강의 기존 지배 체제가 그대로 유지됐기 때문입니다.

파리 강화 회의

그로 인해 한국의 3·1 운동, 중국의 5·4 운동 등 반제국주의 운동이 더욱 확산되는 계기가 됐습니다. 반면 유럽에서는 여러 민족이 독립해 핀란드, 에스토니아, 라트비아, 폴란드, 리투아니아, 체코슬로바키아, 헝가리, 유고슬라비아 등의 국가가 수립됐죠.

한편, 연합국은 1919년 독일과 '베르사유 조약'을 체결해 전쟁을 공식적으로 끝맺었는데, 이 조약은 전승국의 이익을 철저히 보장하고, 패전국인 독일에게는 매우 가혹한 조건을 부과했어요. 구체적으로는 독일은 모든 해외 식민지를 상실하고, 알자스-로렌 지방을 프랑스에 양도했으며, 군비를 대폭 축소하고 연합국에 막대한 전쟁 배상금을 물도록 했습니다.

결국 베르사유 조약은 평화를 위한 조약이기보다는 보복의 성격이 짙은 조약이었고, 독일 국민들에게는 치욕과 불만의 상징이 됐습니다. 이러한 감정은 훗날 독일 내에서 강경한 민족주의와 파시즘이 등장하는 배경이 되기도 하죠.

전후 평화 체제와 민주주의의 발전

한편, 제1차 세계대전이라는 끔찍한 참화를 겪은 유럽 국가들 사이에서는 평화에 대한 열망이 높아졌습니다. 그 결과 1920년 '국제 연맹'이 창설됐어요. 이 국제 기구는 군비 축소, 각국의 독립과 영토 보전, 그리고 국제 분쟁의 평화적 해결을 목표로 했습니다. 하지만 현실은 이상과는 조금 달랐죠. 정작 이 기구를 주도했던 미국이 의회 반대로 가입하지 않았고, 초기에는 독일과 소련의 가입을 허용하지 않았으며, 결정적으로 분쟁을 억제할 수 있는 강력한 군사적 제재 수단이 없었다는 점에서 근본적인 한계를 드러냈습니다.

이 밖에도 세계 각국은 다양한 방식으로 국제 평화 질서를 유지하기 위한 노력을 이어갔습니다. 1921년 '워싱턴 회의'에서는 군비 축소와 아시아 태평양 지역에서의 세력 균형 유지를 중심으로 논의가 진행됐습니다. 하지만 이 회의 역시 한국을 비롯한 아시아 식민지 민족에게는 좌절감을 안겼죠. 제국주의 질서를 유지하는 방향으로 결론이 났기 때문이에요. 이 같은 상황 속에서, 아시아의 반식민지 민족 운동가들과 소련 등 반제국주의 세력은 '모스크바 민족대회'를 개최해 협력 방안을 모색하기도 했습니다. 이는 당시 국제 사회에서 자유와 평화를 원하는 세력이 어떻게 분열과 연대 사이에서 길을 찾아가려 했는지를 보여주는 장면이에요.

또한 1925년에는 '로카르노 조약'이 체결돼, 독일이 국제 연맹에 가입하고 국제 분쟁을 평화적으로 해결하겠다는 합의가 이루어졌습니다. 1928년 '켈로그-브리앙 조약'에서는 전쟁을 국가 정책 수단으로 삼지 말자는 원칙이 확립됐고, 1930년 '런던 해군 군축 회의'에서는 해군 군비 축소가 다시 한번 논의됐습니다. 이렇게 보면 국제 평화를 위한 제도적 시도들이 계속해서 이어졌다고도 볼 수 있겠습니다. 하지만 그것들에 실질적인 억제력이나 공감대가 있었는지도 함께 살펴봐야 하겠죠?

제1차 세계대전 이후 유럽에서는 민주주의가 크게 확산됐습니다. 대표적으로 독일은 황제 퇴위 이후 '바이마르 공화국'을 수립했고, 다른 패전국들에서도 제정이 무너지고 공화정이 들어섰습니다. 또 패전국에서 독립한 여러 국가들도 대부분 공화정을 채택했어요. 동시에 참정권이 확대돼 노동자 계층의 권리가 법적으로 보장되고, 재산에 따른 선거권 제한이 폐지됐으며, 여성들도 선거권을 획득했습니다. 특히 전쟁 중에 군수 물자 생산과 의료 지원 등 후방에서 활약한 여성들의 공로가 인정되면서, 많은 유럽 국가들이 여성 참정권을 법적으로 보장하게 됐죠.

이처럼 전쟁 이후의 세계는 한편으로는 평화와 민주주의에 대한 기대가 커졌으나, 다른 한편으로는 제국주의 체제가 그대로 유지되며 식민지 민족의 좌절과 저항이 격화되는 복합적인 모습을 보여주었습니다.

대공황,
세계 경제의 붕괴

경제 붕괴와 각국의 대응
• 1929~1939년 •

미국 경제의 호황과 대공황의 발발

제1차 세계대전이 한창이던 시기, 미국은 연합국에 군수 물자를 판매하며 막대한 이익을 올렸습니다. 이 과정에서 미국은 세계 최대의 공업국이자 채권국으로 자리 잡았고, 전쟁이 끝난 후에는 군수 물자를 만들던 공장을 소비재 생산 공장으로 전환해 본격적인 경제 호황을 누리게 됩니다.

1920년대 중반이 되면 유럽 주요 국가들도 전쟁 이전의 경제 수준을 점차 회복하게 되는데요. 기업들은 경쟁적으로 생산량을 늘리기 시작합니다. 사람들 또한 미래의 번영을 기대하며 대출을 받아 주식 투자에 나서는 등 투기 열기가 뜨거웠죠. 하지만 여기엔 한 가지 맹점이 있었어요. 임금 노동자들의 소득이 생산 증가 속도를 따라가지 못했고, 결국 공장에서 만들어진 물건을 살 수 있는 소비력이 부족해지는 상황이 발생한 겁니다.

이런 불균형 속에서 1929년 10월, 뉴욕 증권거래소에서 주가가 폭락하

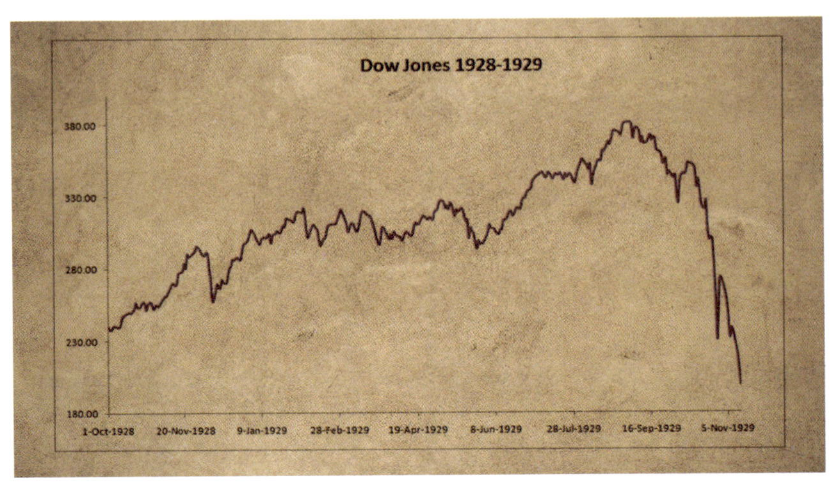

대공황 시기 다우존스

는 사태가 벌어졌습니다. 바로 '검은 목요일'이라 불리는 이 사건을 계기로 미국 경제는 심각한 위기에 빠지게 되죠. 주식 시장의 붕괴는 곧 은행과 기업, 공장의 연쇄 파산으로 이어졌고, 실업자가 급증했어요. 과잉 생산된 농산물은 남아돌았지만 소비할 사람이 없어 농민들까지 큰 타격을 입었습니다.

미국은 이 위기를 수습하기 위해 유럽과 아시아에 빌려줬던 자본을 회수하기 시작했고, 미국 자본에 의존하고 있던 세계 여러 나라들도 연쇄적으로 경제 위기에 빠졌습니다. 그 결과 국제 무역은 급감하고 실업률은 치솟으며, '대공황'은 단순히 한 나라의 위기가 아닌 전 세계적인 경제 위기로 번지게 된 것이죠.

이처럼 공장 안의 생산 능력은 넘쳐났지만, 사람들의 지갑은 점점 얇아졌던 그 시기의 구조적 모순이 결국 대공황이라는 엄청난 경제 충격으로 이어졌다고 볼 수 있어요.

대공황 초기 파산한 은행 앞에 모인 군중

각국의 대공황 대응 정책과 경제 블록 형성

대공황이 심각해지자 미국과 유럽 국가들은 자국 산업이 무너지는 걸 막기 위해 국가가 직접 경제에 개입하거나, 보호무역 정책을 실시하며 대응하기 시작했어요. 미국에서는 루스벨트 대통령이 경제학자 케인스의 생각을 반영한 '뉴딜 정책'을 추진합니다. 쉽게 말해 정부가 적극적으로 돈을 써서 공공사업을 늘리고, 일자리를 만들어 경기 회복을 이끌어 보려는 시도였던 거죠.

뉴딜 정책에는 어떤 것들이 있었을까요? 예를 들어 '농업 조정법'은 농산물의 과잉 생산을 막기 위해 정부가 직접 농업 생산량을 조절하려는 법이었고요. '국가 산업 부흥법'은 생산량 조절은 물론, 최저 임금이나 노동 시간도 규정해서 노동자들의 처우를 개선하려 했습니다. 또 '테네시강 유

역 개발'처럼 초대형 댐을 짓는 사업을 벌이기도 했는데, 이는 단순히 실업자를 고용하려는 것뿐만 아니라 홍수 조절과 수력 발전 같은 사회 인프라를 만드는 효과도 함께 노린 거였어요. 여기에 '사회 보장법'을 통해 노인 연금, 실업 수당, 의료 지원 등을 도입했고, 건설이나 예술 분야에 종사하는 사람들을 위한 '공공사업 진흥 정책'도 추진했죠.

한편, 영국은 미국과는 다른 방식으로 대공황에 대응합니다. 무역 흑자를 늘리는 데 집중했어요. 관세를 높여서 수입을 억제하는 동시에 각국 통화의 가치를 보장하는 '금 본위제'에서 벗어나 자국 파운드화의 가치를 의도적으로 떨어뜨려 영국 상품을 더 싸게 만들어 팔리게 한 겁니다. 이런 방식은 다른 나라들에도 영향을 미쳐 비슷한 방식의 보호무역 정책이 확산되면서 결국 국제 교역량 자체가 크게 줄어드는 결과로 이어졌습니다.

이 시기 식민지를 가진 나라들, 예를 들어 영국이나 프랑스는 본국과 식민지를 하나의 경제 단위로 묶는 '블록 경제'를 형성하며 대공황에 맞섰어요. 이 방식은 안에서는 관세를 줄여 물자를 활발히 주고받고, 바깥에는 높은 관세로 외부 경쟁을 막는 구조였죠. 대표적으로 영국의 '파운드 블록', 프랑스의 '프랑 블록', 미국의 '달러 블록' 등이 있었고요, 이렇게 경제권을 나눠 묶는 방식은 대공황을 극복하기 위한 열강들의 전략 중 하나였던 겁니다.

각국이 앞다퉈 보호무역 정책을 강화하면서, 세계 무역 자체가 위축되고 소비 시장도 얼어붙게 됐어요. 그 결과 본국에서 만든 상품을 소비할 수밖에 없었던 식민지의 경제 상황은 점점 더 어려워졌습니다. 식민지에서 생산한 농산물의 수출 가격이 폭락한 반면, 수입된 공산품 가격은 예전과 별 차이 없이 비쌌기 때문이죠.

이런 상황에서 넓은 식민지를 확보하지 못했고, 산업 기반도 약했던 이탈리아 · 독일 · 일본 같은 나라들은 어떻게든 경제적인 돌파구를 찾아야 했습니다. 그래서 이들은 해외로 진출해 식민지를 확보하려는 '대외 팽창 정책'을 본격적으로 추진하게 돼요. 하지만 이런 움직임은 국제 정세의 긴장을 점점 더 고조시키는 요인이 됐고, 결국 제2차 세계대전이 발발하는 배경 중 하나가 됐습니다.

전체주의, 전쟁의 씨앗이 되다

대공황과 극단적인 정치 변동: 파시즘, 나치즘, 군국주의
• 1922~1939년 •

이탈리아의 파시즘: 경제 위기와 사회 혼란 속에서의 독재

이탈리아는 대공황 이전부터 이미 경제 위기와 사회 혼란에 시달리고 있었어요. 제1차 세계대전의 전승국이긴 했지만, 전쟁의 대가로 기대했던 만큼의 이득은 얻지 못했죠. 전쟁 후에는 물가가 폭등하고 실업자 수가 급격히 늘면서 국민들의 불만도 커졌고, 사회주의 사상이 퍼지며 노동자와 농민들의 운동도 거세졌습니다.

이런 혼란을 틈타 무솔리니가 등장합니다. 그는 1921년 파시스트당을 결성하고, 강력한 민족주의와 반공주의, 질서 회복을 내세우며 민심을 끌어 모았어요. 1922년, 무솔리니는 자신의 무장 조직인 '검은 셔츠단'을 이끌고 로마로 진군할 것을 명령했고, 이에 국왕이 무솔리니를 총리로 임명하면서 정권을 잡게 됩니다.

정권을 장악한 무솔리니는 곧 파시스트당을 제외한 다른 정당들을 모두

검은 셔츠단

해산하고, 언론과 집회, 표현의 자유를 억압하는 일당 독재 체제를 세웠습니다. 그리고 대공황으로 경제 상황이 더 악화되자, 국가가 최고라는 '국가 지상주의'와 군국주의를 내세우기도 했죠. 마침내 1935년, 에티오피아를 침공하는 등 군사적 팽창에 나서기 시작했습니다.

독일의 나치즘: 대공황과 급진적 정치 세력의 대두

제1차 세계대전에서 패배한 독일은 막대한 전쟁 배상금을 지불해야 했습니다.

하지만 1920년대 들어 도스 안(또는 도스 플랜)과 로카르노 조약 등을 통해 배상금 부담이 다소 완화됐고, 특히 미국의 자본을 받으면서 일시적인 경제 회복과 정치적 안정을 이루게 돼요. 그러나 1929년 대공황이 터지자 독일은 다시 심각한 경제 위기에 빠졌고, 실업자와 빈곤층이 급증하며 민

심은 빠르게 흔들리게 됩니다.

이런 상황 속에서 바이마르 공화국을 이끌던 온건한 정치 세력은 점차 설 자리를 잃고, 좌우 양극단의 세력이 대중의 지지를 얻기 시작해요. 한쪽에는 사유 재산제 폐지와 노동자 권리 강화를 내세운 독일 공산당, 그

리고 다른 한쪽에는 극단적인 민족주의·반공주의·반유대주의를 내세운 히틀러의 나치당이 있었습니다.

1932년 총선에서 나치당은 공산당을 제치고 제1당으로 올라섰고, 1933년 히틀러는 총리로 임명된 뒤 1년 만에 '총통'의 자리에 오르며 권력을 장악합니다. 이후 나치는 언론과 표현의 자유를 철저히 억압하고, 게슈타포(비밀경찰)와 SS(나치 친위대)를 통해 국민의 사

히틀러

생활과 사상을 감시했어요. 또한 극단적인 인종주의를 바탕으로 유대인을 비롯한 소수 집단을 박해했고, 침략 전쟁을 통해 독일의 영토를 확장하려는 공격적 팽창 정책을 추진하며 전체주의 체제를 완성해 갔습니다.

세계 경제 위기와 일본, 중국, 소련의 극단적 반응

일본은 대공황으로 산업 생산량이 크게 줄고 실업자가 급증하는 등 심각한 경제 위기를 겪게 되자, 이를 타개하기 위해 아시아 지역에서 대외 침략을 본격화합니다.

1931년 만주사변을 일으켜 만주 지역을 무력 점령했고, 이듬해에는 '만주국'이라는 괴뢰 국가를 세우며 사실상 식민지 지배를 시작했죠. 국제 사회가 이를 강하게 비난하고 국제 연맹에서 문제를 제기하자, 일본은 1933년 국제 연맹을 탈퇴하며 고립을 자초했고, 그 이후로도 군국주의 노선을 더욱 강화해 나갔습니다.

1932년에는 군부 강경파가 '5·15 사건'을 일으켜 정치적 실권을 장악하고, 이후 군비를 대대적으로 확충하며 전쟁 준비에 박차를 가했어요. 결국 1937년에는 본격적인 중일 전쟁을 벌이면서 난징을 점령했고, 이 과정에서 수많은 민간인이 희생당한 '난징 대학살' 사건이 발생하며 일본 군국주의의 폭력성이 드러나게 됩니다.

한편 중국 내부에서는 제1차 국공합작(1924~1927년)이 무산된 뒤, 장제스의 국민당과 마오쩌둥의 공산당이 오랜 내전을 벌이고 있었어요. 하지만 일본의 침략이 본격화되자, 1936년 '시안 사건'에서 장쉐량이 장제스를 감금하며 항일 연대를 요구했고, 이 사건을 계기로 1937년 '제2차 국공합작(1937~1945년)'이 이루어져 두 세력은 내전을 중단하고 항일 전선에

함께 나서게 됩니다.

　이와 동시에 소련에서는 레닌이 죽고 권력을 잡은 스탈린이 '경제 개발 5개년 계획'을 추진해, 중공업 육성과 농업 집단화를 강력히 추진했어요. 그 결과 산업 생산은 크게 늘었지만, 혹독한 강제 노동과 생산 할당, 그리고 집단 농장 반대자에 대한 탄압이 이어졌고, 수많은 반대자들은 '굴라크'라고 불리는 수용소에 감금되며 스탈린의 독재 체제는 더욱 강화됐습니다.

인류 역사상 최악의 전쟁, 제2차 세계대전

전쟁의 불씨에서 세계질서의 재편까지
• 1939~1945년 •

전체주의 국가들의 팽창과 국제 연맹의 반응

1930년대 이후, 이탈리아 · 독일 · 일본은 각각 전체주의 체제를 확립하고 대외 팽창을 본격화하면서 세계 정세는 긴장 상태로 접어들게 됩니다.

이탈리아는 1936년 에티오피아를 점령한 데 이어, 1939년에는 알바니아를 보호국으로 삼으며 영향력을 확대해 나갔습니다. 국제 연맹은 이탈리아의 에티오피아 침략을 제재했지만, 무솔리니는 이에 반발하며 국제 연맹을 탈퇴하고 팽창 정책을 계속 추진했죠.

독일도 마찬가지였습니다. 1933년, 국제 연맹에서 탈퇴한 뒤 1936년에 비무장지대였던 라인란트를 무력으로 점령하며, 베르사유 조약을 정면으로 위반하는 군사 팽창 정책을 감행했어요. 또한 같은 해 스페인 내전이 발발하자, 이탈리아와 함께 프랑코가 이끄는 파시즘 세력을 지원하며 내전에 개입합니다. 스페인 내전은 좌파 인민전선 정부와 프랑코를 중심으로 한 보수 · 파시스트 연합군 간의 대결이었고, 이탈리아와 독일은 프랑코 진영을, 소련과 국제의용군은 공화정부 측을 지원하면서 전 세계가 파시즘과 반파시즘의 대립 구도 속에 빨려들어가게 됩니다.

1937년, 독일 · 이탈리아 · 일본은 '추축국 동맹'을 결성하고 본격적인 전쟁 준비에 들어갔습니다. 독일은 1938년 오스트리아를 강제로 합병(안슐루스)했고, 곧 체코슬로바키아의 독일계 주민이 많이 거주하던 수데텐란트를 점령합니다. 이를 지켜보고 있던 영국과 프랑스는 전쟁을 막기 위해 1938년 뮌헨 회담에서 독일의 수데텐란트 점령을 묵인하는 유화 정책을 취했지만, 히틀러는 곧 체코슬로바키아 전역을 병합하고, 폴란드의 '회랑 지대(독일 본토와 동부 프로이센 사이의 영토를 가로막는 지역)'까지 요구합니다.

영국과 프랑스는 더 이상 이를 용납하지 않겠다는 입장을 내세웠고, 1939년 9월, 독일이 폴란드를 침공하면서 마침내 제2차 세계대전이 발발하게 되죠. 독일은 폴란드를 단숨에 점령한 뒤, 곧바로 서유럽으로 전선을 확대해 프랑스를 공격했고, 파리를 함락시킨 뒤 프랑스 남부 도시 비시에 괴뢰 정부를 세웠습니다.

이 비시 정부는 프랑스의 페탱 장군을 수장으로 하는 독일 협력 정부였으며, 사실상 독일의 통제를 받는 꼭두각시 정부였죠. 이에 맞서 프랑스는 영국에 망명 정부를 수립했고, 프랑스 전역에서는 나치에 저항하는 '레지스탕스 운동'이 활발히 전개됐습니다.

한편 독일은 영국 본토를 점령하기 위해 대규모 공군을 동원한 '런던 대공습'을 벌였습니다. 하지만 처칠 총리의 결단과 영국 국민의 결속으로 그 공습을 이겨냈습니다.

이탈리아는 독일과 협력해 지중해 전선에서 그리스와 북아프리카로 전

선을 확장했지만, 전세가 불리해지자 독일이 직접 개입하게 됐어요. 그 과정에서 독일은 1941년, 이전에 체결한 독소 불가침 조약을 일방적으로 깨고 소련을 침공합니다(바르바로사 작전).

일본 역시 자원 확보를 위해 1937년 중일 전쟁을 일으켜 중국 전역과 동남아시아까지 공격했고, 1941년에는 미국의 태평양 진출을 견제하고자 하와이 진주만을 기습 공격하며 태평양 전쟁을 일으켰습니다. 이렇게 해서 유럽과 아시아, 태평양을 무대로 한 전면적인 세계대전이 본격적으로 전개된 것이죠.

연합국의 반격과 전쟁의 종결

일본이 진주만을 기습하자 미국은 일본에 선전포고를 했습니다. 그런데 이때 중요한 점이 있어요. 일본과 3국 동맹을 맺고 있던 독일과 이탈리아가 미국에 선전포고를 하면서 미국은 유럽 전선까지 개입하게 됐다는 점이에요. 즉, 일본의 진주만 공습은 단순히 태평양 전쟁에 국한된 것이 아

니라, 미국이 제2차 세계대전 전체에 본격적으로 뛰어드는 계기가 된 것이죠.

이렇게 되자 전쟁의 양상은 크게 바뀌기 시작했습니다. 미국, 영국, 소련을 중심으로 한 연합국과 독일, 이탈리아, 일본의 추축국 간에 전면전이 전개됐고, 주요 전투에서 연합국이 승리를 거두며 점차 전세가 기울기 시작했어요. 대표적인 전투 중 하나가 바로 1942년 '미드웨이 해전'입니다. 이 전투에서 미국은 일본 해군을 크게 격파하며 태평양 전쟁의 주도권을 잡았죠. 그렇다고 미국이 태평양에서만 싸운 건 아니에요. 미국은 유럽 전선에서도 적극적으로 참전해 노르망디 상륙 작전이나 이탈리아 전선 등에서 영국·프랑스·소련과 함께 독일을 압박했습니다. 한편 동부 전선에서는 소련이 스탈린그라드 전투(1942~1943년)와 쿠르스크 전투(1943년)에서 독일군을 격퇴하며 전세를 뒤집는 결정적 승리를 거뒀고요.

전쟁이 길어지면서 이탈리아 국민들도 점점 전쟁에 대한 피로와 반감을 가지게 됩니다. 결국 무솔리니가 실각하고, 이탈리아는 연합국에 항복하게 되죠. 이어서 1944년 연합군은 노르망디에 상륙해 프랑스를 탈환하고 서부 전선에서 독일을 압박합니다. 동시에 소련군이 동부 전선에서 독일을 향해 진격하면서 독일은 궁지에 몰리게 됐고, 결국 1945년 5월, 무조건 항복을 선언하면서 유럽 전선에서의 전쟁은 끝이 납니다.

하지만 태평양 전쟁은 계속됐어요. 미국은 미드웨이 해전 이후 꾸준히 일본을 압박하며 서서히 일본 본토로 다가갔고, 전쟁의 막바지에는 소련이 대일전에 참전하게 됩니다. 이는 미국이 1945년 2월, 얄타 회담에서 소련에게 요청한 내용이기도 해요.

한편 미국은 1945년 7월, 일본에 무조건 항복을 요구하는 포츠담 선언을 발표했는데 일본이 이를 거부하자, 일본 본토 상륙 시 수백만 명의 희생자가 발생할 것이라는 판단 아래, 1945년 8월 히로시마와 나가사키에 원자폭탄을 투하하게 됩니다.

이 엄청난 피해와 더불어 소련의 참전까지 겹치면서 일본은 더 이상 전쟁을 지속할 수 없다고 판단했고, 결국 무조건 항복을 선언했어요. 이로써 1939년부터 시작된 제2차 세계대전은 1945년 8월, 완전히 종결됩니다.

전후 처리와 세계질서의 재편성

제2차 세계대전이 끝난 뒤, 연합국은 전후 세계질서를 어떻게 정비할지 함께 논의하게 됩니다. 이미 1941년 8월, 영국과 미국은 '대서양 헌장'을 발표하면서 전쟁 이후의 평화 원칙을 천명했고요. 이를 바탕으로 카이로 회담(1943년), 얄타 회담(1945년), 포츠담 회담(1945년) 등 여러 회담에서 구체적인 전후 처리 방안을 협의했어요. 그 가운데 카이로 회담에서는 한국의 독립을 '적절한 시기'에 실현한다는 내용이 명시됐고, 포츠담 회담에

뉘른베르크 재판(좌) / 도쿄 재판(우)

서는 이 약속이 다시 한번 확인됐습니다.

마침내 전쟁이 끝난 뒤 독일은 미국·영국·프랑스·소련에 의해 4개 구역으로 분할 점령됐고, 일본은 미군정의 지배를 받다가 1951년 샌프란시스코 강화조약으로 주권을 회복하게 됩니다. 전쟁 책임을 묻는 군사 재판도 이어졌는데, 독일에서는 뉘른베르크 재판, 일본에서는 도쿄 재판이 열려 전범 처벌이 이루어졌어요.

한편 세계대전의 참화를 되풀이하지 않기 위해 전쟁 방지와 평화 유지의 필요성이 더욱 강조됐고, 이를 실현하기 위한 국제 기구로 1945년 10월 '국제 연합(UN)'이 창설됩니다. 유엔은 국제 분쟁에 개입할 수 있는 '국제 연합군'과 평화 유지를 위한 '평화 유지군(PKO)'을 운영하면서 중요한 역할을 해왔죠. 하지만 안전보장이사회 상임이사국 5개국(미국, 영국, 프랑스, 소련, 중국)의 거부권 행사 구조를 갖고 있기 때문에, 강대국 중심의 운영이라는 한계도 분명히 존재했어요. 이처럼 국제 사회에서 유엔이 어떻게 더 공정하고 효과적으로 역할을 다할 수 있는지는 지금까지도 여전히 고민해야 할 과제로 남아 있습니다.

냉전,
총성 없는 전쟁

이념의 대립 속에서 형성된 세계
· 1945~1991년 ·

냉전 체제의 형성

제2차 세계대전이 끝난 후, 미국과 소련(소비에트 사회주의 공화국 연방)은 본격적인 대립 구도에 들어갑니다. 전쟁 직후 영국과 미국, 소련 사이에서 결정된 전후 분할 통치 정책에 따라 동유럽에는 소련의 영향 아래 사회주의 정권들이 들어서게 됐고, 그리스나 튀르키예 등지에서도 사회주의 세력의 움직임이 확산되기 시작했어요. 이런 상황에 위기의식을 느낀 미국은 소련의 영향력이 퍼지는 것을 막기 위해 '트루먼 독트린(1947년)'을 발표하게 됩니다.

최근 일부 국가가 국민의 의사와 상관없이 전체주의 체제를 수립했습니다. 저는 미국의 정책이 외세의 압력과 무력으로 국민을 굴복시키려는 권력자들에 저항하는 자유민을 지원하는 방향으로 수립돼야 한다고 믿

습니다. (…) 따라서 경제적 안정과 정돈된 정치 관계를 위한 재정적 지
원을 고려하고 있습니다.

_1947년 트루먼 대통령의 의회 연설

트루먼 독트린은 단순한 선언이 아니라, 공산주의 확산을 막기 위한 적
극적인 개입 원칙이었습니다. 이를 바탕으로 서유럽 국가들의 경제 회복
을 지원하는 '마셜 계획(1947년)'이 추진됐고요. 동시에 자본주의 진영의
군사 협력을 강화하기 위해 1949년에는 '북대서양 조약 기구(NATO)'도
창설됐습니다.

이에 맞서 소련은 1947년 유럽 각국의 공산당 협력을 도모하는 '코민포
름(공산당 정보국)'을 조직했고, 1949년에는 동유럽 국가들의 경제를 묶기
위한 '코메콘(경제상호원조회의)'을 구성했어요. 그리고 1955년에는 나토에
대응하기 위해 공산권 국가들이 참여한 군사 동맹인 '바르샤바 조약 기구
(WTO)'도 출범하게 됩니다.

이렇게 해서 세계는 미국 중심의 자본주의 진영과 소련 중심의 사회주의 진영으로 양분됐고, 직접적인 전쟁은 없지만 전 세계 곳곳에서 긴장과 대립이 이어지는 '냉전 체제'가 본격적으로 전개되기 시작합니다.

냉전의 심화와 주요 갈등

냉전 체제의 본격적인 대립은 1948년 소련이 감행한 '베를린 봉쇄'에서 시작됐어요. 미국, 영국, 프랑스가 독일 서부 점령지를 통합해 서베를린에 독자적인 경제 체제를 구축하려 하자, 소련은 이에 강하게 반발하면서 서베를린으로 통하는 모든 육로를 차단해 버립니다. 이에 미국과 영국은 '베를린 공수 작전'을 벌여 비행기로 식량과 물자를 공급했고, 결국 1949년 소련은 봉쇄를 풀 수밖에 없었습니다.

이 사건 이후, 독일은 자유민주주의 체제를 따르는 '서독(독일 연방 공화국)'과 사회주의 체제를 따르는 '동독(독일 민주 공화국)'으로 분단됩니다. 그리고 1961년, 동독 정부가 베를린 장벽을 세우면서 동서독 간의 물리적 단절은 더욱 심해졌죠.

냉전은 전 세계 곳곳에서 실제 무력 충돌로 이어졌습니다. 가장 대표적인 사례가 바로 1950년에 발발한 한국 전쟁(6·25전쟁)이에요. 북한이 남한을 기습 공격하면서 전쟁이 시작됐고, 미국을 비롯한 유엔군이 남한을 지원하고, 중국이 북한을 지원해 참전하면서 전쟁은 국제전으로 확대됐습니다. 1953년 휴전 협정이 체결되긴 했지만, 한반도는 여전히 남북으로 분단된 상태로 남아있죠.

또 하나의 중요한 냉전 전쟁이 베트남 전쟁입니다. 1954년 제네바 협정으로 베트남은 북위 17도를 경계로 사회주의 체제의 북베트남(베트남 민

주 공화국)과 자본주의 체제의 남베트남(베트남공화국)으로 나뉘었고, 이후 1960년대 들어 내전이 본격화되기 시작해요. 이 내전은 흔히 '베트콩'이라 불리는 남베트남 민족해방전선과 남베트남 정부군 사이에서 벌어진 것이고, 미국은 공산주의 확산을 막는다는 명분 아래 남베트남 정부를 지원하며 전쟁에 개입하게 됩니다.

그리고 1964년 '통킹만 사건'을 계기로 미국은 북베트남까지 직접 폭격하면서 전쟁이 더욱 확대됐어요. 하지만 전쟁이 장기화되고 피해가 커지면서 미국 내에서는 반전 여론이 크게 일어났고, 결국 1973년 미국은 철수를 결정합니다. 1955년에 시작된 베트남 전쟁은 1975년 남베트남이 패망하면서 마무리됐고, 이듬해 베트남은 통일되어 '베트남 사회주의 공화국'이라는 국호로 하나의 나라가 됩니다.

군비 경쟁과 핵 위기

미국과 소련의 대립은 군사적인 경쟁으로도 이어졌습니다. 두 나라는

모스크바 붉은 광장 앞의 소련 탄도 미사일

군비를 확장하며 핵무기 개발에 몰두했는데요. 1949년 소련이 원자폭탄 개발에 성공하고 1952년 미국이 수소 폭탄 개발에 성공했습니다. 이어서 1957년에는 소련이 세계 최초의 인공위성 '스푸트니크 1호'를 쏘아 올리면서 우주 개발 경쟁이 본격적으로 시작됐습니다. 당시 우주 개발과 미사일 기술은 밀접하게 연결돼 있었어요. 인공위성을 궤도에 올릴 수 있는 기술은 곧 대륙간 탄도미사일(ICBM)을 발사할 수 있는 능력과 직결됐기 때문이에요. 미국은 소련의 스푸트니크 발사에 충격을 받았고, 이에 대응해 아폴로 계획 등 우주 개발에 박차를 가하며 기술 격차를 따라잡으려 했습니다.

이러한 군사적 대립은 1962년 '쿠바 미사일 위기'에서 절정에 달합니다. 당시 소련이 쿠바에 핵미사일 기지를 건설하려 하자, 이를 자국 안보에 대한 심각한 위협으로 받아들인 미국은 해상 봉쇄를 단행하고 소련에 미사일 철수를 강력히 요구했어요. 일촉즉발의 상황이었지만, 결국 소련은 미국이 쿠바를 침공하지 않겠다는 조건 아래 미사일을 철수했고, 전 세계는 간신히 핵전쟁 위기를 피할 수 있었습니다.

이 사건을 계기로 양국 모두, 무제한적인 핵 경쟁이 얼마나 위험한지 절감하게 됐습니다. 그래서 1963년에는 미국과 소련 간의 긴급 직통 전화망, 이른바 '핫라인'이 설치됐고, 같은 해 '부분적 핵실험 금지 조약(모스크바 조약)'을 체결하면서 대기권, 수중, 우주 공간에서의 핵실험은 금지하기로 했죠. 비록 핵무기 개발은 계속됐지만, 두 초강대국은 이 시기를 기점으로 핵 확산과 핵전쟁을 피하려는 최소한의 외교적 노력도 병행해 나가기 시작한 겁니다.

탈식민지화와 제3세계

제2차 세계대전 이후, 아시아와 아프리카의 많은 나라가 오랫동안 이어진 제국주의 열강의 식민 통치에서 벗어나 신생 독립 국가로 재탄생했습니다.

인도는 1947년 영국으로부터 독립했지만, 종교 갈등으로 힌두교를 중심으로 한 인도 연방과 이슬람교를 중심으로 한 파키스탄으로 분리됐죠. 이 과정에서 많은 이가 국경을 넘어 이동하며 충돌했고, 수십만 명의 희생자가 발생하는 비극적인 일이 벌어지기도 했습니다.

한편 일본의 패전으로 식민 지배에서 해방된 동남아시아 지역에서도 여러 나라가 독립을 이룹니다. 인도네시아는 일본이 물러난 뒤 다시 식민지 지배를 시도한 네덜란드와 치열한 독립 전쟁을 벌였고, 결국 1949년 독립

을 인정받았어요. 베트남 역시 프랑스와의 전쟁 끝에 1954년 제네바 협정을 통해 독립했고, 말레이시아는 영국으로부터 수차례 협상과 정치적 투쟁을 거쳐 1957년에 독립을 이루었습니다. 필리핀은 1946년, 일본의 패전 이후 미국의 점령이 끝나고 독립을 인정받았지만, 이 과정에서도 긴장이 없었던 건 아니에요.

아프리카 대륙에서도 독립의 물결이 이어졌습니다. 튀니지와 모로코는 프랑스로부터, 가나는 영국으로부터 독립했고, 특히 1960년은 '아프리카의 해'라고 불릴 만큼 많은 나라가 한꺼번에 독립을 선언했어요. 그 해에만 무려 17개국이 독립했습니다. 그중 알제리는 1830년부터 프랑스의 지배를 받다가, 1954년부터 시작된 8년간의 치열한 독립 전쟁 끝에 1962년 마침내 해방을 이루었죠. 하지만 아프리카 국가들은 식민 지배의 후유증으로 인해 영토 분쟁, 정치 불안, 민족 갈등 등 여러 어려움에 직면하게 됩니다.

독립을 이룬 아시아와 아프리카의 신생 국가들 가운데 상당수는 미국이나 소련, 어느 진영에도 가담하지 않고, 자신들만의 길을 모색하려 했습니다. 이것이 바로 '비동맹 중립주의'예요. 즉, 냉전의 틈바구니 속에서 어느 진영에도 휘둘리지 않고, 자주적인 외교 노선을 추구하려 했던 겁니다.

이에 따라 1954년 인도와 중국은 '평화 5원칙'에 합의했고, 이 원칙은 1955년 인도네시아 반둥에서 열린 '아시아 · 아프리카 회의(반둥 회의)'로 이어졌습니다. 이 회의에는 29개국이 모여 기본적 인권과 유엔 헌장 존중, 주권과 영토 보전, 인종 · 국가 간 평등, 내정 불간섭 등을 담은 '평화 10원칙'을 채택하게 됐어요.

그리고 1961년 유고슬라비아의 수도 베오그라드에서 '제1차 비동맹 회의'가 열렸는데, 이때 이들 국가들 간의 연대가 '제3세계'라는 이름으로 본격화되죠. 여기서 말하는 '제3세계'는 미국과 소련의 어느 편에도 속하지 않는 신생 독립 국가들을 의미합니다. 제3세계는 냉전 속에서 평화, 자주, 협력의 가치를 내세우며 일정한 균형추 역할을 했습니다. 이들의 형성은 특히 식민지 해방과 반제국주의 흐름을 이끄는 데 중요한 정치적 기반이 됐다는 점에서 역사적 의의가 있습니다.

냉전의 종식과 소련의 해체

고르바초프와 옐친의 개혁이 이끈 변화
• 1979~1991년 •

긴장 완화의 시작: 데탕트와 닉슨 독트린

스탈린이 사망한 이후, 사회주의 진영 내부에서는 중국과 소련 간의 중소 대립과 일부 동유럽 국가들의 동요로 결속력이 점차 약해졌습니다. 특히 중국과 소련 간에는 이념과 전략 노선을 둘러싼 갈등이 깊어지면서 1960년대 초부터는 본격적인 중소 분열로 이어졌어요.

한편 한국 전쟁이 1953년에 휴전됐습니다. 한국 전쟁 이후 아시아에서 중국의 위상이 커졌고, 미국은 전쟁을 승리로 이끌지 못했다는 부담을 안았지만, 양 진영 모두 냉전 구도의 고착과 군비 경쟁을 강화하는 방향으로 나아갔어요. 그러나 이후 중소 갈등, 베트남 전쟁의 장기화, 그리고 양 진영의 경제적 부담 증가와 같은 배경 속에서 점차 냉전 완화의 움직임이 타나게 됩니다.

1958년, 흐루쇼프가 소련 수상에 오르면서는 분위기가 조금 달라졌습니다. 그는 '평화 공존' 노선을 주장하며 미국을 방문하고, 서방 국가들과의 관계 개선에 힘썼죠. 대표적으로 미국과의 긴장을 완화하기 위해 1963년에 설치된 워싱턴-모스크바 간 긴급 직통 전화선, 일명 '핫라인'이 있어요. 이는 쿠바 미사일 위기(1962년)를 겪으면서, 언제든지 지도자 간에 직접 대화할 필요성이 커졌기 때문에 설치된 거였죠. 물론 이 시기에도 1961년 동독이 베를린 장벽을 세우고, 쿠바 미사일 위기와 같은 극한의 갈등 상황이 벌어지긴 했지만, 그 과정에서 오히려 전쟁을 피하려는 노력도 함께 나타난 셈이었습니다.

미국 쪽에서도 비슷한 흐름이 이어졌습니다. 1969년 닉슨 대통령은 '닉슨 독트린'을 발표하면서, 미국이 세계 곳곳의 갈등에 직접 개입하는 대신, 각 지역의 방위는 그 지역 국가들이 중심이 돼야 한다는 입장을 내세웠어요. 이는 베트남 전쟁의 부담이 커진 상황과도 연결돼 있었습니다. 결국 미국은 베트남에서 점차 철수하는 방향으로 정책을 전환했고, 중국과는 1972년 '핑퐁 외교'를 계기로 국교 정상화의 물꼬를 텄고, 소련과는 같은 해 '전략 무기 제한 협정(SALT)'을 체결하며 핵무기 경쟁을 일정 부분 완화하려 했습니다.

이처럼 1970년대 초반에는 양 진영 모두 군사적 충돌보다는 외교적 긴장 완화, 즉 '데탕트Detente' 정책이 주류를 이루었습니다.

동유럽의 변화와 소련의 경제적 어려움

닉슨 독트린이 발표된 이후, 유럽에서도 긴장을 완화하려는 움직임이 이어졌어요. 특히 서독의 총리였던 빌리 브란트는 이른바 '동방 정책'을 추진했는데요. 이는 동독은 물론이고, 동유럽의 사회주의 국가들과도 관계를 개선하려는 외교 정책이었습니다. 그 결과, 1972년 동·서독은 '기본 조약'을 체결했고, 이를 계기로 양측의 교류와 협력이 점차 확대되기 시작했죠. 이렇게 유럽에서의 화해와 평화 움직임은 냉전 체제를 조금씩 누그러뜨리는 데 큰 영향을 주었습니다.

이와 동시에 동유럽 안에서는 공산 정권에 대한 불만과 저항이 점점 커지고 있었어요. 대표적으로 헝가리에서는 1956년에 대규모 민중 봉기가 일어났고, 1968년에 체코슬로바키아에서는 '프라하의 봄'이라고 불리는 개혁 운동이 벌어졌습니다. 체코슬로바키아 정부는 '인간의 얼굴을 한 사회주의'를 주장하며 개혁을 시도했지만, 소련은 이 운동이 공산권 전체에 위협이 된다고 판단해 무력으로 진압해 버렸어요. 이런 일련의 사건들은 동유럽 사회주의 국가들 내부의 불만이 상당히 누적돼 있었음을 보여주었습니다.

한편 소련 내부의 상황도 좋지만은 않았습니다. 1964년부터 1982년까지 집권한 브레즈네프는 미국과의 과도한 군비 경쟁에 매달렸고, 이로 인해 소련 경제는 점점 침체의 늪에 빠졌어요. 국방비는 눈덩이처럼 불어나는데 정작 민간 경제는 낙후되고, 생필품조차 부족해지는 일이 자주 벌어졌죠. 국민들은 줄 서서 식료품을 사야 하는 상황에 놓였고, 전반적인 삶의 질도 나빠졌습니다. 이처럼 지속적인 경제난은 결국 소련 체제의 구조적 한계를 드러내는 계기가 됐고, 훗날 체제 붕괴로 이어지는 원인 중 하나로 작용하게 됩니다.

소련의 해체와 자본주의 체제로의 전환

1985년에 집권한 고르바초프는 당시 소련이 처한 심각한 경제 위기와

1992년 5월 14일 워싱턴 DC를 방문한 고르바초프

사회적 침체를 타개하기 위해 정치, 경제, 사회 전반에 걸친 개혁을 추진했습니다. 그는 '페레스트로이카', 즉 경제 구조 개혁을 통해 시장 경제 요소를 도입하려 했고, '글라스노스트', 즉 개방 정책을 통해 언론의 자유와 정보 공개를 확대했어요. 이런 변화는 그동안 억눌려 있던 목소리를 터뜨리는 계기가 되기도 했죠.

또한 고르바초프는 동유럽에 대한 소련의 간섭을 중단하겠다고 선언하면서, 소련뿐만 아니라 동유럽 여러 국가들의 개혁과 개방에도 영향을 미쳤습니다. 그 여파로 각국의 공산 정권이 붕괴되고, 민주화 운동이 확산되며 체제가 전환되는 변화들이 잇따라 일어났어요. 소련 내부에서도 여러 공화국들이 독립을 요구하고 나섰는데, 특히 발트 3국인 에스토니아, 라트비아, 리투아니아가 1991년에 독립을 선언하며 탈소련 흐름을 주도했습니다.

이처럼 냉전 종식과 세계 평화 정착에 기여한 공로로 고르바초프는 1990년 노벨 평화상을 수상하게 됩니다. 하지만 동시에 그의 개혁은 기존 소련 체제의 근간을 흔드는 결과를 낳았고, 결국 공화국들의 연쇄적인 독립 선언으로 1991년 12월, 소련은 공식적으로 해체되고 말았어요.

소련 해체 이후에는 보리스 옐친이 권력을 장악해 '독립 국가 연합(CIS)'을 출범시켜, 본격적으로 자본주의 시장 경제 체제로의 전환을 추진했습니다. 이렇게 해서 냉전 체제는 막을 내렸고, 세계는 새로운 국제 질서로 나아가는 전환점을 맞이하게 된 거죠.

동유럽의 민주화와
세계의 새로운 질서

냉전 후 동유럽의 변화와 지역 경제 협력의 시작
• 1989~1994년 •

동유럽의 민주화 물결과 민족주의의 부상

소련에서 개혁과 개방이 본격화되자, 동유럽 사회에도 큰 변화의 물결이 일기 시작했습니다. 특히 동독 주민들은 텔레비전 등을 통해 서독의 풍요로운 생활을 보며 강한 동경을 품게 됐고, 이로 인해 서독으로 탈출하려는 움직임이 늘어났어요. 결국 1989년, 동독 전역에서 대규모 민주화 시위가 벌어졌고, 그를 가로막는 상징이었던 베를린 장벽이 마침내 무너졌습니다. 장벽이 붕괴된 그날은 독일은 물론 전 세계인들에게도 역사적인 순간이었죠.

이듬해인 1990년, 동독에서는 자유 총선거가 치러졌고, 서독과의 통일을 공약한 정당이 압도적으로 승리했습니다. 그리고 곧바로 통일 논의가 본격화되면서, 동독의 다섯 개 주가 서독에 편입되는 방식으로 독일은 하나로 통일됐어요. 이는 냉전 체제의 해체를 상징하는 결정적인 사건이기

도 했습니다.

한편 동유럽의 여러 나라들도 소련의 변화에 자극받아 사회주의 체제를 버리고 자본주의 체제로 나아가기 시작했습니다. 1989년 폴란드에서는 '자유 노조'가 중심이 되어 총선에서 승리하며 비공산주의 정부가 들어섰고요. 헝가리에서는 무력 충돌 없이 '벨벳 혁명'이라 불리는 평화로운 방식으로 공산당 정권이 무너졌습니다. 루마니아에서는 독재자 차우셰스쿠가 민중 봉기로 처형당하면서 극적인 방식으로 민주화가 이루어졌고, 체코슬로바키아에서는 하벨이 '시민 광장'을 중심으로 민주화 운동을 이끌며 대통령에 오르는 변화가 있었습니다.

이처럼 1989년을 기점으로 동유럽은 빠르게 민주화와 자본주의화를 이루며 냉전 체제의 또 다른 한 축을 허물었습니다.

유럽의 통합 및 블록화와 경제 발전

동유럽 국가들이 사회주의 체제를 버리고 자본주의 체제로 전환되면서,

자본주의 진영과 사회주의 진영 간의 냉전 구도는 점차 사라지게 됐습니다. 하지만 그렇게 평화가 찾아올 줄만 알았던 동유럽에, 이번에는 민족주의가 거세게 분출되며 새로운 분쟁과 갈등이 발생했어요.

예를 들어 체코슬로바키아는 민주화 이후 체코 공화국과 슬로바키아 공화국으로 분리됐고, 유고슬라비아 연방은 1991년에 슬로베니아, 크로아티아, 마케도니아가 잇따라 독립하면서 서서히 해체됐습니다. 뒤이어 보스니아 헤르체고비나까지 독립하면서 사실상 유고슬라비아의 연방 체제는 완전히 해체됐죠.

유럽은 경제 협력을 바탕으로 점점 통합을 이루어나갔어요. 1958년 관세를 없애고 공동 시장 형성을 목표로 유럽경제공동체(EEC)가 창설됐습니다. 이후 유럽 국가들은 외교와 안보까지 협력하고 단일 화폐도 도입하자는 논의 끝에, 1993년에 '유럽 연합(EU)'이 정식으로 출범하게 됩니다.

이러한 흐름은 유럽에만 국한되지 않았어요. 전 세계적으로 경제 블록이 빠르게 형성되기 시작했죠. 아시아에서는 1967년 '동남아시아 국가 연합(ASEAN)'이 창설됐고, 1989년에는 '아시아 · 태평양 경제 협력체 (APEC)'가 만들어졌습니다. 1990년대에는 이런 지역 경제 통합 움직임이 더 뚜렷해졌습니다. 1992년에는 미국, 캐나다, 멕시코가 함께 '북미 자유 무역 협정(NAFTA)'을 체결했고, 이어 1994년에는 미주 34개국이 참여한 '미주 자유무역 지대(FTAA)'도 계획됐어요. 이에 대응해 동남아 국가들도 1992년 '아세안 자유무역 지대(AFTA)'를 만들면서, 세계 경제는 점점 하나로 연결되어 가는 흐름을 보여주었습니다.

시대	주요 사건	시기	핵심 키워드	내용
고대	에게 문명 형성	기원전 2000년경	크레타 문명, 미노스 왕국	에게해 중심 해양 문명. 미궁과 미노타우로스 신화로 유명.
	본토 청동기 문명	기원전 1600년경	미케네 문명, 전사 귀족	트로이 전쟁 전설. 강한 군사력 기반의 귀족 사회.
	암흑기 진입	기원전 1200년경	도리스인 침입, 문명 붕괴	도리스인 침입으로 미케네 문명 붕괴. 문자 사용 중단, 농촌화.
	폴리스 형성	기원전 8세기경	아고라, 시민 공동체	도시국가(폴리스) 형성. 공동체적 동족 의식. 아테네–스파르타 중심.
	올림픽 시작	기원전 776년	동족 의식	제우스를 기리는 경기 대회. 전 그리스적 문화 의식 고양.
	아테네 민주정 형성	기원전 594~기원전 508년	솔론, 클레이스테네스	재산 기준 참정권(솔론), 도편추방제와 부족 개편(클레이스테네스) → 민주정 확립.
	로마 공화정 수립	기원전 509년	원로원	왕정 폐지 후 귀족 중심 공화정. 집정관·원로원·평민회 구성.
	페르시아 전쟁	기원전 492~기원전 479년	마라톤, 살라미스 해전	아테네·스파르타가 협력하여 페르시아 격퇴. 그리스 자긍심 상승.
	델로스 동맹 결성	기원전 478년	아테네 중심 해상 동맹	페르시아 위협에 대응한 동맹. 아테네가 주도권 강화하며 해상 제국화.
	펠로폰네소스 전쟁	기원전 431~기원전 404년	아테네 vs 스파르타	스파르타의 승리. 아테네 패권 약화, 폴리스 체제 약화
	마케도니아의 그리스 정복	기원전 338년	필리포스 2세, 코로네이아 전투	필리포스 2세가 그리스 폴리스 장악.
	알렉산드로스 대왕의 정복	기원전 334~기원전 323년	헬레니즘, 동서융합	페르시아, 이집트, 인도까지 원정. 헬레니즘 세계 형성.
	헬레니즘 문화 확산	기원전 323년~기원전 30년	알렉산드리아 도서관, 자연과학	그리스어 사용, 도시 중심 문화. 수학·천문·철학 등 발전.
	포에니 전쟁	기원전 264~기원전 146년	카르타고, 한니발	로마가 카르타고를 격파하고 지중해 제패.
	삼두정치와 카이사르	기원전 60~기원전 40년	카이사르, 갈리아 정복	크라수스·폼페이우스·카이사르의 권력 연합. 카이사르가 독재자로 성장, 암살당함.
	로마 제정 수립	기원전 27년	옥타비아누스, 아우구스투스	옥타비아누스가 초대 황제 즉위. 팍스 로마나 시작.

중세	서로마 제국 멸망	476년	오도아케르	게르만족의 침입으로 서로마 제국 멸망. 고대 → 중세 전환. 유럽에 게르만 왕국들 형성.
	게르만 왕국 형성	450~500년	프랑크 왕국, 서고트 왕국	서유럽에 프랑크 · 서고트 · 롬바르드 등 왕국 분립. 라틴 문화 + 크리스트교 융합 기반 형성.
	프랑크 왕국 발전	480~520년	클로비스, 크리스트교 개종	메로베우스 왕조 클로비스가 로마 가톨릭 개종 → 교회 지지 확보.
	카롤루스 대관	800년	교황 레오 3세	샤를마뉴(카롤루스) 대제가 교황으로부터 황제 대관. 교황권과 황제권의 밀착.
	신성 로마 제국 성립	962년	오토 1세	독일 왕 오토 1세가 교황으로부터 황제 칭호 받음. 중세 기독교 세계 상징.
	봉건제와 장원제	800~1100년	주종 관계, 자급자족	영주–기사–농노 간 서약적 관계. 영주는 농노 보호, 농노는 부역 제공. 장원은 폐쇄적 농업 단위.
	서유럽 크리스트교 문화 형성	500~1200년	수도원, 라틴어 교육	수도원은 교육 · 의료 · 복지 담당. 라틴어 기반 학문 · 신학 발달. 스콜라 철학 등장.
	십자군 전쟁	1096~1270년	성지 탈환	우르바누스 2세의 호소로 개시. 교황권 강화 → 결과적으로 쇠퇴. 동방 무역 자극.
	도시와 상업의 부활	1000~1300년	길드, 한자동맹	장원 해체와 상업 부활로 도시 성장. 상인 수공업자 길드 조직. 북독일 한자동맹 발달.
	흑사병 유행	1347~1351년	인구 감소	유럽 인구 1/3 감소. 농노 해방 가속화, 사회 · 종교 불안 증폭.
	백년전쟁	1337~1453년	프랑스 vs 영국	프랑스 왕위 계승권 다툼. 장궁 · 화약 사용 등 군사 혁신. 민족 의식 강화.
	장미전쟁	1455~1485년	요크 vs 랭커스터	영국 내 왕위 분쟁. 헨리 7세 승리 → 튜더 왕조 수립. 중앙집권 강화 출발점.

근대	르네상스	1300~1600년	인문주의, 고전 부흥	14~16세기 이탈리아에서 시작. 인간 중심, 현실 중시 사조 확산. 미켈란젤로, 라파엘로, 다빈치 등.
	인쇄술의 확산	1445~1500년	구텐베르크, 활자 인쇄	지식 대중화, 종교 개혁 촉진. 성서·책자 보급으로 비판적 사고 확산.
	종교 개혁	1517년	루터, 95개조 반박문	면죄부 비판으로 출발. 독일·스위스·영국 등 개신교 확산.
	칼뱅주의 확산	1536년	예정설, 금욕주의	스위스 제네바 중심 확산. 직업·근면 강조 → 자본주의 정신에 영향.
	영국 국교회 수립	1534년	헨리 8세, 수장령	교황과 결별, 영국 성공회 창설. 국왕이 교회 수장으로 군림.
	가톨릭 반 종교 개혁	1545~1563년	트렌트 공의회, 예수회	교리 재확립. 교육·선교 강화. 종교재판 강화로 이단 탄압.
	절대 왕정 확립	1643~1715년	루이 14세, 관료제, 상비군	프랑스를 중심으로 왕권 강화. 베르사유 궁전, '나는 국가다' 선언.
	중상주의 정책	1661~1683년	국부축적, 보호무역	수출 장려, 금·은 보유 강조. 국가 주도 경제정책.
	영국 시민혁명	1642년, 1688년	청교도혁명, 명예혁명	의회 중심 정치 확립. 권리장전으로 입헌군주제 확정.
	미국 독립혁명	1776년	독립 선언, 로크의 사회계약	영국 과세 반발 → 독립 선언. 평등·자유·민주주의 강조.
	프랑스 혁명	1789년	인간과 시민의 권리	삼부회 소집 → 바스티유 습격. 왕정 폐지, 공화정 수립. 자유·평등·박애 사상 확산.
	나폴레옹 시대	1804년	쿠데타, 황제 즉위	법전 제정, 유럽 정복. 자유주의 확산. 러시아 원정 실패 후 몰락.
	빈 체제	1815년	메테르니히, 정통주의	프랑스 혁명 후 구체제 복원 시도. 자유·민족주의 억압.
	1830·1848년 혁명	1830년, 1848년	자유주의, 민족주의	프랑스·이탈리아·독일 등지 확산. 국민국가 수립 열망.
	이탈리아 통일	1859~1870년	사르데냐, 마치니, 가리발디	사르데냐 왕국 주도로 이탈리아 통일. 로마 편입.
	독일 통일	1871년	비스마르크, 철혈정책	프로이센 주도로 3차 전쟁 수행 후 독일 제국 수립.

현대	제1차 세계대전 발발	1914년	사라예보 사건	오스트리아 황태자 암살 → 동맹국 · 연합국 간 총력전. 참호전, 독가스 사용 등 대규모 전쟁.
	제1차 세계대전 종전	1918년	종전, 베르사유 조약	독일에 배상금 · 영토 상실 부과 → 패전국 반발의 씨앗이 됨. 국제연맹 창설.
	러시아 혁명	1917년	볼셰비키, 레닌	차르 체제 붕괴 후 세계 최초 사회주의 국가 수립. 공산주의 체제 확산.
	세계 대공황	1929년	뉴욕 증시 붕괴	미국에서 시작된 경제 위기 → 실업, 생산 감소 → 전체주의 확산 계기.
	전체주의 등장	1922~1933년	히틀러, 무솔리니, 군국주의 일본	독일 · 이탈리아 · 일본에서 독재정권 등장. 민족주의 · 팽창주의 추구.
	제2차 세계대전 발발	1939년	독일의 폴란드 침공	독일–이탈리아–일본 vs 미국–영국–소련. 세계 전역에서 전쟁 확대.
	홀로코스트	1941~1945년	유대인 대학살, 아우슈비츠	600만 명 이상의 유대인 학살. 인권의 비극 상징.
	제2차 세계대전 종전	1945년	히로시마 · 나가사키	독일 항복, 일본 원폭 투하 후 항복. 국제연합(UN) 창설.
	냉전 시작	1947년	자본주의 vs 공산주의, 미국 vs 소련	양 진영 간 군사 · 이념 대결. 핵무기 경쟁, 정보전 확대.
	베를린 장벽 설치	1961년	동서독 이동 차단	동독 주민 이탈 차단 목적. 냉전의 상징물로 기능.
	쿠바 미사일 위기	1962년	핵전쟁 위기	소련이 쿠바에 핵미사일 설치 시도. 미국과 대치 후 철수.
	베를린 장벽 붕괴	1989년	동독 민주화	동독 시민 봉기로 장벽 붕괴. 동유럽 공산권 몰락 가속화.
	소련 해체	1991년	소련 붕괴	고르바초프 개혁 실패. 15개국 독립, 냉전 종식.
	유럽 통합	1993년	EEC → EU, 마스트리흐트 조약	공동 시장 → 정치 · 경제 통합. 단일 화폐 유로화 도입.

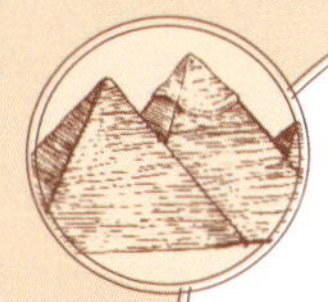

2장

중국

중국은 세계 문명사에서 가장 길고 안정적인 흐름을 만들었다. 하천 문명이 발달하며 일찍부터 중앙집권적 국가가 탄생했고, 관료제·문자·농업 기술·도시 체계 등 수천 년 동안 지속되는 구조가 자리 잡았다. 왕조가 바뀌어도 행정과 제도, 문화의 기반은 이어져 '단절보다 연속'의 힘을 보여준다. 비단길과 해상 교역을 통해 동서 문명을 잇는 역할을 했고, 동아시아 질서의 중심으로서 주변 지역과 깊은 영향을 주고받았다. 중국을 이해하면 '지속성과 변화'라는 세계사의 중요한 패턴이 선명해진다.

중국 문명의 시작

신석기 시대는 인류가 문화를 형성하는 데 있어서 기본 틀을 마련한 시기예요. 중국 신석기 문화의 발상지는 바로 황허강 유역인데요. 대략 기원전 8000년에서 6000년경에 이곳에서 신석기 시대가 시작됐다고 보시면 됩니다. 이후 황허강 일대를 중심으로 만주 서부와 창장강 유역 등으로도 신석기 문화가 점차 퍼져나가게 되죠.

기원전 5000년부터 3000년 사이에는 황허강 중류 지역에서 농경 문화인 '양사오 문화'가 등장합니다. 이 시기에는 채색 도기, 즉 채도彩陶라고 불리는 알록달록한 토기를 만들어 썼어요. 그리고 기원전 3000년부터 2000년 사이에는 신석기 시대 후기 문화를 대표하는 '룽산 문화'가 나타났는데, 여기서는 아주 매끄럽고 단단한 검은색 토기, 바로 흑도黑陶가 제작됐죠.

　신석기 시대 후기로 접어들면서 황허강 중
하류의 황토 지대를 중심으로 점차 정
치적인 조직이 등장하기 시작해요. 그
리고 기원전 2000년 무렵부터는 청동
기를 사용하기 시작하면서 사회 구조가
복잡해지고, 권력이 집중되며, 생산력이
향상되고, 전쟁과 정복도 이루어지는 등

채도 / 흑도

국가의 초기 형태가 드러나기 시작하죠. 특히 황허강 중류와 하류 사이에
서 발전한 '얼리터우 문화'에서는 궁전 유적과 청동기 유물이 출토됐는데,
이런 유적은 중국 최초의 왕조로 전해지는 하夏 왕조가 실제로 존재했을
가능성을 보여주는 중요한 근거로 여겨집니다.

상(기원전 1600~기원전 1046년)

　중국 역사에서 실제로 존재했다고 확인된 최초의 왕조는 상商입니다.
상은 기원전 1600년경, 황허강 중류 지역에서 형성된 도시 국가들의 연맹
에서 출발했어요. 이 상 왕조는 신의 뜻을 점쳐서 국가 정책을 결정하는
'제정일치祭政一致'의 신권 정치를 펼쳤습니다. 여기서 제정일치란, 왕이
정치적인 지도자이자 동시에 제사장의 역할을 겸한다는 뜻이에요. 종교
와 정치가 한 사람, 곧 왕에게 집중돼 있었던 거죠.
　상 사람들은 신의 뜻을 묻기 위해 점을 쳤고, 그 점친 내용을 갑골에 기
록했습니다. 그래서 등장한 문자가 바로 갑골 문자예요. 갑골 문자는 거북
의 배 껍질이나 동물의 뼈에 새겼기 때문에 그런 이름이 붙었는데, 동아시
아에서 발견된 가장 오래된 체계적인 문자입니다. 이 갑골 문자가 훗날 한

자의 기원이 됩니다.

상 시기의 무기나 제기(제사에 쓰이는 그릇)는 주로 청동으로 만들었고, 농기구는 돌이나 나무를 이용해서 만들었습니다. 또 이들은 날짜를 구분하는 역법으로 태음력을 사용했는데, 달이 차고 기우는 것을 기준으로 농사와 제사의 시기를 판단했죠. 왕이 죽었을 때는 다른 사람을 함께 무덤에 묻는 순장 풍습도 있었고요.

상은 주변 소국들을 정복하며 세력을 점점 키워 나갔지만, 기원전 1046년 결국 주周에 의해 멸망하게 됩니다. 건국 이후 약 550년 만의 일이었죠.

상 시대 무정왕 재위기 갑골문

주(기원전 1046~기원전 256년)

상을 멸망시킨 주는 황허강 지류인 웨이수이강 유역, 그러니까 지금의 산시성 서부 지역에 자리잡고 있던 세력이었어요. 상의 중심지였던 황허강 중류 지역의 서쪽이었죠. 주는 상을 무너뜨린 뒤 호경(지금의 산시성 시안 일대)을 수도로 정하고 새로운 왕조를 열었습니다. 주는 화북 지역, 즉 황허강 중하류 평야를 중심으로, 중국 북부 일대까지 지배했죠.

이후 주는 남쪽 창장강(양쯔강) 하류 지역까지 영토를 넓혔는데, 이렇게 되니 훨씬 더 광범위한 땅을 효과적으로 다스릴 필요가 생겼어요. 그래서 수도와 그 주변의 직할지를 제외한 지역은 일족이나 공신들에게 나누어 주고, 그들을 제후로 임명했습니다. 이 제후들은 각자 지역을 다스릴 수 있는 독립적인 통치권을 가졌지만, 동시에 주왕에게 충성을 맹세해야 했죠. 이렇게 토지를 매개로 주군과 봉신의 관계를 형성한 것이 바로 '봉건제'의 시작입니다.

이와 함께, 주 왕실은 혈연 질서에 따른 종법, 그리고 지배 질서를 유지하기 위한 예법을 확립해 나갔습니다. 주왕은 자신을 천자라 칭하며 '하늘이 덕 있는 자에게 권력을 부여한다'는 천명사상을 내세워 주 왕조의 정당성을 설명했어요. 그리고 '백성은 덕으로 감화시켜 다스려야 한다'는 덕치주의도 강조했습니다.

이러한 천명사상과 덕치주의는 나중에 공자가 정립한 유교 사상의 중요한 일부로 자리 잡게 됩니다. 유교라는 큰 틀 안에서 정당한 통치의 근거로 천명 개념이 받아들여진 거죠.

춘추전국시대, 천하를 뒤흔든 전환의 무대

춘추전국시대의 정치 · 경제 · 사회적 변화
• 기원전 770~기원전 221년 •

동주시대와 춘추전국시대의 시작

주가 봉건제를 시행한 뒤, 시간이 흐르면서 점점 왕실과 제후들 사이의 혈연적 유대가 약해졌어요. 그리고 제후들의 세력이 점차 강해지게 됐죠. 그러던 중 기원전 8세기 무렵, 주 내부에서는 내란이 벌어지고, 서쪽에서는 이민족 연합군인 견융이 침입해 왔습니다. 이 사건은 주 왕실에게 큰 피해를 입혔고, 결국 주는 수도였던 호경을 버리고, 동쪽의 낙읍(지금의 허난성 뤄양)으로 천도하게 됩니다.

이때를 기준으로 수도를 옮기기 전까지를 '서주시대', 그 이후는 '동주시대'라고 부릅니다. 그리고 바로 이 동주의 전기를 춘추시대, 후기를 전국시대라고 합니다. 나중에 진秦이 중국을 최초로 통일할 때까지, 약 500년에 걸쳐 이어지는 시기를 '춘추전국시대'라고 부릅니다.

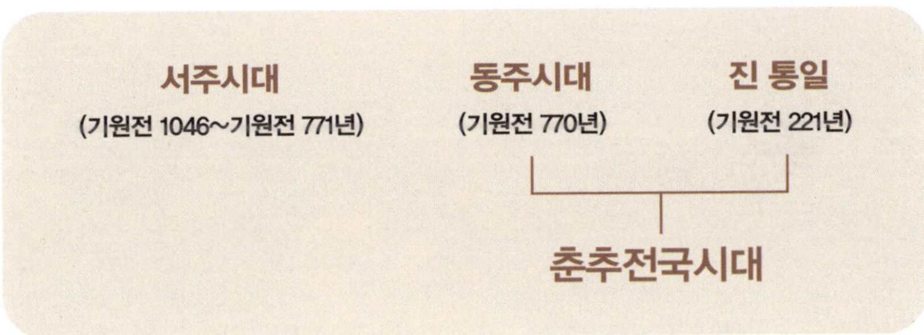

춘추전국시대의 정치적·경제적 변화

춘추시대는 '춘추 5패'라고 불리는 다섯 명의 지도자가 주도했어요. 제齊의 환공, 진晉의 문공, 초楚의 장왕, 오吳의 부차, 월越의 구천이 그 주인공입니다. 이들은 '주 왕실을 받들고, 변방의 이민족을 물리친다'는 존왕양이尊王攘夷의 명분 아래 여러 제후국을 이끌었죠.

하지만 전국시대에 접어들면서 상황은 크게 달라집니다. 명분보다는 힘이 지배하는 세상이 펼쳐졌어요. 진, 초, 제, 연, 한, 위, 조 이렇게 일곱 나

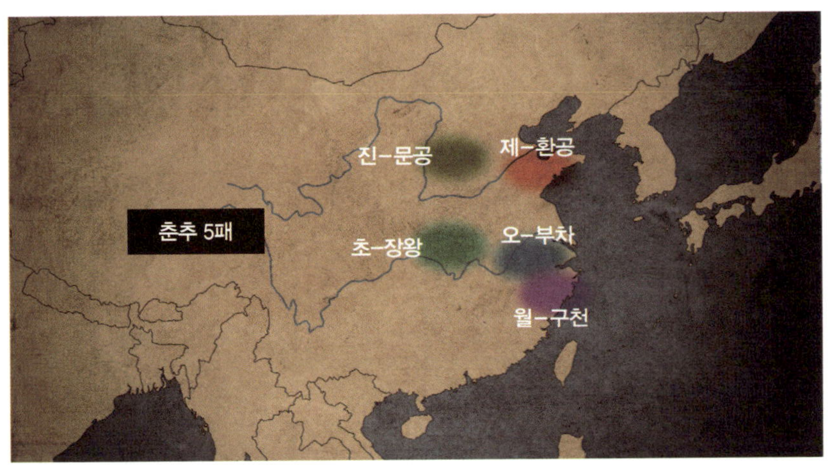

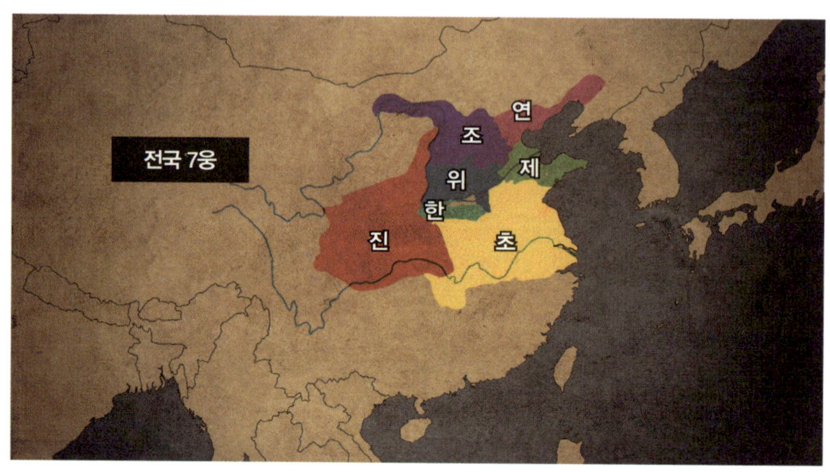

라가 소위 '전국 7웅'이라 불리며, 약한 제후국들을 차례로 정복하고 서로 패권을 다투게 됩니다. 약육강식의 시대가 시작된 거죠.

이 무렵에는 하나의 도시 중심으로 운영되던 도시 국가가 점차 여러 도시와 마을을 포함한 넓은 영토를 다스리는 '영토 국가'로 발전합니다. 봉건제도 점차 힘을 잃어, 대신 왕이 직접 임명한 관리들이 지방을 다스리는 '군현제'가 자리 잡기 시작했어요. 또한 남쪽에 위치한 제후국들의 성장은 창장강 이남 지역 개발을 촉진했고, 덕분에 주의 문화가 점차 남쪽으로 확산되기도 했습니다.

경제 구조도 큰 변화를 겪었죠. 철제 농기구가 도입되고, 소를 이용한 경작인 우경이 확산되면서 농업 생산력이 확 올라갔어요. 토지 개간, 관개 작업이 늘어났고, 제철·직물·제염 등 다양한 산업도 함께 발전했죠. 교통의 중심지에는 대도시도 형성됐습니다.

상업 활동도 눈에 띄게 활발해졌고, 도전이나 포전 같은 금속 화폐가 유통되면서 시장 경제가 본격화됐어요. 또 토지의 사유화가 진전되면서 소

농민 가족이 사회의 기본 단위로 자리 잡았고, 그에 따라 '사농공상(학자, 농민, 공예인, 상인)'이라는 사회 계층의 개념도 생겨났습니다.

전쟁 방식도 바뀌었습니다. 철제 무기의 사용으로 예전처럼 귀족이 몰던 전차가 중심이 아니라 보병과 기병이 주력 병력이 됐어요. 일반 백성들도 군사로 참여하면서, 이들의 사회적 위상도 이전보다 높아지게 된 거죠.

제자백가: 혼란 속에서 태어난 사상들

춘추전국시대에는 신분이나 출신 국가에 관계없이 능력만 있다면 누구든 관직에 오를 수 있었어요. 특히 지식과 학문을 갖춘 '사士' 계층이 관료로 널리 등용되면서, 이들을 중심으로 다양한 사상가들이 등장하게 됩니다. 우리가 흔히 '제자백가諸子百家'라 부르는 인물들이 바로 이 시기에 활약했던 사람들이에요. 이들은 혼란스러운 사회 속에서 실질적인 정치적 해법과 사상적 대안을 제시하며 사회가 나아갈 길을 모색했죠.

대표적인 학파들을 살펴보면, 먼저 '유가'가 있어요. 유가는 가족 간의 효도와 우애, 다시 말해 도덕과 인간관계를 중시하면서, 이를 사회 질서의

담론 중인 제자백가의 모습을 중국 전통화풍으로 재현한 그림

공자   노자   묵자

기초로 삼고자 했죠. 공자가 유가의 대표 인물인데요. 그는 '인仁'과 '예禮'의 덕목을 강조하면서, 덕으로 국가를 다스리는 정치를 주장했습니다. 이후 공자의 사상은 맹자와 순자를 거치며 더 깊이 있고 다양하게 발전했어요. 결국 유가는 오랜 세월 동안 중국 사상의 중심축으로 자리 잡게 되었습니다.

또한 법가가 있었죠. 상앙과 한비자가 대표적인 인물인데, 이들은 "백성은 법으로 다스려야 한다"고 주장했어요. 법가는 인간의 본성을 그다지 긍정적으로 보지 않았기 때문에, 강력한 법과 권력을 통해 질서를 유지해야 한다고 본 거예요. 그래서 강력한 왕권을 원하는 제후들 사이에서 큰 인기를 끌었습니다.

또 하나, 분위기가 전혀 다른 학파가 있어요. 바로 도가예요. 노자와 장자가 대표 인물인데, 이들은 "있는 그대로 자연스럽게 살아야 한다"고 말했죠. 억지로 뭔가 하려고 하지 말고, '무위자연無爲自然', 즉 자연스럽게 순응하며 살아가는 것이 최고의 삶이라는 겁니다. 도가 사상은 나중에 중국의 자연관이나 예술, 문학에 깊은 영향을 주었어요.

그리고 묵가도 빼놓을 수 없어요. 묵가는 묵자가 만든 학파인데, 유가가 가족 중심의 사랑을 중시했다면 묵가는 "모두를 차별 없이 사랑하자", 즉 '겸애兼愛'를 주장했어요. 또 어려운 사람끼리 서로 돕는 상호부조 정신도 강조했죠. 전쟁이 끊이지 않던 시대에 묵가는 공정하고 평화로운 사회를 만들고자 했던 겁니다.

이 외에도 병가, 즉 군사 전략을 중시한 학파도 있었는데, 손자가 대표적인 인물이죠. 손자의 병법은 이후에도 수많은 전쟁과 전략 분야에서 참고서처럼 활용됐습니다.

진시황,
불멸의 황제가 된 사나이

최초의 중국 통일과 그 몰락
· 기원전 221~기원전 206년 ·

중국 최초 통일 국가의 탄생

500년 넘게 이어진 춘추전국시대의 혼란을 마침내 끝낸 나라는 바로 중국 서쪽 끝에 자리한 진秦이었습니다. 진은 기원전 4세기경, 법가 사상가인 상앙을 등용해 부국강병 정책을 강하게 밀어붙였고, 전국 7웅 중에서도 빠르게 두각을 나타냈죠. 행정 문서를 체계화하고, 법전을 정비해 엄격한 법질서를 세운 것도 이 시기예요. 이런 노력 끝에 진은 7웅 중 다른 여섯 나라를 차례로 정복하면서 기원전 221년, 중국 최초의 통일 국가를 탄생시킵니다.

통일 이후, 진왕 영정은 '황제'라는 새로운 칭호를 도입했는데요. 자신이 '첫 번째 황제'라는 뜻으로 '시황제'라 불리게 됩니다. 흔히 진시황이라고도 부르지요. 시황제는 통일된 국가를 효과적으로 다스리기 위해 전국을 36개의 군으로 나누고, 다시 군을 현 단위로 세분화해서, 황제가 임명

한 관료들이 지방을 직접 통치하게 했어요. '군현제'의 시작이죠. 중앙 정부에도 3공 9경 체제를 도입해 강력한 중앙 집권 체제를 구축합니다.

통치 효율성을 높이기 위해 수도에서 지방으로 연결되는 도로망을 정비하고, 화폐·문자·도량형·수레바퀴의 폭까지 모두 통일했어요. 이렇게 통일된 기준 덕분에 지역 간 교류와 행정 운영이 훨씬 원활해졌고, 국가 운영의 틀이 제대로 잡히기 시작한 겁니다.

하지만 시황제는 법치주의를 강하게 밀고 나가면서, 국가 비판 세력을 억압하기도 했어요. 대표적인 게 바로 '분서갱유焚書坑儒' 사건입니다. 의학·농업·점복을 제외한 책은 모두 불태우고, 유학자들을 생매장하는 극단적인 방식으로 사상 통제를 시도했던 거죠.

학술·저서를 갖고 있는 자들에게서 그것을 거두어들여 불태워야 한다. 가져도 좋은 것은 의약과 점복, 농사에 관한 서적에 국한해야 한다. (⋯) 시황제는 이사의 상소를 허락하고, 시서와 백가의 저서를 몰수하여 불태우고(분서) (…) 비판하는 자들은 구덩이를 파고 묻어버렸다(갱유).

_사마천 『사기』

　　외교·군사적으로도 진은 굉장히 공격적이었습니다. 북쪽의 유목 민족 흉노를 몰아내기 위해 '만리장성'을 쌓고, 남쪽으로는 오늘날의 광둥 지역과 베트남 북부까지 진출했어요. 오늘날 중국 남부 지역의 틀도 이때 잡힌 셈이죠. 그런데 문제는 만리장성, 아방궁, 병마용갱 등 빈번한 대규모 토목 공사와 가혹한 통치는 결국 백성들의 삶을 벼랑 끝으로 몰았다는 데 있습니다. 무거운 세금과 강제 노역, 끊임없는 동원. 결국 백성들의 분노가 폭발하게 되죠.

　　시황제가 죽은 뒤, 권력을 쥔 환관들이 정치를 어지럽히고, 각지에서는 진승·오광의 난 같은 농민 반란이 일어나며 진은 혼란에 빠집니다. 결국 기원전 206년, 진은 멸망하고 말아요. 시황제는 춘추전국시대를 끝냈으나, 급진적이고 억압적인 통치로 진의 급속한 멸망을 초래했습니다.

한,
천년 제국의 꿈과 몰락

중앙 집권의 강화와 사상적 발전, 그리고 몰락
• 기원전 202~220년 •

전한의 성립과 한무제의 업적

진이 멸망한 뒤, 유방이 천하를 통일하고 한漢을 세웠습니다. 그는 수도
를 장안(현재의 시안)으로 옮겼고, 한의 첫 번째 황제라는 의미에서 한고조

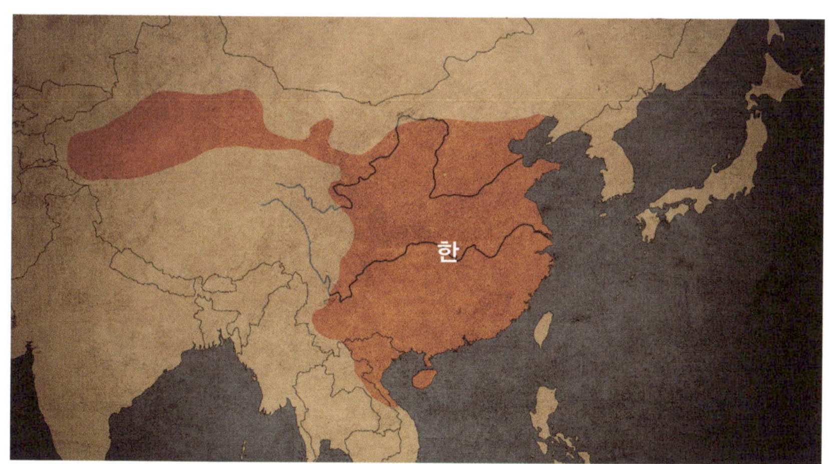

라는 칭호를 받았습니다. 유방은 나라를 다스릴 때 봉건제와 군현제를 절충한 '군국제'를 실시했습니다. 구체적으로 말하자면, 수도 장안을 중심으로 한 서쪽 지역엔 중앙 정부가 직접 관리하는 군현을 설치하고, 나머지 지역은 공신들에게 제후국을 주어 다스리게 한 거예요. 하지만 시간이 지나면서 제후들의 힘이 점점 강해졌고, 7대 황제인 한무제(유철)에 이르러서는 그들의 권력을 대폭 줄이고 군현제를 전국적으로 확대합니다. 이로써 황제를 중심으로 한 중앙 집권 체제가 확립된 셈이죠.

한무제는 유교 사상가 동중서의 제안을 받아들여 유교를 국가 통치 이념으로 삼고, 황제 중심 정치 체제를 강화합니다. 또 북쪽의 강력한 유목 민족인 흉노를 견제하려 했고, 동북쪽의 고조선, 남쪽의 남월(남비엣) 등을 정복하면서 한의 영토를 크게 확장했어요. 하지만 흉노와의 전쟁은 그렇게 간단하지 않았습니다. 당시 흉노는 한보다 강했고, 수도 장안 근처까지 위협할 정도였어요. 마침내 한무제는 흉노를 공격해 그들을 초원 쪽으로 밀어내긴 했지만, 완전히 정복한 건 아니었죠.

흉노를 협공할 방법을 찾던 한무제는, 과거 흉노에게 나라를 잃었던 대월지와 손을 잡고자 사신 장건을 파견합니다. 이 계획은 대월지가 협력하지 않으면서 결국 실패로 돌아갔지만, 장건의 서역 여행 덕분에 중국 비단이 서역으로 전해지는 길, 이른바 '비단길'이 개척될 수 있었습니다.

한무제의 대외 원정이 잦다 보니 국가 재정이 점점 어려워졌고, 그 해결책으로 몇 가지 경제 정책을 내놓습니다. 대표적인 것이 바로 소금과 철을 국가가 독점 판매하는 '전매제'예요. 또 지방마다 부족한 물자를 조절하기 위해 조세로 걷은 물자를 다른 지역에 파는 '균수법', 그리고 상품이 저렴할 때 비축했다가 비쌀 때 판매하는 '평준법'도 시행했어요. 이런 정책은 단순히 재정 확보뿐 아니라 물가 안정에도 중요한 역할을 했죠.

그런데 한무제가 죽고 난 뒤, 궁중에서는 환관과 외척(황제의 외가 쪽 친족) 사이에 권력 다툼이 심해집니다. 결국 황제의 외척인 왕망이 서기 8년, 한을 멸망시키고 '신新'을 세웁니다. 그는 토지를 국가가 소유하게 만들고 노비 매매를 금지하는 등 개혁적인 정책을 내세웠지만, 기득권층인 호족들의 거센 반발에 부딪혀 오래가지 못했어요. 결국 정권은 붕괴되고 말았죠.

후한의 부흥과 쇠퇴: 유교의 발전과 정치적 혼란

전한이 멸망한 뒤, 전한 왕족 출신인 광무제(유수)가 호족들의 지지를 받아 황제 자리에 오르게 되는데요. 25년에 수도를 낙양(현재의 뤄양)으로 정하고 나라를 다시 세우게 됩니다. 이때부터의 한을 후한이라고 부르고, 이전의 한은 전한이라고 구분해서 부릅니다.

광무제는 전한의 제도를 부활시키고 유학을 중시하는 정치를 펼쳤어요. 철제 농기구가 널리 보급되면서 농업 생산력이 크게 늘어났고, 이와 동시에 토지 사유화도 점점 확산됩니다. 그 결과 거대한 토지를 소유한 호족들이 등장하죠. 이들은 떠돌이 농민들을 예속민으로 삼아 지역 사회를 장악했고, 나아가 '향거리선제' 제도를 통해 중앙 정치에도 참여하게 됩니다. 이 제도는 지방 관료가 관내의 인재를 직접 추천해 중앙에 관직을 주는 방식이었는데요. 자연스럽게 지방 호족 가문이 중앙 관리로 진출하는 통로가 됐죠. 후한 정부는 이런 호족 세력의 확대를 견제하고자 토지 소유를 제한했고, 농업을 중시하고 상업을 억제하는 중농억상을 추진했어요. 하지만 현실적으로 호족의 성장을 막기엔 역부족이었습니다.

한편 후한 시대에 유교는 다양한 사상을 흡수하면서 황제 중심의 질서를 정당화하는 실용적 이념으로 발전합니다. 광무제는 수도 낙양에 태학을 설립하고, 유교 경전인 『주역』, 『시경』, 『서경』, 『예기』, 『춘추』, 이른바 오경을 가르치는 오경박사 제도를 운영했어요. 유교 교육을 체계화하고, 유교적 소양을 갖춘 인재를 관리로 선발하는 기반을 마련한 것이죠.

진시황의 분서갱유 이후 유교 경전이 대부분 사라졌기 때문에, 후한 대에는 이를 다시 복원하고 해석하는 작업, 즉 '훈고학'이 활발히 이루어졌습니다. 동시에 민간에서는 신비주의적 요소가 강한 토착 신앙이 확산됐고, 여기에 도가 사상이 결합돼 태평도, 오두미도 같은 종교 형태로 발전하기도 했습니다. 또 이 시기에는 불교가 서역을 통해 중국에 전래되기 시작했어요.

학문적으로도 중요한 발전이 있었는데요. 사마천이 지은 『사기』는 '기전체' 형식으로 정리한 대표적 통사이고, 후한의 반고는 이를 본받아 『한서』를 집필합니다. '기전체'란 군주, 신하, 뛰어난 인물 등을 중심으로 역사를 서술하는 방식인데, 이후 중국 정사의 기본 형식이 됩니다.

기술 발전도 눈여겨볼 만해요. 후한의 채윤은 종이 제작법을 개량해서 종이의 보급을 확산시켰고, 이는 학문과 사상의 발전에 크게 기여했죠. 또 이 시기엔 지진계를 비롯해 천문 관측기, 해시계가 개발되는 등 과학 기술에서도 눈에 띄는 성과들이 나왔습니다.

하지만 시간이 지나면서 후한은 점점 중앙의 통제력이 약해졌고, 환관과 외척, 관료들 간의 권력 다툼이 심화되며 사회 혼란이 이어졌습니다. 특히 토지겸병, 즉 부유한 지주들이 가난한 농민의 땅을 빼앗는 현상이 심각해지면서 농민들의 삶은 더욱 피폐해졌어요. 그 결과 184년에는 '황

청 시기 그려진 황건적의 난 당시 유비, 관우, 장비의 삽화

건적의 난'이라는 대규모 농민 반란이 일어나게 됩니다. 이 반란은 단순한 민란에 그치지 않고, 지방의 유력 호족들이 독립 세력으로 성장하는 계기가 됐어요. 결국, 내부 분열과 무력 충돌 속에 후한은 220년에 멸망했고, 이후 중국은 위魏, 촉蜀, 오吳 삼국이 대립하는 '삼국시대'로 접어들게 됩니다.

흉노, 북방 초원의 절대 강자(기원전 208~89년)

흉노는 기원전 3세기 말부터 유라시아 대륙 북부의 유목 지대에서 성장하기 시작한 강력한 유목 민족입니다. 이들은 기원전 8세기부터 3세기까지 아시아 서북부에서 활동한 이란계 유목 민족 스키타이의 기마 전술과 유목 기술을 받아들여 뛰어난 기동력을 갖추게 됐고, 이를 기반으로 군사력을 키워 초원 지대의 패권을 장악하게 됐죠.

진시황은 흉노가 남하하며 오르도스 지역(지금의 내몽골 자치구 어얼둬쓰)까지 위협하자, 이들을 북쪽으로 밀어내고, 더 이상의 침입을 막기 위해 만리장성을 축조합니다. 하지만 진이 멸망하고 중원 지역이 혼란에 빠지자, 흉노는 다시 힘을 모아 세력을 회복했고, 초원의 강자로 다시 떠오르게 됩니다.

특히 흉노는 서쪽의 월지(지금의 간쑤성 일대)를 중앙아시아 쪽으로 몰아내고, 동쪽의 동호(몽골 동부와 만주 서부 지역)를 정복하며 초원 전역을 통일했어요. 이렇게 되면서 흉노는 유라시아 북부 초원의 중심 세력으로 우뚝 서게 됩니다. 한편 한고조 유방은 기원전 200년에 32만 대군을 이끌고 흉노를 치러 출정했지만, 평성(지금의 산시성 다퉁) 인근 백등산에서 흉노의 40만 기병에게 포위당하며, 무려 7일 동안 고립되는 '평성의 치욕'을 겪게 됩니다. 결국 유방은 물자를 제공하는 조건으로 흉노와 화친을 맺을 수밖에 없었고, 이런 군사적·외교적 열세는 한무제가 대흉노 전쟁을 본격화하기 전까지 이어졌습니다.

흉노는 농경민과의 교역 또는 약탈을 통해 식량 문제를 해결했고, 나아가 비단길의 주요 통로를 장악하면서 경제적으로도 성장하게 됩니다. 이들의 지배자는 '하늘의 아들'이라는 뜻의 선우라고 불렸고, 흉노 영토는 중앙, 동방, 서방의 세 구역으로 나뉘었어요. 선우가 중앙을 직접 통치하고, 동방에는 좌현왕, 서방에는 우현왕을 두어 각각 자치적으로 약 1만 명 규모의 기병을 거느리며 영지를 다스리게 했죠. 이들 밑에는 소왕, 천장,

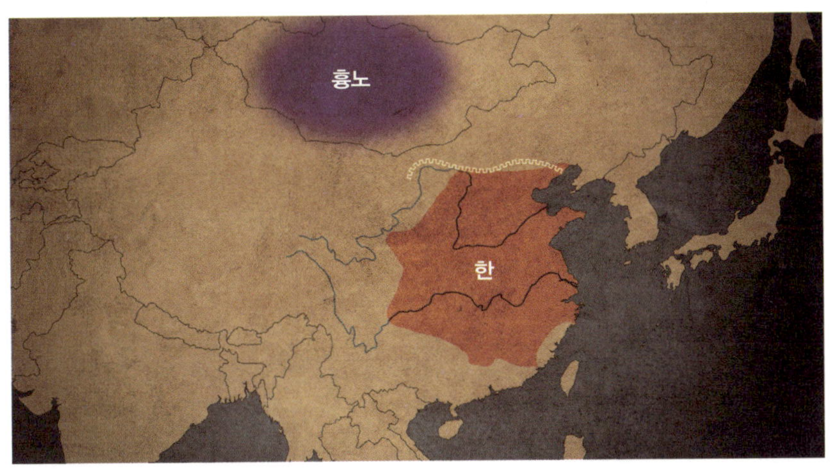

백장, 십장 등의 하위 조직이 이어져 효율적인 통치 체계를 유지할 수 있었습니다.

이처럼 흉노는 한을 위협하는 동아시아 최강국으로 군림했지만, 한무제의 지속적인 공격으로 국력이 크게 약화되면서 점차 쇠퇴하게 됩니다. 1세기 무렵에는 선우 자리를 둘러싸고 내분이 벌어지며, 흉노는 결국 남흉노와 북흉노로 분열됩니다. 이 중 남흉노는 한에 복속됐고, 북흉노는 패전 끝에 서쪽 중앙아시아로 이동하게 됩니다. 이렇게 해서 약 300년간 이어졌던 몽골 초원 지대의 흉노 패권은 역사 속으로 사라지게 됐죠.

갈라진 위진남북조와 짧고 강렬한 수의 통일

문화적 융합과 제도로 이뤄진 중국 통일의 여정
·220~589년·

남북조의 형성과 호한의 융합

3세기 초, 후한이 멸망한 뒤 중국은 '위, 촉, 오' 삼국이 서로 다투는 삼국 시대로 접어들게 됩니다. 이 삼국은 결국 사마염이 세운 진晉, 즉 '서진'에 의해 통일되지만, 황실 내부의 권력 다툼과 계속된 내분으로 정세는 불안정했어요. 이 틈을 타 흉노, 갈, 선비, 저, 강 같은 북방의 유목 민족들이 화북 지방으로 침입해 여러 나라를 세우며 '5호 16국 시대'가 시작됩니다.

서진은 결국 이민족의 침입을 견디지 못하고 남쪽으로 도읍을 옮기게 되는데요. 이때 수도가 된 곳이 바로 건강(지금의 장쑤성 난징)입니다. 이후에 세워진 동진이 창장강 남쪽, 곧 강남 지역의 지배권을 이어가게 됐죠. 이후 동진의 무장이었던 유유가 동진 황제로부터 선양을 받아 새로운 왕조를 세우는데, 이것이 바로 남조의 첫 국가인 송宋입니다. 이후 제齊, 양

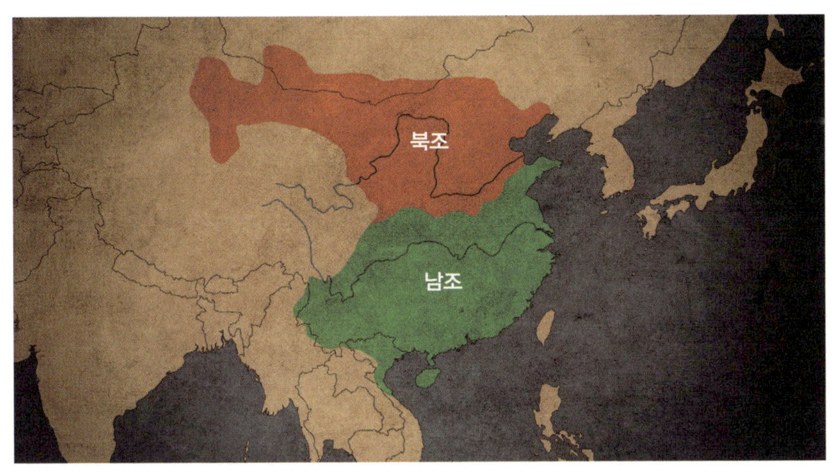

梁, 진陳등 왕조가 잇따라 교체되면서 남조가 이어지게 되죠.

북방에서는 선비족이 세운 북위北魏가 439년에 화북을 통일하면서 남북조 시대가 본격적으로 열립니다. 북위의 7대 황제 효문제는 도읍을 낙양으로 옮긴 뒤, 선비족의 언어와 복장을 금지하고, 한족의 성씨를 부여하거나 한족과의 혼인을 장려하는 등 적극적인 한화 정책을 펼쳐요. 이런 현상을 '호한 융합', 즉 유목 민족과 한족 문화의 융합이라고 부릅니다.

또한 효문제는 자영농을 육성하고 농업을 활성화하기 위해 '균전제'도 도입했습니다. 이 제도는 백성에게 일정한 토지를 나누어 주고, 시간이 지나면 재분배하는 방식이었죠. 이 균전제는 후에 수와 당에도 계승돼요. 하지만 효문제의 개혁은 기득권을 가진 귀족들의 반발을 불러왔고, 그의 사후에 귀족들의 내분으로 북위는 분열되고 맙니다.

동진 쪽은 어땠을까요? 토착민과 이주민의 갈등, 문벌 귀족 정치의 폐단 등으로 인해 정치적으로 불안정했고, 오래 유지되지 못한 채 송, 제, 양, 진으로 왕조가 자주 바뀌며 남조의 역사가 이어지게 됩니다.

화북 지역에서 창장강 유역, 즉 강남 지역으로 이동한 한족 세력은 이곳을 집중적으로 개발하게 돼요. 특히 벼농사가 보급되면서 강남의 경제력이 크게 향상됐고, 인구도 급격히 증가했습니다. 이주한 지배층은 중정관이라는 관직을 통해 지역 인재를 9등급으로 평가하고, 이를 바탕으로 관직에 천거했어요. 이를 '9품 중정제'라고 합니다. 이 제도는 처음에는 효율적인 인재 등용 방식이었지만, 점차 고위 관직이 특정 문벌 귀족에게 집중되는 방향으로 흘러갔고, 이들이 거대한 토지를 소유하고 권력을 독점하는 결과로 이어졌죠.

남북조 시대 동안에는 북쪽에서도 북위 이후에 북제北齊, 북주北周 등의 왕조가 등장했어요. 이처럼 정치적 혼란은 계속됐지만, 한편으로는 민족 간의 융합, 그리고 지리적 이동을 통한 문화 교류도 활발히 이루어졌습니다. 바로 이런 흐름이 수·당 대의 통일과 문화적 융성의 바탕이 됐던 거죠.

사상과 종교의 다양화

북조와 남조는 정치뿐만 아니라 문화에서도 뚜렷한 차이를 보였어요. 북조에서는 유목민의 소박하고 실용적인 생활방식이 문화에도 고스란히 반영됐습니다. 그러면서도 국가는 유교적 가치, 특히 국가 질서와 충효의 덕목을 중요하게 여겼죠. 반면 남조는 귀족 중심의 사회였기 때문에, 문화 전반이 보다 자유롭고 개방적인 분위기 속에서 발전했습니다. 정치적으로 혼란스러운 시대였던 만큼 남조 사람들, 특히 지식인과 귀족들은 삶의 의미, 개인의 자유에 대해 깊이 고민했어요. 그 결과 노자와 장자의 사상에 바탕을 둔 도가 사상, 즉 '노장 사상'이 주목받게 되고, 여기에 세속을 떠

죽림칠현의 일곱 현자

나 정신적 자유를 추구하는 '청담 사상'이 더해져 유행하게 됩니다.

이 청담 사상은 사실 위진 시대부터 퍼져나간 흐름이에요. 귀족 계층의 지식인들이 관직과 현실을 떠나 철학이나 인물에 대한 논평을 나누며 지내던 분위기, 바로 그런 생활방식이 청담이었습니다. 이런 경향을 가장 대표하는 인물들이 바로 '죽림칠현'이에요. 대나무 숲에서 어울려 살며 자연 속에서 사색하고 담론을 즐긴 일곱 명의 현자들이죠. 당시 지식인들의 현실 회피적인 태도는 도연명의 시 「귀거래사」에, 귀족의 생활상은 고개지의 그림 「여사잠도」 같은 작품에 잘 나타나 있습니다.

한편 이 시기에는 불교도 남북조 전역에서 널리 확산됐습니다. 불교의 깊이 있는 교리와 인종을 가리지 않는 보편적 성격은 이민족이 왕조를 세운 북조의 지배층에게 특히 매력적으로 다가왔고, 이로 인해 윰강(원강), 용문(룽먼) 같은 거대한 석굴 사원이 조성됐어요. 남조에서도 양무제처럼 불교에 열성적인 황제들이 등장하며, 불교는 사회 전반에 더욱 깊숙이 뿌리내렸죠. 또 서역에서 온 고승 쿠마라지바(구마라습)와 동진의 법현 같은 인물들이 불경을 한자로 번역하면서 인도와 중국 사이의 문화 교류를 활발히 이끌었습니다.

이 무렵에는 전통 민간 신앙인 태평도나 오두미도 같은 종교가, 도가 사상과 결합하면서 '도교'로 발전하기 시작해요. 도교는 불로장생이라는 이상을 꿈꾸며, 불교의 체계적인 면을 흡수해 종교로서의 면모를 갖춰갑니다. 특히 북위의 구겸지는 도교 교단을 제도적으로 정비하면서 도교를 정식 종교로 자리 잡게 만들었고, 도교는 황실의 지지를 받으면서 일반 백성들 사이에서도 현세의 행복과 건강을 추구하는 신앙으로 인기를 끕니다.

수의 통일과 중앙 집권 체제의 강화

중국은 약 4세기 동안 남과 북으로 나뉘어 있었는데, 589년 양견, 즉 수 문제가 수隋를 세우면서 다시 통일이 이루어졌습니다. 오랜 분열을 끝낸 만큼, 수 문제는 나라의 기틀을 다지기 위해 다양한 정치·행정 제도 정비에 나섰죠. 우선 율령 체계, 즉 법률과 행정 규범을 정비한 '율령'을 반포했고요. 기존에 귀족 중심으로 관리를 뽑던 9품 중정제를 없애고, 실력으로 관리를 선발하는 관리 등용 제도를 도입합니다. 관리 등용 제도의 시행은 문벌 귀족의 독점적인 권력을 제한하면서, 동시에 황제 중심의 중앙 집권 체제를 강화하는 데 큰 역할을 하게 됩니다.

또한 수 문제는 북위 이래 시행되던 중요한 제도들, 균전제(토지 분배 제도), 조용조(조세 제도), 부병제(군역 제도)를 정비해서, 국가 재정과 군사력의 기반도 튼튼히 했습니다.

균전제: 농민에게 토지를 균등하게 지급

조(租): 토지에서 수확한 곡식의 일부를 세금으로 납부

용(庸): 정부에 노동력을 제공하거나 베나 무명을 납부

조(調): 집집마다 부과하며 토산품, 지방 특산물을 징수

부병제: 일반 농민이 군인으로 징집돼 일정 기간 복무

수 문제의 뒤를 이어 즉위한 수 양제는 대운하 공사를 단행했는데요. 이 대운하는 남북 간의 물자 유통과 경제 통합에 큰 기여를 하게 됩니다. 양제는 대외 정책도 활발히 펼쳐, 북쪽으로는 돌궐을 견제하고, 남쪽으로는 안남(오늘날 베트남 북부)을 정복하기도 했어요. 하지만 문제는 고구려 원정이었어요. 수많은 군사를 동원하고도 실패로 돌아갔죠. 전쟁과 대규모 토목 사업에 시달린 백성들의 불만이 폭발합니다. 결국 농민 반란이 잇따르며 수는 무너지고, 618년 당이 새로운 통일 왕조로 등장하게 됩니다.

당, 세계를 압도한 황금의 시대

중국 역사상 가장 위대한 대제국의 발전과 몰락
· 618~907년 ·

당의 탄생 그리고 대외 팽창

7세기 초, 이연, 그러니까 당 고조는 중국을 다시 통일하고, 장안을 도읍으로 정해 당唐을 세웁니다. 그리고 그의 아들 이세민이 제2대 황제 당 태종으로 즉위하게 되죠. 당 태종은 대외 확장 정책을 강하게 밀어붙입니다. 북쪽의 동돌궐을 굴복시키고, 그 아래 있던 서북 지역의 여러 유목 민족들을 차례로 복속시켜요. 대내적으로는 수의 율령 제도를 이어받아 더 잘 다듬고 정비해서 나라의 기틀을 단단히 다집니다. 이 시기를 가리켜 흔히 '정관의 치'라고 부르는데요. 여기서 '정관'은 당 태종 때의 연호예요. 그만큼 이 시기는 안으로는 안정되고 밖으로는 강한, 정치·사회적으로 매우 번성했던 시기였죠.

이후 당 고종에 이르면 서돌궐까지 정복하게 되고, 동쪽으로는 신라와 손잡고 백제와 고구려까지 무너뜨립니다. 남쪽으로는 베트남 지역까지 영

향력을 확대하며 당의 영토는 사방으로 크게 넓어지게 됩니다. 광대한 영토를 효율적으로 다스리기 위해 당은 '도호부'라는 행정 기구를 정복지마다 설치했어요. 또 다양한 이민족들을 통치하기 위해 '기미 정책'을 썼는데요, 이건 '고삐는 느슨하게 잡되, 줄은 놓지 않는다'는 뜻이에요. 다시 말해 자치를 어느 정도 허용하면서도 당의 통제권은 유지하는 방식이었죠. 이렇게 해서 당은 각기 다른 민족과 지역들을 아우르며 제국의 안정을 유지해 나갑니다. 이러한 번영은 특히 당 현종 시기까지 이어졌고, 이 시기의 당은 동아시아에서 가장 강력한 제국 중 하나로 자리매김하게 됩니다.

당을 황금기로 이끈 문화와 제도의 융성

당은 율령 체제, 그러니까 법률과 제도를 바탕으로 국가를 운영했어요. 중앙에는 3성 6부 체제를 두어서 황제의 명령을 기획하고 심사한 뒤 실행하는 구조를 갖췄고요. 지방의 주·현에는 중앙에서 파견한 관리가 나가서 통치했습니다.

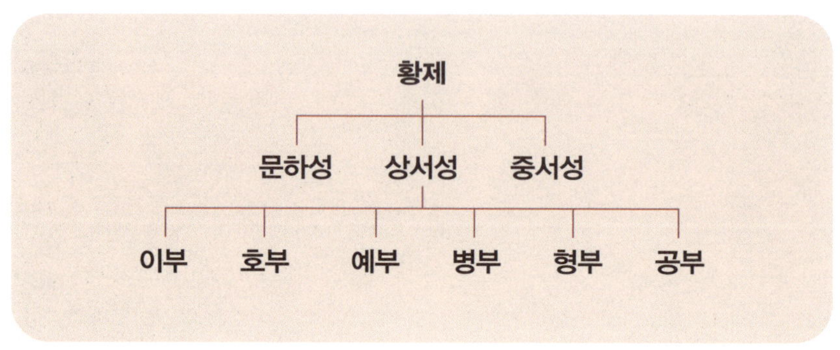

또한 당은 균전제를 시행해 농민들에게 토지를 나누어 주었고, 이 제도를 통해 자영농을 육성했어요. 이렇게 토지를 가진 농민들은 조용조 제도에 따른 납세의 의무, 부병제에 따른 병역의 의무를 지게 됐죠. 이처럼 조세와 병역 체계를 균형 있게 갖춘 제도들은 국가의 재정과 군사력을 튼튼히 하는 데 큰 역할을 했습니다. 당의 율령 체제는 매우 안정적인 운영을 가능하게 했고, 나중에는 동아시아 여러 나라에도 큰 영향을 주게 됩니다.

당은 귀족 중심 사회였습니다. 귀족들은 음서, 즉 공신이나 고위 관리의 자제를 시험 없이 관직에 임명하는 제도나, 과거 시험을 통해 관직에 올랐어요. 다만 이 시기의 과거제는 귀족 가문 출신들에게 유리한 구조였기 때문에, 시험이라는 형식을 거쳤다고 해도 결국 문벌 중심의 관료 독점이 이루어졌다고 볼 수 있어요. 즉, 과거제가 있었지만 인재를 폭넓게 양성하기엔 아직 미흡했던 시기였던 거죠.

경제적으로도 눈에 띄는 성장이 있었습니다. 화북 지방에서는 2년 3모작이 가능해질 만큼 농업 생산력이 향상됐고, 상업 활동도 활발해졌어요. 당시에는 비전飛錢이라는 일종의 약속어음이 사용됐고, 행行이라는 상인 조합도 나타나면서 상업이 점점 조직화되기 시작했죠. 외국 상인들, 특히 아라비아나 페르시아 출신의 상인들이 비단길이나 해상 교역로를 따라 당과 활발하게 무역을 벌였고, 정부는 시박사라는 관청을 설치해 국제 무역을 체계적으로 관리했습니다. 이러한 경제적 번영 덕분에 장안을 비롯한 대도시들은 국제 문화 교류의 중심지로 성장했어요. 특히 서역의 풍습이 당 사회에 유입되면서 문화가 한층 다양하고 이국적인 분위기를 띠게 됩니다.

문화적으로는 귀족적인 취향과 국제적인 감각이 어우러진 매우 독특한 문화를 꽃피웠습니다. 문학, 특히 시詩가 유행했는데요, 대표적인 시인으로는 이백과 두보가 있어요. 이들은 각기 낭만적인 자유정신과 현실적 사회비판을 담아낸 시를 창작해 유명하죠.

유학 역시 발전합니다. 당에서는 과거제가 시행되면서 유학 교육이 중요해졌는데, 공영달은 『오경정의』를 편찬해 유교 경전을 표준화하려 했어요. 이 책은 과거제의 수험서로 널리 사용됐지만, 경전 해석이 획일화되면서 오히려 유학의 창조적 발전을 저해하는 측면도 있었죠. 서예도 당대에 높은 수준에 도달했는데요. 구양순과 안진경이 명필로 유명합니다. 공예 분야에서는 당삼채라 불리는 형형색색의 도자기가 유행하며 화려하고 이국적인 미감을 자랑했고요.

종교적으로는 매우 다양한 신앙과 교단이 존재했어요. 무엇보다 불교가 크게 융성했는데, 현장, 의정 같은 승려들이 인도 순례를 다녀와 불경을 수집하고 번역하는 데 큰 역할을 했죠. 도교도 왕실의 보호를 받으며 번성했고, 이 밖에도 조로아스터교, 마니교, 경교(네스토리우스파 크리스트교), 이슬람교 등 다양한 외래 종교가 장안에서 함께 공존했습니다. 이런 모습은 당시 장안이 얼마나 다문화 도시였는지를 보여주는 좋은 예예요.

당과 주변국 간의 정치·군사적 유대가 강화되면서 동아시아 전역에는 공통된 문화적 기반이 형성되기 시작합니다. 당은 몽골, 서역, 베트남 등에 6개의 도호부를 설치해 통치했고, 신라, 발해, 일본 등은 당의 제도와 문화를 수용하면서 활발한 교류를 이어갔어요.

그 과정에서 유교, 불교, 율령 체제, 한자 사용 같은 요소들이 동아시아 전체에 퍼져나가게 되죠. 유교는 국가의 통치 원리로 자리 잡았고, 불교는 종교와 예술, 건축까지 아우르며 각국 문화 속에 깊숙이 스며들었어요. 또한 한자는 동아시아 지역에서 공용 문자처럼 사용되며 교류의 통로 역할을 했습니다. 이렇게 보면 당은 동아시아의 통합과 문화적 연대를 촉진했다고도 볼 수 있죠.

반란과 지방 분권의 길

찬란한 문화를 꽃피운 당도 시간이 흐르면서 외부의 위협과 내부의 모순에 흔들리기 시작합니다. 7세기에는 돌궐과 토번(티베트), 8세기에는 위구르가 당의 국경을 위협했고, 이러한 외부 압력은 중앙 정부의 통치력 약화로 이어졌어요.

그 가운데 내부적으로는 귀족이나 고위 관료들이 사적으로 차지한 대규모 토지인 '장원'이 점차 확대됐습니다. 이렇게 장원이 늘어나면서, 국가가 농민에게 토지를 균등하게 나누어 주는 '균전제'가 무너지게 됐죠. 토지를 장원이 차지하고 있으니 정부가 농민들에게 줄 땅이 없어졌고, 자영농이 줄어들면서 자연스럽게 조세를 내는 사람도 줄어들게 됐습니다. 당의 재정 기반이 약해지게 된 거죠.

그런 와중에 당 현종 시기, 변방의 군사력을 담당하던 무장, 즉 절도사

당의 현종이 안사의 난을 피해 도피하는 모습

가운데 하나였던 안녹산이 사사명과 함께 반란을 일으킵니다. 이게 바로 안사의 난(755~763년)이에요. 이 반란은 단순한 내란이 아니라 중앙 정부의 권위를 뿌리째 흔드는 계기가 됐고, 이후에는 각 지역의 절도사들이 중앙의 통제를 받지 않고 독립적인 세력으로 성장하게 됩니다. 이렇게 되면 국가 재정은 더 어려워지겠죠? 자영농은 줄고, 대부분의 농민이 소작농(전호)으로 전락하면서 조세를 내는 기반이 무너졌습니다.

이를 해결하기 위해 당 정부는 기존의 조용조 대신 '양세법'이라는 새로운 세금 제도를 도입합니다. 조용조 제도의 특성상 자영농이 줄면 자연스럽게 세금도 줄 수밖에 없었죠. 새로 도입된 양세법은 토지와 재산의 많고 적음을 기준으로 세금을 차등 부과하는 방식이었어요. 말 그대로 '두 번(양) 세금을 걷는다'는 뜻인데, 봄과 가을에 나눠 걷었고요. 부유한 집에서 더 많이 내는 형식이었기 때문에 조세 수입을 일정 부분 회복하는 데는 도움이 됐습니다.

하지만 이 모든 조치에도 불구하고, 당은 점점 더 기울어졌어요. 875년부터 약 10년간 이어진 '황소의 난'은 단순한 반란이 아니라 농민들이 일으킨 대봉기였습니다. 이는 당의 기반을 완전히 뒤흔든 사건이었습니다. 이후 중앙 정부는 완전히 힘을 잃게 됐고, 결국 907년, 절도사였던 주전충이 스스로 황제가 되어 당을 멸망시키고 말았죠.

송,
칼 대신 붓으로 다스리다

유학과 상업, 사대부 계층의 부상
· 960~1279년 ·

문치주의와 중앙 집권 체제의 확립

당이 멸망한 후 중국은 한동안 혼란에 빠졌습니다. 여러 지역의 절도사들, 그러니까 지방을 지배하던 군벌들이 각자 자신의 세력을 기반으로 독립 국가를 세우게 되면서, 중국은 약 50년 동안 '5대 10국 시대'에 접어들었어요. 북쪽에서는 다섯 왕조가 차례로 교체됐고, 남쪽에는 열 개가 넘는 작은 나라들이 난립했죠.

이러한 혼란을 정리한 인물이 바로 절도사 출신의 조광윤, 즉 송 태조입니다. 그는 960년에 송宋을 세우고, 중앙 집권 체제를 강화하기 위해 여러 개혁을 추진했어요. 가장 먼저 한 일은 자신과 같은 절도사들이 다시는 중앙 권력을 위협하지 못하도록 권한을 회수하는 것이었습니다. 그리고 군대의 통제권을 황제에게 집중시키고, 문신 관료들을 우대하는 '문치주의' 정책을 본격화했죠.

　이 문치주의가 뭐냐면 무장보다는 학문을 중시하고, 유교적 소양을 갖춘 인재를 등용하는 정치 기조예요. 그래서 송 대에는 과거 시험이 더 중요해졌고, 시험을 통해 선발된 '사대부'가 새로운 지배 계층으로 떠오르게 됩니다. 이 사대부들은 문신 관료로서 송 왕조 말까지 송의 정치와 문화를 이끌었어요.

　한편 황제권을 더욱 강화하기 위해 송 태조는 재상권을 약화시키고, 황제 직속의 군대인 금군을 키웠습니다. 또 한 가지 중요한 개혁은 황제가 직접 과거 시험을 최종 주관하는 '전시殿試'를 도입한 것이에요. 이를 통해 황제의 권위를 높이고 관료들의 충성심도 다질 수 있었죠.

　하지만 문제는 이런 문치주의가 군사력의 약화로 이어졌다는 점입니다. 실제로 송은 북방 민족 국가인 요(거란), 서하(탕구트족) 등의 압박을 받았지만, 무력 충돌 대신 해마다 막대한 세금과 공물을 보내는 평화 협정을 맺는 방식으로 대응했어요. 물론 전쟁을 피하는 데에는 성공했지만, 그만큼 국가 재정에는 큰 부담이 됐고, 이는 곧 지속적인 재정난으로 이어졌습니다.

　이런 상황을 타개하고자 송의 제6대 황제 신종은 왕안석이라는 개혁적인 인물을 재상으로 등용해 부국강병을 위한 '신법' 개혁 정책을 실시합니다. 왕안석은 국가 재정을 늘리고, 민생을 안정시키며, 농업과 상공업을 진흥시키는 데 집중했어요. 하지만 이 개혁은 보수적인 관료 집단인 구법당과 대지주, 대상인 등 기득권 세력의 강력한 반대에 부딪혀 실패로 돌아갑니다. 그 결과 정치가 불안정해지고, 국력 역시 더 약해지는 결과를 초래했죠.

송의 경제·기술의 발전과 사대부 계층의 형성

　당 대부터 이미 농업과 기술의 발전이 눈에 띄게 이루어졌지만, 송 대에 들어서면서 그 흐름은 더 본격화됩니다. 예를 들어 저습지를 제방으로 둘러 농지로 만드는 기술이 널리 퍼졌고, 발을 굴려 물을 끌어올리는 용골차 같은 새로운 농기구들도 등장해 농업 생산성이 크게 높아졌어요. 또 벼농사 지역에서는 모내기, 즉 이앙법이 일반화되면서, 더 안정적인 수확이 가능해졌습니다.

　특히 창장강 이남의 온난하고 습한 기후는 월남에서 도입한 참파벼를 기르기에 알맞았는데요. 이 벼는 더위에 강하고 성장 기간이 짧아서 한 해에 두 번 수확이 가능한 품종이었습니다. 이로 인해 강남 지역의 농업 생산력은 화북 지방을 뛰어넘었고, 창장강 하류 일대는 중국 최대의 곡창 지대로 자리 잡게 됩니다.

　이 시기에 지주전호제, 즉 지주가 소작인(전호)에게 토지를 빌려주고 지대를 받는 제도가 널리 확산됐습니다. 자연히 대토지를 소유한 지주 계층

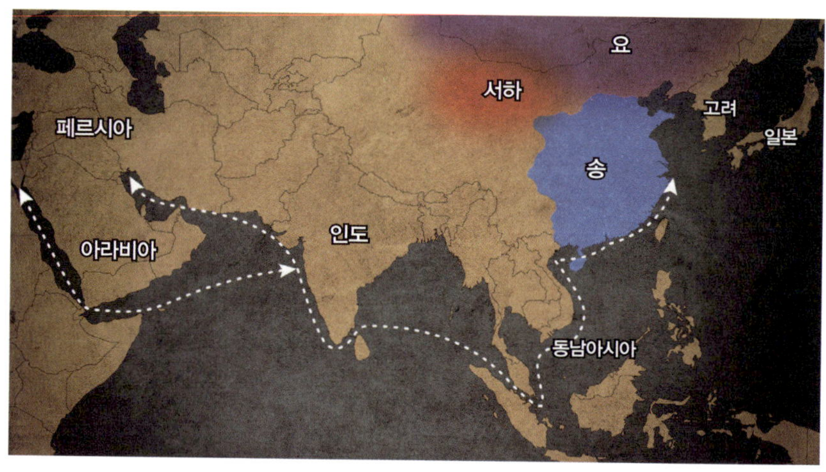

은 늘어났고, 그만큼 소작 농민인 전호의 수도 증가했죠.

한편 농업이 발전하면서 제철·자기·견직업 같은 산업 분야도 활기를 띠게 됩니다. 농업 생산량의 향상과 수공업의 발달로 상업 활동도 급속히 확대됐습니다. 물건을 더 많이, 더 멀리 팔 수 있게 되자 원거리 무역상과 중개 상인이 늘어났고, 이들은 '행行'과 '작作'이라는 동업 조합을 만들어 서로 협력하고 이익을 공유했죠.

상업이 활발해지면서 동전 유통도 늘어났지만, 워낙 거래량이 많다 보니 동전이 부족해지는 '전황' 현상이 나타났습니다. 그래서 그 대안으로 종이 화폐인 교자, 회자 같은 지폐가 등장하게 됩니다.

기술과 과학에서도 눈에 띄는 발전이 있었어요. 화약 무기, 나침반, 활판 인쇄술 같은 혁신적인 발명품이 이 시기에 등장했죠. 나침반은 조선술과 함께 발전하면서 원양 항해를 가능하게 했고, 이는 해상 무역의 발달로 이어집니다. 특히 북방과의 교역이 어려워지자, 송은 해상 교역로를 적극 개척했는데요. 그 결과 고려, 일본, 동남아시아, 인도, 페르시아, 아라비아까지 연결되는 광범위한 해상 교역망이 형성됐습니다.

활판 인쇄술의 발달은 서적 출판을 대폭 늘렸고, 이로 인해 지식과 정보의 보급이 활발해졌습니다. 송의 이러한 과학 기술들은 이후 이슬람 세계를 거쳐 유럽까지 전파되며, 세계사의 흐름에도 큰 영향을 주게 돼요.

대외 무역이 확대되면서 주요 항구 도시들도 발전했죠. 예를 들어 취안저우, 광저우 같은 무역항에는 '시박사'라는 정부 기관을 설치해 세금과 무역을 체계적으로 관리했어요. 주요 수출품은 차, 비단, 도자기, 동전 등이었고, 수입품으로는 금, 수은, 향신료 등이 있었습니다.

문화적으로도 큰 변화가 일어납니다. 학교와 서원이 증가하고 과거제가 강화되면서 시험을 통해 관리를 뽑는 시스템이 본격화됐고요. 이를 통해 등장한 새로운 관료층이 바로 '사대부'입니다. 사대부는 기존의 세습 귀족인 문벌 귀족과는 달리, 유학적 소양과 실력을 갖춘 문인 계층이었어요. 이들은 황제에게 충성을 다하면서도 천하를 함께 다스린다는 자부심과 책임감을 지녔습니다. 또한 대부분은 지주 계층으로, 농지를 소유하고 전호를 통해 경작했죠.

이렇게 송 대 농업 · 수공업 · 상업 · 기술 · 교육 등 전반의 발전은 중국의 경제적, 문화적 기반을 크게 확장시켰고, 동아시아 문명의 중심축으로 자리 잡는 데 큰 역할을 하게 됩니다.

사상적 심화와 서민 문화의 번영

송 대에 들어서면서 유학 연구는 한층 더 심화됩니다. 기존의 훈고학, 즉 경전의 자구 해석에만 치우쳤던 방식에서 벗어나, 인간과 우주 만물의 본질에 대해 더 깊이 있는 철학적 탐구가 이뤄지기 시작했죠. 이러한 흐름은 특히 남송 시기에 주희에 의해 집대성되면서 성리학(주자학)이라는 새로운 사상 체계로 자리 잡게 됩니다.

　성리학은 단순한 윤리학을 넘어 우주의 이치와 인간 본성에 대한 철학적 체계를 구축하려 했고, 동시에 현실 정치와 사회 질서를 정당화하는 대의명분론을 강조했어요. 군주와 신하, 아버지와 아들, 지주와 전호처럼 현실 사회의 상하 관계를 당연한 질서로 보고, 이를 유지하는 것이 곧 도리라는 주장이었죠. 또 하나 중요한 특징은 중국이 문명의 중심이고 주변 민족은 야만이라는 '화이론'을 강화했다는 점입니다. 이처럼 성리학은 송이 북방 민족의 지속적인 압박을 받던 시기의 현실을 반영한 사상으로, 내부 결속과 민족적 자긍심을 다지는 데 큰 역할을 했습니다.

　이러한 분위기 속에서 민족의식을 고취하려는 움직임이 활발해지며, 역사서 편찬 역시 활기를 띱니다. 대표적인 사례가 바로 사마광이 저술한 『자치통감』인데요, 이 책은 역사를 연대순으로 기록한 편년체 역사서로서 후대 역사 편찬의 중요한 모범이 됐죠.

　한편 당과 송을 거치면서 경제 성장과 인구 증가에 힘입어 서민 문화도 크게 발전했습니다. 예컨대 북송의 수도였던 개봉(지금의 허난성 카이펑)과 남송의 수도인 임안(지금의 저장성 항저우)은 인구가 100만 명을 넘는 대도시로 성장하게 돼요. 상업 활동이 자유로워지면서 시장은 낮뿐 아니라 밤에도 활기를 띠었고, 다양한 건물과 점포들이 규제 없이 들어서는 생기 넘치는 도시 풍경이 펼쳐졌죠. 도시 곳곳에는 '와자'라고 불리는 상업 및 오락 지구가 형성돼, 서민들의 여가와 소통의 공간으로 활용됐습니다.

　문화적 번성은 문학의 영역에서도 뚜렷하게 나타납니다. 이 시기에는 서민들이 즐길 수 있는 구어체 문학이 활발히 등장했어요. 노래를 부르기

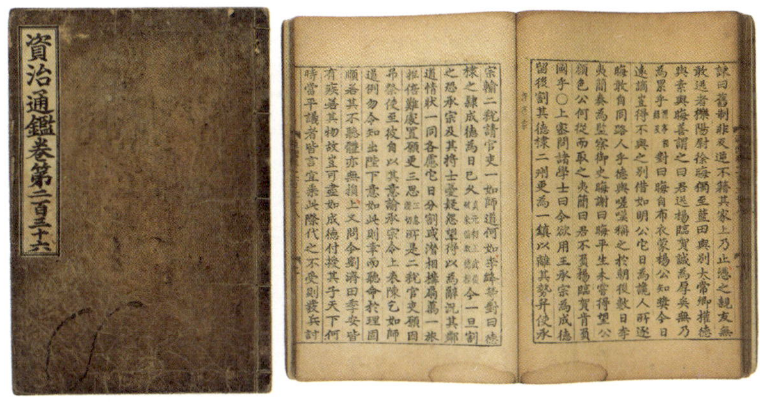

사마광이 편찬한 편년체 중국 통사 「자치통감」

위한 사詞, 무대에서 공연되는 잡극, 일상 언어로 풀어낸 이야기 형식의 통속 문학이 대표적입니다. 이런 문학은 당대 서민들의 감정과 현실, 취향을 반영한 것이었기에 큰 인기를 끌었고, 문학의 다양성과 대중성을 한층 넓혀 주었습니다.

하지만 12세기 초, 북방의 금이 요를 멸망시키고 중원으로 남하하면서 송은 큰 위기를 맞습니다. 특히 1127년에는 황제가 포로로 잡혀가는 '정강의 변'까지 일어나게 되죠. 이 사건을 계기로 송은 화북 지역을 잃고, 남쪽의 임안으로 도읍을 옮겨 '남송'을 세우게 됩니다.

남송은 강남 지역의 경제 개발에 집중하며 큰 번영을 이루었지만, 결국 13세기 몽골의 침입을 막지 못하고 멸망하고 말죠. 하지만 송의 유학과 문화, 경제적 성취는 이후 원과 명을 거쳐 동아시아 문명의 흐름에 지속적인 영향을 주게 됩니다.

요와 금, 북방의 도전자들(916~1234년)

당이 멸망한 뒤, 북방의 유목 민족들은 혼란을 틈타 점차 세력을 확장해 나가기 시작합니다. 그중에서도 10세기 동아시아에서 가장 두각을 나타낸 세력은 바로 거란족이었죠. 거란은 랴오허강 상류에서 유목 생활을 하던 민족으로, 야율아보기가 여러 부족을 통일해 916년 거란국을 세웁니다. 이후 발해를 멸망시키고, 만리장성 이남의 연운 16주를 차지하면서 점차 세력을 넓혀 나가요.

거란은 국호를 '요遼'로 바꾸며 본격적인 정복 왕조로 발전하게 됩니다. 이들은 강력한 군사력을 바탕으로 송을 압박했고, 고려 역시 몇 차례에 걸쳐 침략했죠. 송과는 '전연의 맹약'을 체결해 평화 관계를 유지했는데요. 그 대가로 송은 해마다 막대한 은과 비단을 거란에 바치는 조건을 수용해야 했습니다.

한편 11세기에는 또 다른 유목 계통 민족인 탕구트족이 중국 서북부 지역에 '서하西夏'를 건국합니다. 서하는 비단길을 장악하고, 동서 교역을 중

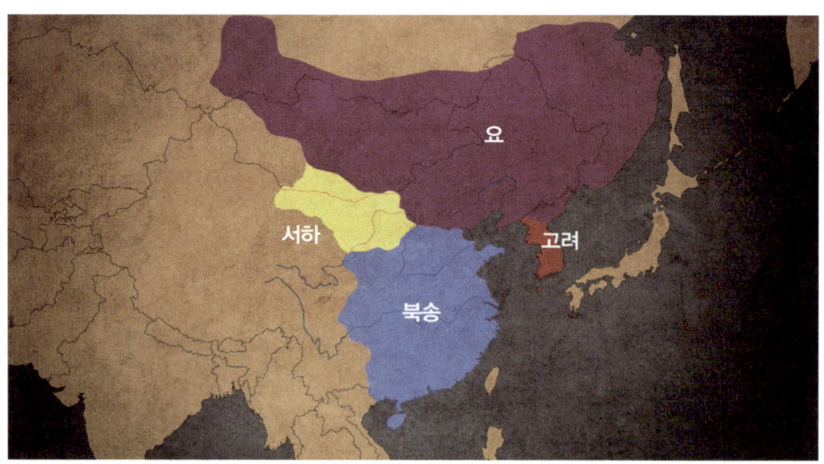

계해 성장했어요. 이웃한 요와는 조공책봉 관계를 맺어 비교적 평화로운 관계를 유지했지만, 송과는 달랐습니다. 송은 서하와 책봉 문제와 교역 갈등으로 전쟁을 벌였지만, 송은 번번이 승리를 거두지 못했어요. 결국 서하와도 화약和約을 맺고, 은, 비단, 차를 매년 바치는 조건으로 평화를 유지하게 됩니다.

이 무렵 지금의 만주 지역에서 성장한 또 다른 민족이 바로 여진족이에요. 여진은 오랫동안 수렵과 농경에 종사하며 살아가던 민족이었고, 요의 지배를 받고 있었죠. 그런데 1115년, 여진의 한 부족이었던 완안부의 아구다가 여러 부족을 통일하면서 '금金'을 건국합니다. 그리고는 송과 연합해 요를 무너뜨린 뒤, 곧바로 송을 배신하고 공격해 큰 충격을 줍니다.

1127년에는 송의 수도 개봉을 함락시키고 황제를 포로로 잡아가는 '정강의 변'이 벌어지는데요. 이 사건은 북송 멸망의 직접적인 계기가 됩니다. 금은 이후 수도를 만주에서 중도(현재의 베이징)로 옮기고, 화북 지역 전체를 장악하며 새로운 강자로 떠오릅니다.

금은 1142년, 남쪽의 송과 강화 조약을 체결해, 마찬가지로 은과 비단을 받는 조건으로 평화 관계를 유지했고, 고려, 서하 등 다른 이웃 나라들과도 조공과 교역을 통해 외교적 관계를 이어갔어요.

요, 금, 서하와 같은 북방 민족 정복 왕조들은 한족 문화에 완전히 동화되는 것을 경계하면서, 자신들만의 언어와 문화를 지키려는 노력을 꾸준히 이어갔습니다. 그래서 이들은 각기 고유한 문자를 만들어 사용했어요.

요(거란)는 거란 문자를 만들어 『거란국사』 같은 역사서를 편찬했고, 금(여진)은 여진 문자를 사용해 한문 서적을 번역하는 등 자신들만의 문화를 체계적으로 보존하려는 시도를 했습니다. 이렇게 문자까지 개발했다는 점

은, 그들이 단순한 유목 부족 연합이 아니라 정치·문화적으로 자립적인 국가로 발전했다는 것을 보여주는 중요한 단서죠.

또 하나 중요한 특징은 이들 국가가 실시한 '이중 지배 체제'입니다. 이건 유목민과 농경민을 각기 다르게 통치하는 방식인데요. 요는 유목민인 자국민(거란족)은 전통적인 부족제를 바탕으로 통치하면서, 동시에 농경에 익숙한 한족은 주현제라는 중국식 지방 행정 제도를 적용해 다스렸어요. 그래서 이걸 '북면관제'와 '남면관제'라고 부르죠. 북쪽은 거란식, 남쪽은 한족식 체제라는 뜻입니다.

금 역시 비슷한 이중 통치를 했습니다. 여진족과 같은 유목민은 '맹안 모극제'라는 전통 부족 군사 제도로 통제했고, 한족과 그 외 농경민은 주현제를 적용해 보다 중앙화된 방식으로 다스렸죠. 이렇게 각 집단의 생활 방식에 맞춰 맞춤형 통치를 하는 정치 체계는 당시로선 꽤 효과적인 행정 전략이었습니다. 동시에 유목민과 농경민 간의 문화적 차이를 존중하는 포용적 체제이기도 했고요.

하지만 시간이 흐르면서 금은 점차 한족 문화에 동화되기 시작했어요.
유학을 장려하고 한식 제도를 도입하는 등 중국식 정치·문화로 옮겨간
결과, 오히려 초기의 강력했던 군사력은 약화되고 맙니다. 그렇게 내부의
동화와 외부의 위협 속에서, 1234년 마침내 남송과 연합한 몽골군의 침공
을 받아 금은 멸망하게 됩니다.

초원을 넘어 세계로 가는 칭기즈 칸의 원

유목민에서 세계 지배자로 우뚝 선 동서 문명의 교차로

· 1206~1368년 ·

칭기즈 칸의 제국 건설

13세기 초, 테무친이라는 한 인물이 몽골 고원에 흩어져 있던 여러 부족들을 하나로 통합해 강력한 세력을 형성하기 시작했어요. 그리고 1206년, 여러 부족의 추대를 받아 '세계의 지배자'라는 뜻의 칭기즈 칸이라는 칭호를 갖게 됩니다. 이때부터 몽골 제국의 탄생이 본격적으로 시작된 거죠.

칭기즈 칸은 초원을 통일한 뒤, 유목민들을 천호제라는 체계적인 사회 · 군사 조직으로 묶었습니다. 1,000호 단위로 나눈 집단을 천호장에게 맡기고, 그 아래 백호장, 십호장을 두는 방식이었어요. 이 체계를 통해 사람들을 통솔하는 동시에 전투력도 효율적으로 끌어올릴 수 있었죠. 그리고 이 천호제 위에 형성된 몽골 공동체를 '울루스'라고 불렀는데요. 원래는 '사람들의 모임'이라는 뜻이었지만 점차 국가의 개념으로 발전해 갑니다.

또 칭기즈 칸은 엄격한 법령을 제정해 질서를 확립하고, 그 위에 강력한 군주권을 세웠습니다. 이처럼 정치와 군사를 모두 장악한 탄탄한 체제를 바탕으로 몽골 제국은 정복 전쟁을 시작하게 되죠.

칭기즈 칸

그는 우선 중국 북부의 서하와 금을 정복했고, 이어서 중앙아시아에 있는 호라즘 왕국을 무너뜨리며 아랄해 남쪽 지역까지 지배권을 확대했습니다. 이후에도 몽골의 원정군은 끊임없이 서쪽으로 진출해, 동쪽의 동해에서부터 서쪽으로는 폴란드와 헝가리 국경에 이르기까지, 유라시아 대륙 전역으로 세력을 확장해 나갔어요.

결국 몽골 제국은 유목 세계와 농경 세계를 모두 포괄하는 초대형 제국으로 성장하게 됩니다. 이렇게까지 넓은 지역을 아우른 국가는 당시로선 전무후무했기 때문에, '유라시아의 통합자'라고 불리기도 했죠.

쿠빌라이 칸과 원의 탄생

칭기즈 칸이 사망한 뒤, 몽골 제국은 여러 울루스로 나뉘어 각기 독립적인 세력을 형성하게 됩니다. 이 중에서도 가장 눈에 띄는 인물이 바로 쿠빌라이 칸, 즉 몽골 제국의 대칸이자 원元의 건국자였어요.

쿠빌라이 칸은 수도를 지금의 베이징에 해당하는 대도로 정하고, 1271년에 '원'이라는 국호를 선포했습니다. 이후 남쪽으로 대리국(현 윈난 지역의 소수민족 왕국)과 남송을 차례로 정복해, 1279년에는 중국 전역을 지배하게 되죠. 이는 유목 민족이 처음으로 중국 전체를 통치한 사례로, 그 역사적 의미가 매우 큽니다.

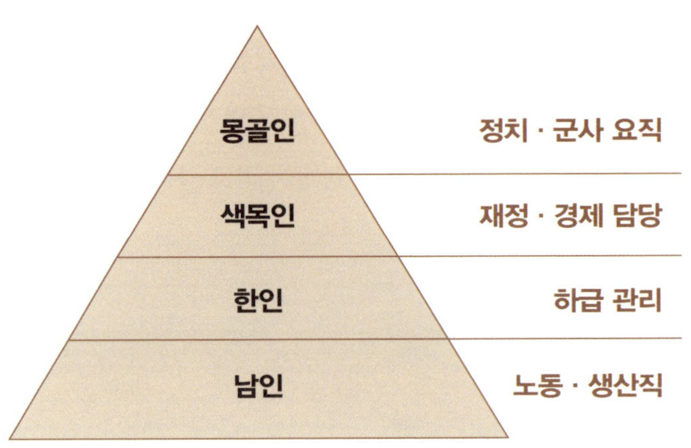

하지만 이때의 몽골 제국은 이전과는 달리, 쿠빌라이의 '원'을 포함해 중앙아시아, 서아시아, 러시아 등지에 세워진 울루스들이 독자적인 세력을 유지하는 느슨한 연합체의 모습으로 변화하게 돼요.

원은 다양한 민족과 지역을 통치하기 위해 중국의 관료제나 주현제와 같은 전통적 행정 체계를 일부 받아들이면서도, 한편으로는 '몽골 제일주

의'에 입각한 차별 정책도 병행했습니다. 몽골인은 최고위직을 독점하고, 재정·행정 업무는 주로 색목인이라 불린 서아시아, 중앙아시아, 유럽 출신 외국인에 맡겼어요. 반면 한족은 금에 복속됐던 이들을 '한인', 남송 출신을 '남인'으로 분류해 상대적으로 강한 차별을 가했습니다. 이런 민족 간 위계 구조는 갈등을 유발하는 원인이 되기도 했죠.

과거제는 원 초기에 폐지됐다가 1315년에 다시 부활하지만, 단 16회만 시행됐고, 총 합격자도 1,139명에 불과했어요. 더구나 시험은 민족별로 따로 진행됐고, 각 계층당 25명만 선발하는 방식이었기 때문에 한인과 남인에게는 등용의 문이 매우 좁았죠. 이로 인해 원 대에는 과거제가 관리 선발의 중심 수단으로 기능하지 못했음을 알 수 있습니다. 사대부들은 중앙 정부에서 활약할 기회가 줄어들었지만, 대신 지방에서 지주층으로서의 지위를 유지할 수 있었습니다.

경제적으로는 농업 장려와 목화 재배 확대로 면직업이 발전했고, 동서 무역과 도시 상업이 활발해지면서 송 대 이후 이어진 대규모 시장 경제가

서상기 삽화

더욱 성장합니다. 특히 남송의 수도였던 임안(항저우)은 국제적인 무역 도시로 번영했죠. 대운하가 수리되면서 항저우에서 대도까지 이어지는 수로망이 완성됐고, 이를 통해 송에서는 수백만 석의 곡물이 해로와 육로로 운송됐습니다.

또한 '교초'라는 종이 화폐가 발행되어 원 전역에서 통용됐는데요. 몽골 문자인 파스파 문자와 한자가 함께 인쇄되고 칸의 인장이 찍혀 있었기 때문에, 교역과 세금 납부에도 널리 쓰이며 화폐 가치의 안정성을 어느 정도 유지할 수 있었어요.

문화적으로도 큰 변화가 있었는데 도시 서민 문화를 배경으로 한 희곡, 즉 '원곡'이 발전합니다. 『서상기』, 『비파기』, 『두아원』 같은 작품들은 서민의 일상과 감정을 구어체로 표현해 큰 인기를 끌었고, 연극과 문학이 서민 사회 전반에 깊숙이 스며들게 됐죠. 이는 송 대의 문학적 흐름을 이어받아 보다 대중적이고 생동감 있는 문화로 발전해 간 중요한 계기였습니다.

원은 여러 민족이 공존하는 제국이었던 만큼 종교와 문화에 대해서도 매우 관용적인 태도를 보였어요. 특히 쿠빌라이 칸은 다양한 종교들이 평화롭게 공존하는 사회를 만드는 것을 중요하게 여겼습니다. 그래서 불교와 티베트 불교(라마교)는 물론이고, 도교, 이슬람교, 경교, 그리고 로마 가톨릭교까지 다양한 종교들이 공식적으로 보호와 존중을 받는 분위기가 형성됐죠. 이러한 정책은 각기 다른 배경을 가진 사람들이 함께 어울려 살아갈 수 있도록 했고, 광대한 제국을 안정적으로 통치하는 데에도 큰 도움이 됐습니다.

게다가 원은 동서 문명이 활발히 오가는 중심지 역할도 했습니다. 원 제국은 몽골 제국이 통일한 광대한 유라시아 대륙을 빠르고 효율적으로 통치하기 위해 교통로를 대대적으로 정비했어요. 제국 전역에는 '역참'이라는 일종의 공식 숙소 겸 교통망 거점이 촘촘히 설치됐고요. 역참은 단순히 쉬는 공간이 아니라, 말을 바꾸고 물자를 공급받으며 공문서를 전달하거나 장거리 여행을 이어갈 수 있는 체계적인 시스템이었어요. 이곳을 이용하려면 '패자'라고 부르는 통행증을 지녀야 했는데, 이 패자를 가진 사람에게는 숙소, 식량, 말, 마차 등 필요한 것들이 제공됐습니다. 덕분에 관리가 먼 지방까지 출장을 가거나 외국 사절단이 이동할 때도 큰 어려움 없이 다닐 수 있었고, 정보와 명령이 빠르게 전달되어 중앙 정부의 통치력도 한층 더 강화될 수 있었죠.

이런 역참망과 교통 체계는 단지 정치와 행정에만 영향을 준 게 아니라,

문화와 기술, 사상, 종교까지 다양한 교류가 이루어질 수 있는 기반이 됐습니다. 이를 통해 원은 단일 민족의 나라가 아닌, 진정한 '다민족·다문화 제국'으로서 기능했던 것이죠.

팍스 몽골리카와 동서 교류

원 대에는 동남아시아와 인도양까지 뻗어나간 해상 무역망이 본격적으로 발전하면서, 항저우·취안저우·광저우 같은 항구 도시들이 크게 번창했어요. 그리고 중국 남부 강남 지역에서 북부 톈진까지 이어지는 연안 해운도 활발해졌고요. 이처럼 육상 교역과 해상 교역이 함께 발전하면서, 수도 대도(지금의 베이징)는 말 그대로 대륙과 바다가 만나는 유라시아 교역망의 중심지로 자리 잡게 됩니다.

이 시기를 가리켜 '팍스 몽골리카Pax Mongolica', 즉 '몽골의 평화'라고 부르는데요. 몽골 제국이 강력한 군사력과 이슬람 상인과의 협력을 바탕으로 유라시아 대륙 전역을 안정적으로 통치하면서, 동서 간의 무역과 여행이 활발하게 이뤄졌던 시기를 뜻합니다. 이때 교황의 사절인 카르피니, 베네치아 상인 마르코 폴로, 모로코의 여행가 이븐 바투타 같은 사람들이 중국을 방문하게 되죠. 그 중에서도 특히 마르코 폴로는 『동방견문록』, 이븐 바투타는 『여행기』를 남겨, 당시 몽골 제국의 생활상과 풍경을 생생하게 전해주고 있어요.

이처럼 사람과 물자가 자유롭게 오가면서 문화적 교류도 크게 확대됐습니다. 중국의 도자기, 비단, 화약, 나침반, 인쇄술 같은 기술이 유럽으로 전해져 유럽의 과학과 예술 발전에 기여했고요. 반대로 이슬람 세계의 천문학, 역법, 수학 같은 학문이 중국에 소개돼 당시 중국 과학 기술의 발전

마르코 폴로　　　　　　　　　　이븐 바투타

에도 큰 영향을 미쳤습니다. 대표적으로 천문학자 곽수경은 천문대를 세워 천체를 관측했고, 이슬람 역법의 영향을 받아 천체 움직임을 기반으로 날짜를 계산하는 '수시력'을 만들기도 했죠. 또 중국의 회화 기법이 페르시아의 세밀화(미니어처 회화)에 영향을 준 사실도 주목할 만합니다.

하지만 14세기에 들어서면서 원은 점점 내부의 균열을 드러내기 시작합니다. 황제 계승을 둘러싼 다툼이 잇따랐고, 지배층의 사치와 낭비로 인해 국가 재정도 급속히 악화됐어요. 이를 해결하고자 정부는 세금을 더 거두고, 지폐(교초)를 대량 발행했지만, 결과적으로 물가만 폭등하고 민생은 더욱 피폐해졌습니다. 이런 상황 속에서 불교 계열 민간 종교인 백련교를 중심으로 한 '홍건적의 반란'이 일어났고, 결국 1368년, 주원장이 이끄는 명에 의해 원은 북쪽으로 밀려나게 됩니다.

명, 혼돈 속에서 피어난 불꽃

주원장의 개혁과 영락제의 팽창
· 1351~1644년 ·

명의 기틀을 다진 주원장의 혁명

14세기 중엽, 중국 전역에서는 원의 지배에 맞선 농민 봉기가 일어났습니다. 이런 혼란 속에서 가난한 농민 출신이던 주원장은 홍건적의 반란에 참여한 뒤, 강남 지역의 반원 세력을 규합해 1368년, 남경(지금의 장쑤성 난징)에서 명明을 세웠죠. 그는 황제에 올라 홍무제라 불렸고, 이후 북벌을 통해 몽골 세력을 만리장성 북쪽으로 몰아내며 한족 왕조의 부활을 이끕니다.

홍무제는 유교 국가를 세우기 위해 전국 곳곳에 학교를 건립해 교육을 장려하고, 과거제도 정비했어요. 또 민중에게는 도덕적 지침이 될 수 있도록 육유라는 유교적 윤리 규범을 반포했는데요. 그 내용은 부모에게 효도하고 웃어른을 공경하며, 이웃과 사이좋게 지내고 자식을 잘 가르치며 각자 맡은 일에 충실하고, 나쁜 짓을 하지 말자는 여섯 가지 훈계였습니다.

이렇게 유교적 가치관을 바탕으로 사회 질서를 세우고자 했던 거죠.

행정과 조세 체계도 정비했습니다. 그는 토지 대장인 『어린도책』과 조세 및 호적 대장인 『부역황책』을 마련해 조세와 요역을 부과했어요. 『어린도책』은 토지의 면적과 모양, 토지 소유자와 경작자, 조세액 등을 매우 상세하게 기록한 토지 대장으로, 다닥다닥 붙은 토지 구획들의 생김새가 물고기 비늘을 뜻하는 어린과 같다고 해서 그런 이름이 붙었고요.

또한 관리들의 부정을 막기 위해 '이갑제'라는 제도를 도입했는데요. 이갑제는 110호의 농가를 한 개의 리로 묶고, 그중 부유한 10호를 '이장호'로 묶어 매년 돌아가며 이장을 맡게 하고, 나머지 100호는 10호씩 '갑수호'로 묶어 매년 돌아가며 갑수를 맡게 한 제도예요. 1명의 이장과 10명의 갑수들은 조세를 걷고, 치안을 유지하며 『부역황책』을 관리하는 등 지역 사회에서 중요한 행정 업무를 맡았습니다. 정부는 이를 통해 각 가구에 공정하게 세금과 노동을 배분하려 했습니다.

무엇보다도 홍무제는 황제 중심의 중앙 집권 체제를 강화하기 위해 여러 개혁을 단행했어요. 중서성(중앙관부)과 재상제(승상)를 폐지하고 행정, 감찰, 군사를 각각 분리해서 황제가 직접 통솔하도록 했죠. 대신 황제를 보좌할 비서 겸 고문으로 '대학사'를 두었는데, 이 제도는 이후 영락제 시기 '내각 대학사'로 발전해 실질적인 재상 역할까지 하게 됩니다.

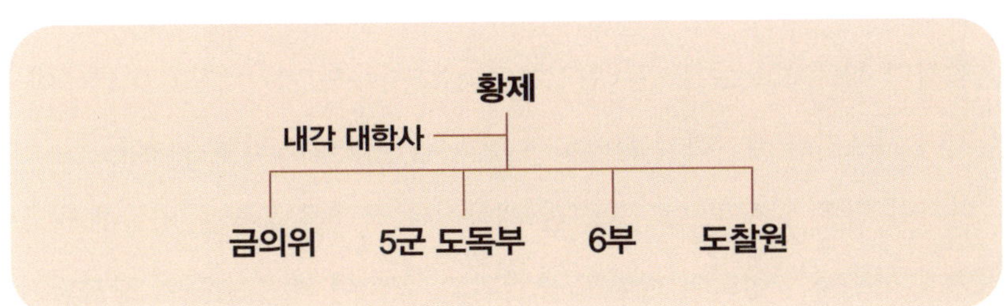

몽골의 침입 가능성도 염두에 뒀습니다. 북방 방어를 위해 자신의 아들들을 여러 지역에 파견해 국경을 지키게 했고요. 동남 연안 지역에는 '해금 정책'을 시행해 민간 해상 무역을 금지하고, 오직 조공 무역만을 허용했습니다. 이 정책은 불법 무역과 해적 활동을 막고, 해상에서도 국가 통제력을 강화하려는 목적이 있었죠.

명, 세계를 향해 나아가다

영락제는 정변을 통해 황제 자리에 오른 인물인데요. 그의 통치하는 동안 명의 국력과 황제의 위상은 절정에 달했습니다. 영락제는 자금성을 새로 지어 수도를 북경(지금의 베이징)으로 옮겼고, 남쪽 강남 지방의 풍부한 물자를 북쪽 수도로 원활하게 운송하기 위해 대운하도 새롭게 정비했어요. 또한 매우 적극적인 대외 팽창 정책을 펼쳤습니다. 직접 군대를 이끌고 북쪽의 몽골 지역을 여러 차례 공격했고, 남쪽으로는 베트남까지 점령하면서 영토 확장을 꾀했죠.

무엇보다 눈에 띄는 것은 정화의 대원정입니다. 영락제는 환관이자 무슬림이었던 정화에게 총 7차례에 걸친 대규모 항해를 명했어요. 당시 정화의 함대는 대형 함선만 60척이 넘고, 소형 선박까지 포함하면 100척이 넘는 규모였으며, 탑승 인원도 무려 2만 7,000명에 달했습니다. 함대는 황제가 내린 하사품을 싣고, 각지에서 조공을 바치는 사절들과 물품도 함께 운송하며 항해했죠. 이를 통해 명은 동남아시아를 거쳐 인도, 아라비아, 심지어 아프리카 해안까지 항해하며 명의 위상을 널리 알렸습니다.

이처럼 명은 일시적으로 강력한 해양력과 국제적 위상을 자랑했지만, 영락제 사후에는 정화의 항해도 중단되고, 곧이어 해금 정책이 강화되면

서 다시 해상 진출을 꺼리는 폐쇄적인 정책으로 돌아서게 됩니다. 정화의 원정이 일시적으로 명의 영향력을 넓히는 데 크게 기여하긴 했지만, 결국 이 대항해는 중국 역사 속에서 짧은 번영으로만 남게 된 셈이에요.

정치적 혼란 그리고 민중의 분노

명의 중기로 접어들면서 무능한 황제들이 계속해서 등장하게 되자, 점차 환관들이 정치의 실권을 장악하게 됩니다. 여기에 북쪽의 유목 민족과 동남 해안의 왜구가 자주 침입하자(북로남왜), 명은 만리장성을 보수하고 강화하기 위해 막대한 국방비를 지출해야 했죠.

16세기 후반, 이런 위기를 타개하고자 내각 대학사 장거정이 개혁을 단행합니다. 그는 전국적으로 토지 조사를 실시하고, 이를 토대로 조세 제도를 일원화한 '일조편법'을 전국으로 확대해 재정을 안정시키는 데 큰 성과를 거두었어요. 일시적으로는 명의 국정이 안정되는 듯 보였죠. 하지만 장거정이 사망한 뒤, 다시 환관들이 정계에 깊이 개입하고, 당파 싸움이 심화

영락제

되면서 정치 혼란이 가중됩니다. 설상가상으로, 임진왜란이 발발하자 조선에 원군을 보내야 했기에 엄청난 재정이 소모됐습니다. 여기에 17세기 들어 만주 지역에서 새롭게 부상한 여진족의 위협까지 더해지면서, 명은 국방비 부담까지 크게 안게 됐고요.

결국 재정을 메우기 위해 세금이 점점 가혹해지고, 기후 악화와 가뭄 등 자연재해까지 이어지자, 농민들의 삶은 점점 더 팍팍해졌습니다. 이러한 압박 속에서 곳곳에서 농민 봉기가 일어났고, 그 중심에 있었던 이자성의 군대가 끝내 북경을 점령하면서 1644년, 명은 역사 속으로 사라지게 됩니다.

청, 강대국의 꿈과 끝없는 불안

내외적 위기와 쇠락의 길
·1616~1804년·

누르하치와 홍타이지의 제국 건설

명의 세력이 점차 약화되던 무렵, 만주 지역에서는 누르하치(훗날 청 태조)가 여진족을 통합하면서 1616년에 후금을 세우게 됩니다. 그 뒤를 이은 홍타이지(훗날 청 태종)는 내몽골을 정복하고 국호를 '청淸'으로 바꿉니다. 이후 자신을 황제로 인정하지 않던 조선을 침략하기도 했죠.

청은 '팔기군'이라는 독특한 군사 조직을 중심으로 강력한 군사력을 키웠습니다. 팔기군은 누르하치가 만든 체제로, 군사와 행정 기능을 함께 갖춘 조직이었어요. 팔기군은 황색·백색·홍색·남색의 네 가지 색과 각각에 별색 테두리를 덧대어 총 여덟 개의 깃발로 구분되는 조직이었습니다. 이 조직은 초기에는 만주족 위주였지만, 시간이 지나면서 몽골족과 한족도 포함되며 그 규모가 확장됩니다. 팔기군에 속한 병사들은 특별한 호적에 등록돼 있었고, 토지 분배 같은 여러 혜택을 누릴 수 있었죠.

건륭제와 팔기군

1644년, 명이 멸망한 후 청은 곧바로 베이징을 점령하고 그곳을 수도로 삼아 본격적인 통치를 시작합니다. 이후 청은 명의 옛 영토를 차례로 점령하며, 명보다 훨씬 더 광대한 영토를 다스리는 대제국으로 성장해 나가죠. 청의 강희제는 오삼계 등이 일으킨 '삼번의 난'과 대만의 반청 세력을 진압해 내적 안정을 이뤘고, 시베리아로 진출한 러시아와는 1689년 '네르친스크 조약'을 체결해 국경을 확정 지었습니다.

강희제의 뒤를 이은 옹정제는 '군기처'를 설치해 군사 문제를 직접 통제하고, '비밀 상주문 제도'를 도입해 황제에게 모든 정보와 결정권이 집중되게 했어요. 동시에 조세 제도를 정비하는 '지정은제'로 경제 기반도 다졌습니다.

청의 전성기는 건륭제 때에 이르러 절정에 달합니다. 티베트 · 신장 · 몽골 등지까지 정복하며 오늘날 중국 영토의 틀을 완성했고, 다양한 민족이

공존하는 다민족 제국을 완성했죠. 이런 복잡한 구성 속에서 청은 두 가지 통치 방식을 동시에 활용했습니다. 한족이 많은 중앙 직할지에는 군현제를 그대로 유지하면서 직접 지배했고, 티베트·몽골·신장처럼 주변부(번부) 지역은 그 지역의 토착 지배자를 매개로 간접 통치하는 '번부 제도'를 운영했어요. 이렇게 해서 청은 민족 간 균형을 유지하면서도 만주족의 정체성과 지배 권력을 유지할 수 있었던 겁니다.

청은 동아시아와 동남아시아 국가들과 조공책봉 관계를 강화함으로써 동아시아의 질서를 주도했어요. 그 나라들은 청에 조공을 바치고, 청은 이들을 공식적으로 인정하고 보호하는 상호 의존적 관계를 유지했죠. 이와 달리 조공책봉 체제에 포함되지 않은 국가들, 특히 일본과 서양 국가들과는 무역을 통해서 교류했습니다.

18세기 중반, 건륭제는 서양 선박의 내항을 광저우(광주) 항으로 제한하고, 상인 조합인 '공행'을 통해 무역을 관리했습니다. 이에 대응해 영국은 자국의 부진한 대중국 무역을 개선하고자 1793년 청에 '매카트니 사절단'

을 파견했죠. 사절단은 공행을 통한 무역의 독점을 폐지하고, 보다 자유로운 무역 환경을 조성할 것을 요구했습니다. 하지만 건륭제는 "중국은 물산이 풍부해 외국 물산에 의지할 필요가 없다. 또한 지금 차, 도자기, 견사 등의 무역도 양국 간 대등한 교역이 아니라 청이 은혜를 베풀어 허용하는 것에 불과하다"라고 주장하며 영국의 요구를 단호하게 거절했습니다.

소수의 만주족이 세운 왕조인 청은 압도적 다수인 한족을 효과적으로 다스리기 위해 강경책과 회유책을 적절히 활용했습니다. 강경책으로는 만주족에 대한 복종을 상징하는 변발과 호복을 강요함으로써 만주족의 지배력을 강화하고 한족의 정체성을 약화시켰습니다.

> 지금 안팎이 통일돼 일가가 됐으니, 임금은 부모와 같고 백성은 자식과 같아졌다. 부모와 자식은 한 몸인데 어찌 차이가 있겠는가? 만일 한결같이 되지 못하고 마침내 두 마음을 품으면 다른 나라 사람과 같이 되는 것이 아닌가? 지금부터 수도 안팎은 10일, 그 밖의 지역은 명령서가 도착한 날로부터 10일 이내에 변발하라. 그에 따르는 자는 우리나라의 백성으로 간주하고 거역하면 엄하게 벌할 것이다.
>
> _『세조실록』

청은 '문자의 옥'을 통해 한족의 사상을 통제하기도 했어요. 문자의 옥은 청 왕조를 비방하거나 만주족의 정통성을 부정하는 행위를 엄격하게 처벌한 청의 공포정치를 일컫습니다. 청은 특정 문자·용어·어구·문구의 사용을 금지하고, 이를 위반한 사람들을 탄압했죠.

동시에 회유책의 일환으로, 일부 주요 관직에 만주족과 한족을 동일한 비율로 임명하는 '만한 병용제'를 시행해 양 민족 간의 조화를 추구했습니다. 또한 전통적 유교 문화를 존중하고 과거제를 실시해 한족 지배 세력인 '신사'층의 협조와 지지를 확보했습니다.

> 내각 대학사는 만주인과 한인 각 2명, 협판 대학사는 만주인과 한인 각 1명, 학사는 만주인 6명과 한인 4명, 전적은 만주인·한인·한군 팔기에서 각 2명이 임명됐다. 시독 학사는 만주인 4명과 몽골인·한인 각 2명이 임명됐다. 중서는 만주인 70명과 몽골인 16명, 한군 팔기 8명이 임명됐다. 첩사 중서는 만주인 40명과 몽골인 6명이 임명됐다. (…) 6부 상서와 좌·우 시랑 모두 만주인과 한인이 각각 1명씩 임명됐다.
>
> _자오얼쉰 외 『청사고』

하지만 영광의 시기도 영원하진 않았습니다. 건륭제 이후, 내부 반란과 재정 악화, 군사력 악화가 동시에 찾아옵니다. 대표적인 예가 '백련교의 난'이었죠. 이 반란은 진압되긴 했지만, 청의 재정은 크게 흔들렸고, 오랜 기간 제국의 무력을 책임졌던 팔기제도 더 이상 예전의 위력을 발휘하지 못하게 되면서 청은 점차 쇠퇴의 길로 접어들게 됩니다.

명·청의 세상,
상업·문화가 뒤흔든 변화

농업과 상업의 발전
· 1368~1912년 ·

신사층의 역할과 사회적 특권

　명·청 대에 등장한 신사층은 사회의 지배층으로서 정말 중요한 역할을 하게 됩니다. 명 대부터 학교와 과거제가 본격적으로 결합되면서 신사층이 형성됐는데요. 이들은 치열한 입시 경쟁을 거쳐 학위를 얻고, 그 학위를 바탕으로 관직에 진출할 수 있는 기회를 갖게 됐죠. 하지만 시간이 지나면서 학위 소지자가 너무 많아지다 보니, 실제로 관직에 나아가지 않고 고향에 남아 지역 사회에 안주하는 경우도 많았어요. 이들은 세금 징수나 치안 유지, 빈민 구제, 공공사업 감독, 향촌 교화 같은 지방 행정에 적극적으로 참여하면서 사실상 지역의 실세 역할을 하게 됩니다. 그러면서도 일정한 부역 면제나 경미한 법적 처벌의 면제 같은 사회적 특권을 누렸고요. 또 경제적으로는 대토지를 소유하거나 고리대(이자 장사)를 통해 이익을 추구하기도 했습니다.

중앙 정부 입장에서 신사층은 정부 정책을 지역에 전달하고 실행해 주는 연결고리였고, 지역 백성들 입장에서는 자기들의 이익을 대변해 주는 목소리였던 셈이에요. 실제로는 중앙에서 임명한 지방관일지라도, 지역 신사의 협조 없이는 제대로 행정을 펼치기 어려울 정도로 신사층의 영향력은 컸고요. 특히 명 중기에 들어서면서 촌락 자치 조직인 이갑제가 붕괴되자, 신사의 영향력은 더더욱 확대됐습니다. 이후 20세기 초 과거제가 폐지될 때까지, 이들의 사회적 지위와 역할은 계속 이어졌죠.

농업 발전과 상공업의 성장

명·청 대에는 농업 생산을 적극적으로 장려했습니다. 특히 창장강 중·상류 지역에서는 강과 호수 주변의 토지 개간과 수리 시설 개발이 활발히 이뤄지면서 쌀 생산량이 크게 늘었고요. 또 아메리카에서 옥수수, 고구마, 감자, 땅콩 같은 새로운 작물이 들어오면서 식량 생산이 한층 향상됐습니다. 이 시기에는 차, 담배, 사탕수수 같은 상품 작물도 대규모로 재배되면서 농업이 단순한 자급자족을 넘어서 상업적 성격까지 띠게 됐죠.

이처럼 농업 생산력의 향상은 인구 증가로 이어졌는데요. 청의 강희제는 1711년의 성년 남성의 수를 기준으로 삼고, 그 이후 증가하는 인구에 대해서는 인두세 면제를 선언했어요. 사람 수에 따라 세금을 매기던 방식에서 벗어나니 인구는 더욱 폭발적으로 증가했습니다. 대신 청은 토지세에 인두세를 합산해 은으로 세금을 내는 '지정은제'를 실시했죠. 이 지정은제는 청의 세금 체계를 더 효율적이고 현대적인 형태로 바꾸는 계기가 됐습니다.

한편 인구가 빠르게 늘어나면서 변경 지역으로의 이주와 개발도 활발해졌습니다. 하지만 그 과정에서 토착민과 이주민 사이의 갈등이 생기며 사회적 불안이 커지기도 했어요. 또 인구 밀도가 높은 동남 연안 지역에서는 삶의 터전이나 경제적 기회가 부족해진 일부 주민들이 동남아시아로 이주하면서 화교 사회를 형성하기도 했습니다.

송 대부터 곡창 지대가 형성된 창장강 하류 지역은 명·청 대에 들어 면직업과 견직업 같은 수공업이 발달하고, 도자기 생산도 활기를 띠게 됩니다. 이로 인해 상공업 중심지로 성장하면서 식량 부족 현상이 발생했고, 문제를 해결하기 위해 중·상류 지역에서 식량을 사오는 흐름이 나타났어요. 그렇게 되면서 중·상류 지역은 새로운 곡창 지대로 개발됐고, 하류 지역과 중·상류 지역의 산업적 분화가 뚜렷해집니다. 이 과정에서 목화, 차, 사탕수수 같은 상품 작물이 재배되며 장거리 국내 교역이 활발해졌어요. 대운하와 창장강은 그 물자를 실어나르는 핵심 운송 경로 역할을 했습니다.

또한 이 시기에는 쑤저우, 양저우 같은 대도시뿐만 아니라 '시진'이라고 불리는 소규모 상공업 도시들도 출현했습니다. 그리고 산시 상인, 후이저우 상인처럼 각 지역을 대표하는 상인 집단이 전국적으로 등장했는데요. 이들은 소금 전매 같은 국가 후원 사업에 참여해 큰 부를 축적하고 전국적인 유통망의 중심이 됐습니다. 그들은 각지에 '회관'이라는 동향 조직과 '공소'라는 동업 조합을 설립해 유대를 강화하고 경제적 이익을 보호했어요. 회관은 같은 고향 출신 상인들이 친목과 상부상조를 도모하던 공간인데, 이를 통해 전국적인 네트워크가 형성되며 상인들의 사회적 영향력도 커지게 됩니다.

국제 무역과 문화 교류의 확대

명·청 대의 정부는 '해금 정책'을 통해 개인의 해외여행이나 해상 무역, 어업 활동을 엄격히 제한했습니다. 대신 조선과의 조공 무역, 일본과의 감합 무역 등 제한된 형태의 무역만 허용했어요. 감합 무역은 정부에서 발행한 인증 문서인 '감합'을 소지한 선박만이 무역에 참여할 수 있도록 한 제도로, 무역을 정부가 통제하려는 의도가 담겨 있었죠. 하지만 중·후기에 들어서면서 해금 정책은 점차 느슨해졌고, 사무역이 확대됐습니다. 특히 16세기 신항로 개척 이후에는 이슬람 상인뿐 아니라 유럽 상인들도 중국 무역에 본격적으로 참여하면서 중국 동남부 연안, 일본, 동남아시아를 잇는 교역이 매우 활발해졌습니다.

국제 무역이 확대되면서 중국의 비단, 면직물, 차, 도자기 등이 수출됐고, 아메리카와 일본산 은이 그 대금으로 대량 유입됐어요. 은은 화폐로 널리 사용되면서 농촌까지 깊숙이 침투했고, 세금도 점점 은으로 내게 됩니다. 그 결과 명 말기에는 '일조편법', 즉 여러 항목의 세금을 통합해 은으로 납부하는 제도가 도입됐고, 청 대에는 '지정은제'라는 방식으로 인두세를 토지세에 합산해 은으로 납부하게 되죠.

이 시기 명에서는 유학자 왕수인(왕양명)이 당시 관학의 주류였던 성리학을 비판하고, 양명학이라는 새로운 학문을 제창했습니다. 양명학은 경전 해석보다 개인의 깨달음과 실천을 중시했어요. '마음이 곧 이치'라는 심즉리설과, '알고 있는 것은 곧 실천돼야 한다'는 지행합일을 내세우며 이론과 행동의 일치를 강조했죠. 특히 인간의 본질은 평등하다는 양명학의 사상은 서민들로부터 큰 지지를 받았습니다.

명 말기에는 서양 문물의 도입과 함께 실용 지식에 대한 관심도 높아져

식물학, 농학, 지리학 등 여러 학문이 발전했어요. 이 시기에 나온 대표적인 저서로는『본초강목』,『농정전서』,『천공개물』등이 있습니다. 특히『천공개물』은 송응성이 편찬한 기술 백과로, 중국 전통 산업 기술을 그림과 함께 상세히 소개한 중요한 과학 서적이죠.

청 초기에는 황종희와 같은 학자들이 전제 군주제를 비판했고, 고염무는 실용 중심의 경제 사상을 주장했습니다. 하지만 이민족인 만주족의 지배가 지속되자, 학자들은 현실 정치와 거리를 두려는 경향이 강해졌고, 학문은 점차 문헌에 기초한 실증적 연구, 즉 고증학의 발달로 흘러갑니다. 이런 분위기 속에서『고금도서집성』,『강희자전』,『사고전서』같은 대규모 관찬 서적 발행 사업이 이뤄졌어요. 특히『사고전서』는 건륭제 때 완성된 8만 권 분량의 방대한 총서로, 학문 진흥의 목적도 있었지만 동시에 청 왕조에 대한 비판 내용을 검열하고자 하는 목적도 담고 있었습니다. 한편 19세기로 들어서며 현실 정치 문제에 대한 관심이 높아지자 공양학이 주목받게 되는데요. 공양학은 공자 학파의 공양전 해석을 바탕으로 현실 개혁을 강조한 유학의 한 흐름입니다.

이 무렵 상공업의 성장과 도시의 번영으로 서민들의 사회적 지위도 상승했고, 연극 같은 대중문화가 크게 발달합니다. 명·청 대에는 도시뿐 아니라 농촌에서도 연극이 인기를 끌었는데, 특히 청 대에는 베이징을 중심으로 경극이 유행하게 됩니다. 경극은 노래, 춤, 연기가 결합된 전통 예술로, 극 중 여성 역할을 아름다운 외모의 남성이 맡는 특징이 있죠.

서적 출판도 활발해져, 서민을 위한 문학 작품이 널리 퍼졌습니다. 명 대에는『수호전』,『서유기』,『삼국지연의』,『금병매』, 청 대에는『홍루몽』같은 작품이 등장해 서민 문학의 대표작으로 자리 잡았어요.

수호전　　　　　서유기　　　　　삼국지연의　　　　　금병매

　한편 로마 가톨릭에서 파견한 예수회 선교사들은 단순히 포교 활동에 그치지 않고 서양의 과학 기술을 중국에 전파하는 데 큰 역할을 했습니다. 이들은 천문학, 역법학, 지리학뿐 아니라 총·대포 같은 군사 기술도 전파했는데요. 이 중 '홍이포'는 당시 동아시아의 전쟁 방식에 큰 변화를 가져온 무기였습니다.

　마테오 리치는 명 말기 베이징에 당도한 첫 예수회 선교사로 가톨릭 교리를 번역한 『천주실의』를 저술하고, 목판 지도인 '곤여만국전도'를 제작했습니다. 곤여만국전도는 중국을 중심에 배치하면서도 전 세계의 지리를 객관적으로 보여주는 지도였기 때문에, 중국인들의 중화 중심 세계관을 유지하면서도 기존의 좁은 세계 인식을 확장시키는 데 큰 역할을 했죠. 이 지도는 한국과 일본에도 전해져 동아시아 세계관 전반에 영향을 미쳤습니다. 그 외에도 마테오 리치는 서광계와 함께 유클리드의 『기하원본』을 번역해 서양 수학을 중국에 소개했습니다.

　청 초기에는 가톨릭 신부 아담 샬이 청 초 황실 천문대에서 역법 개정과 천문 기기 제작을 이끌었습니다. 또 서양 회화 기법의 유입으로, 중국 미술에도 원근법과 음영 표현 같은 변화가 나타났어요. 이처럼 명·청 시기

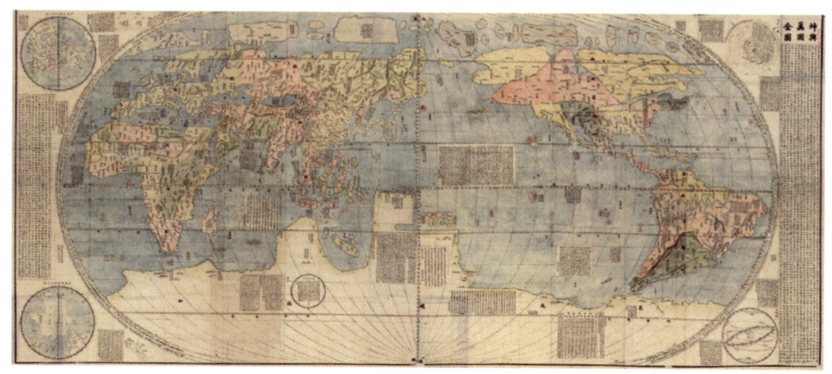

곤여만국전도

를 거치며 동서 문화 교류가 활발히 이뤄졌고, 이는 중국 사회 전반에 걸쳐 중요한 변화를 불러왔습니다.

하지만 선교사들 사이에서는 조상 제사와 같은 중국의 전통이 가톨릭 교리에 어긋나는지 여부를 두고 '전례 문제'가 발생했습니다. 일부 선교사들은 이러한 풍습이 우상 숭배와는 다르다고 보며 중국의 문화적 관습을 수용할 것을 주장했으나, 일각에서는 중국의 전통적 의례를 용납할 수 없다고 반대했죠. 반대 주장이 교황청의 결정으로 이어지면서, 교황 클레멘트 11세는 조상 숭배 행위를 금지하는 교령을 발표했습니다.

제사는 미신이므로 어떠한 경우라도 크리스트교도는 (…) 참석해서는 안 된다. (…) 또한 크리스트교도는 가정의 위패 앞에서건, 산소 앞에서건, 장례식에서건 고인의 영예를 기리기 위해 제사상을 차리거나 절을 해서는 안 된다.

_1715년 교황 클레멘스 11세 교령

1715년에 발표된 교황 클레멘스 11세의 교령을 통해 중국인의 전통 제사에 대한 크리스트교의 입장을 확인할 수 있습니다. 이 논쟁은 여러 크리스트교 교단의 선교회 사이에서 주도권 다툼으로 번졌고, 결국 교황과 옹정제 간의 갈등으로까지 확대됐어요. "지방의 각 성에 있는 선교사 중 역법과 특별한 기능에 능통한 자는 베이징으로 올려 보내 쓰고, 나머지는 모두 마카오로 보내소서. 천주당은 모두 공소로 바꾸고 크리스트교에 입신한 자는 해당 지방관이 엄히 금지하며, 전처럼 모여서 『성서』를 읽으면 중죄로 다스리소서"라는 신하의 요청에 옹정제는 흔쾌히 비답을 내려 "주청한 대로 하라" 했습니다. 1723년에 발표한 옹정제의 금교령을 통해 교황과 황제 사이의 갈등을 엿볼 수 있습니다.

이후 청 황제는 크리스트교가 중국의 전통과 조화롭게 공존할 수 없다고 판단하고, 궁정에서 봉사하는 일부 선교사를 제외한 대다수의 서양 선교사들을 추방했습니다. 이로 인해 청과 서양 간의 문화 교류는 오랜 기간 중지됐죠.

아편 전쟁, 영국과 청의 치열한 충돌

외세의 침략과 내부 붕괴의 비극
·1839~1860년·

청의 경제적 위기 그리고 아편의 등장

18세기 후반 이후, 청은 인구가 급격히 늘어나면서 토지가 부족해지고, 많은 농민이 경제적으로 큰 어려움을 겪게 됩니다. 여기에 관리들의 부정부패까지 겹치면서 정부의 효율성과 권위도 함께 약화됐죠. 게다가 서양 열강의 동아시아 침략과 백련교도의 난을 비롯한 농민 반란이 잇따르면서 청은 점점 쇠퇴의 길로 접어들게 됩니다.

이 시기 청 정부는 외국과의 무역을 통제하기 위해 광저우(광주)에서 '공행'이라는 특허 상인 제도를 운영했습니다. 또한 영국은 중국에서 차, 도자기, 비단을 대량으로 수입하면서 막대한 양의 은을 중국에 지불하고 있었어요. 이로 인해 무역 적자에 시달리던 영국은 여러 차례 사절단을 보내 무역 자유화를 요구했지만, 청 정부는 이를 거절했습니다.

그러자 영국은 새로운 방식으로 대응하게 되는데요. 자신들의 식민지였

영국 동인도회사의 증기선 네메시스가 청의 정크선을 파괴하는 모습을 묘사한 그림

던 인도에서 생산한 아편을 중국에 밀수출하는 이른바 '삼각 무역'을 시작한 겁니다. 이로써 중국에서 은을 다시 되돌려 받아 무역 적자를 해소하려 했죠. 하지만 청의 입장에서 아편 유입은 단순한 무역 문제가 아니었습니다. 중국 사회 전반에 아편 중독자가 급격히 늘어나고, 국내의 은이 대량으로 빠져나가며 국가 재정에도 큰 구멍이 생기게 됐죠. 결국 청 정부는 위기의식을 느끼고 고위 관료 임칙서를 광저우에 파견합니다. 그는 아편을 몰수하고 모두 폐기했으며, 영국 상인의 무역을 전면 금지하는 등 강력한 조치를 취하게 됩니다.

아편 전쟁과 불평등 조약의 결과

1840년, 영국은 청과의 무역을 더욱 확대하기 위해 전쟁을 일으켰는데요. 이것이 바로 '아편 전쟁'입니다. 이 전쟁에서 패한 청은 1842년, 영국과 난징 조약을 체결하게 되죠. 난징 조약은 청이 서양과 맺은 최초의 근대적 조약이자, 대표적인 불평등 조약입니다. 이 조약으로 인해 청은 기존의 공행 제도를 폐지해야 했고, 홍콩섬을 영국에 넘겨주는 한편 막대한 배상금도 지급해야 했어요. 또 상하이, 닝보, 푸저우, 샤먼, 광저우 등 다섯 개 항구를 열어 외국과의 무역을 허용하게 됩니다.

이듬해인 1843년에는 영국과 추가 조약을 맺어 청 내의 영국인이 자국법에 따라 재판을 받는 치외법권과, 다른 나라에 적용한 가장 유리한 대우를 영국에도 자동으로 적용하는 최혜국 대우까지 인정하게 됩니다. 이후 미국과 프랑스도 청과 유사한 조약을 체결하며 중국은 점점 더 국제적으로 많은 제약을 받게 됐죠.

- 영국 국민은 광저우·샤먼·푸저우·닝보·상하이 등 5개 항구에 거주할 수 있으며, 방해를 받지 않고 무역에 종사할 수 있다.
- 영국 여왕에게 홍콩을 넘겨줘 영국 여왕이 정하는 법률로서 통치한다.
- 앞으로는 공행하고만 거래하는 관행을 폐지한다.

_난징조약

하지만 청 정부는 조약 체결 이후에도 무역 관련 약속을 성실히 이행하지 않았고, 영국은 이를 빌미로 1856년 제2차 아편 전쟁을 일으켰습니다. 전쟁의 직접적인 계기는 애로호 사건이었어요. 영국 국기를 달고 밀수하던 중국인 소유의 애로호에서 청 정부가 영국 승무원을 연행하고 영국 국기를 내린 사건이었습니다. 영국은 이를 영국에 대한 모욕으로 간주하고 프랑스와 연합해 톈진과 베이징을 차례대로 점령하며 청을 다시 공격하게 됩니다.

결국 청은 1858년 톈진 조약을 체결하며 10개의 항구를 추가로 개방하고, 크리스트교 포교를 인정하며, 외교 사절의 베이징 주재까지 허용하게 됩니다. 그런데 이 조약을 확정 짓는 비준 과정에서 청이 조약 파기를 요구하자, 영국과 프랑스는 다시 군대를 동원해 1860년에 베이징까지 점령하고, 강제로 조약을 다시 확인하는 베이징 조약을 체결합니다. 이때 영국은 주룽반도의 일부를 추가로 얻었고, 이 과정에서 러시아는 중재의 대가로 연해주를 확보하게 되죠.

결국 두 차례의 아편 전쟁은 중국이 점점 반식민지 상태로 전락하게 되는 계기가 됐고, 동시에 러시아가 극동 지역으로 세력을 확장하는 발판이 됐습니다.

태평천국,
거대한 꿈과 청의 몰락

태평천국 운동과 양무운동, 청의 위기와 도전
·1851~1895년·

유토피아를 꿈꾼 농민들의 태평천국 운동

청은 제1차 아편 전쟁에서 영국에 패하면서 국제적인 위신이 크게 떨어졌습니다. 전쟁이 끝난 뒤엔 서양 물품들이 쏟아져 들어오고 물가는 오르기 시작했죠. 게다가 청 정부가 아편 전쟁의 배상금을 충당하려고 농민들에게 세금을 더 많이 걷게 되면서, 백성들의 삶은 점점 더 어려워졌습니다. 이런 상황에서 농민들의 불만이 커졌고, 전국적으로 반란이 잇따라 일어나게 된 거예요.

그중에서도 가장 큰 영향을 끼친 건 홍수전이 이끈 태평천국 운동이었습니다. 크리스트교 신앙을 바탕으로 상제회라는 조직을 만든 홍수전은 유교 이념과 만주족의 지배를 모두 타파하자며 1851년 태평천국 건설을 선언하게 되죠. 이 운동은 '만주족을 몰아내고 한족의 나라를 세우자'는 멸만흥한의 구호와 중국을 다시 하나로 통합하고 새로운 사회를 만들자는 이상을 내걸었습니다.

태평천국의 군대는 남부 광시성에서 출발해 세력을 빠르게 확장했고, 결국 난징을 점령해 수도로 삼습니다. 이들은 강남 지역을 근거지로 삼아 엄청난 세력을 형성하게 되죠. 태평천국 군은 단순한 반란 세력이 아니라 구체적인 개혁 구상도 가지고 있었어요. 대표적인 게 바로 '천조전무 제도'입니다. 이 제도는 토지를 골고루 분배해 모든 백성에게 균등한 기회를 제공하고, 남녀평등을 실현하며, 신분제도를 철폐하는 내용을 담고 있었어요. 또한 변발, 전족 같은 악습 폐지를 주장해 농민들로부터 폭넓은 지지를 얻게 됐습니다.

태평천국은 난징을 중심으로 중국 동남부에서 세력을 형성했고, 초기에는 상당한 성공을 거두었습니다. 하지만 한족계 정치인 이홍장과 증국번을 중심으로 한족 관료세력과 신사층이 조직한 임시 군사 조직인 향용과 제2차 아편 전쟁 후 서양 군대와 협력한 청 정부의 공격으로 1864년 태평천국은 완전히 붕괴됐습니다.

양무운동을 통한 근대화 도전과 한계

아편 전쟁과 태평천국 운동을 겪으면서, 청은 서양이 가진 과학 기술의 우수성과 국가적 위기를 뼈저리게 실감하게 됩니다. 특히 제2차 아편 전쟁 이후, 더 이상 기존 방식으로는 나라를 지킬 수 없다는 자각이 퍼지면서, 청 정부도 조금씩 근대화와 개혁의 필요성을 받아들이게 됐죠.

그 흐름 속에서 청은 외국과의 외교와 협상을 전문적으로 담당하는 중앙 정부 기관인 총리아문을 새롭게 만들고, 서양의 기술과 제도를 받아들여 '자강하자!'는 목표 아래 양무운동(자강운동)을 추진하게 됩니다. 이 운동은 태평천국을 진압하는 데 중요한 역할을 했던 이홍장, 증국번 같은 한족 출신 고위 관료들이 중심이 되어 이끌었어요.

양무운동 초기에는 주로 군사력 강화에 초점이 맞춰졌습니다. 서양식 군대 및 해군 창설에 집중하며 군대를 현대식으로 재편하려고 했죠. 그런데 시간이 지나면서 경제 부문에도 관심이 확대돼요. 기선 회사를 설립해 사람과 물자를 상업 선박으로 실어 나르는가 하면, 방직 공장 등 민영 기업 운영을 통한 경제 발전을 도모하기도 합니다. 교육 개혁에도 나섰는데 신식 학교를 세우고, 유학생을 유럽이나 일본 등 외국에 파견하면서 새로운 지식을 받아들이려 노력했죠.

문제는 갈수록 체계적이고 중앙 집중적인 추진이 부족해졌다는 점이에요. 정책 대부분을 지방 관료들이 따로따로 추진하다 보니, 방향이 제각각이고 효율성이나 일관성이 떨어졌어요. 게다가 대부분의 기업도 민간이 아니라 관료가 직접 운영했으므로 운영의 효율이 떨어졌죠. 무엇보다 '중국의 전통을 중심에 두고, 서양의 기술만 빌려오자'는 이른바 중체서용론은 양무운동이 끝까지 뛰어넘지 못한 한계였습니다. 쉽게 말해 겉모양만

청·일 전쟁

바꾸고 본질은 바꾸지 않으려 한 셈이죠. 이런 제한된 개혁은 결국 청·일 전쟁(1894~1895년)에서 청이 일본에 패하면서 한계를 명확하게 드러내고 말았습니다.

세계 여러 나라가 시대를 같이하며 어깨를 나란히 하고 있다. 하지만 오로지 서양의 몇몇 국가들만 독자적으로 부강한 까닭은, 그 국가들이 서로 비슷하고 실행하기도 쉬운 장점이 크게 두드러진 결과가 아니겠는가? 만약 중국의 윤상명교(유교적 가치)를 근본으로 삼고, 외국이 부강해진 기술을 가지고 이를 보강한다면 가장 좋은 방법이 아니겠는가?

_풍계분 『교빈려항의』

풍계분의 『교빈려항의』를 보면 중체서용론의 요지를 알 수 있습니다. 또한 당시 대학사였던 왜인倭仁이 올린 상주문을 보면 양무운동 반대 세력의 입장도 확인할 수 있습니다.

자질구레한 기예를 추구하고 서양 오랑캐를 스승으로 삼는다는데 (…) 가르치는 사람이 열심히 가르치고 배우는 사람이 열심히 배운다고 한들 술수를 배운 사람이나 만들 뿐입니다. (…) 이를테면 천문이나 산학(수학)을 배워야 한다면 널리 구해 반드시 정통한 사람을 채용할 수 있을 터인데, 굳이 오랑캐를 스승으로 삼아야 한다는 말입니까?

_대학사 왜인이 올린 상주문

변법자강 vs 의화단, 개혁이냐 저항이냐

청의 근대화 시도와 반외세 저항
·1898~1901년·

양무운동의 한계와 변법자강 운동의 전개

청은 청·일 전쟁에서 일본에 참패하고, 결국 대만을 일본에 할양하고 막대한 배상금까지 물게 됩니다. 이 충격은 말 그대로 중국 사회 전체를 뒤흔들었죠. 그 틈을 타 서양 열강들이 앞다퉈 중국의 이권을 차지하려고 달려들면서 중국인들의 위기의식이 증폭됩니다. 이때 중국 안에서는 '이제 단순히 서양 기술만 따라 해선 안 된다. 정치, 사회 전반의 구조 자체를 근본부터 뜯어고쳐야 한다'는 목소리가 커졌고, 그 흐름 속에서 바로 '변법자강 운동'이 시작됩니다.

이 운동을 주도한 인물은 공양학자이자 개혁 사상가 캉유웨이와 량치차오예요. 이들은 일본의 메이지 유신을 벤치마킹하면서, 입헌군주제, 의회 제도, 신식 교육과 근대적 법률 제도, 그리고 서양식 군대 조직까지 도입하자고 주장했어요. 다시 말해, 중국을 근대적 국민 국가로 탈바꿈시키려는 전면적인 개혁을 시도한 거죠.

사람들은 서양의 병사와 말의 강건함, 함선과 대포의 예리함, 기계의 신기함만을 보면서 그들이 세계를 쟁패할 수 있다고 생각한다. 하지만 가장 근본은 그들이 정치를 운영하는 데 있다. 의회를 설립해서 백성의 뜻을 하나로 뭉쳐 민기를 강하게 만들었을 뿐이다.

_정관잉『성세위언』

이런 움직임은 1898년, 청의 젊은 황제 광서제의 지지를 등에 업고 본격화됐는데, 역사에서는 이를 '무술개혁'이라고 부릅니다. 하지만 안타깝게도 이 개혁은 오래가지 못했어요. 보수 세력의 중심인 시타이후(서태후)가 개입하고, 정치·군사적으로 실세였던 위안스카이까지 가세하면서 결

시타이후　　　　　　　　　　　위안스카이

국 광서제는 유폐되고, 변법자강 운동은 겨우 100일 만에 중단되고 맙니다. 그래서 이 개혁을 '100일 천하'라고도 부르죠.

의화단 운동과 서구 열강의 개입

변법자강 운동의 실패, 크리스트교의 확산, 여기에 서구 열강의 침략과 이권 침탈까지 겹치면서, 중국 사회 안에서는 반외세 감정이 점점 격렬해졌어요. 이런 분위기 속에서 산둥성의 농민들을 중심으로 백련교 계통의 비밀 결사인 '의화단'이 등장합니다. 그리고 곧이어 본격적인 '의화단 운동'이 벌어지죠.

의화단은 서구 문화와 크리스트교가 중국 전통 문화를 파괴하고 있다고 보고, 이를 막아내고 중국의 독립을 지키자는 명분으로 조직된 단체예요. 이들은 '청을 도와 서양 세력을 멸하자', 즉 부청멸양扶淸滅洋을 외치며, 의화권이라 불리는 무술을 연마했어요. 이후 이들은 교회와 철도, 전신 등을 파괴하고, 심지어 청 정부의 지원을 받아 베이징의 외국 공관을 포위하고 공격하기까지 했습니다.

신이 의화단을 돕는 까닭은 도깨비 같은 놈들이 중국을 어지럽히기 때문이다. 그놈들은 크리스트교를 선전하면서 하늘을 모독하고 부처를 경배하지 않으며 조상을 돌보지 않는다. 철도를 부수고, 전선을 끊고, 커다란 기선을 파괴하자. 프랑스는 간담이 서늘해질 것이고, 영국과 러시아는 조용해질 것이다. 도깨비 같은 놈들을 모두 죽여 청의 평화를 축하하자.

_의화단 선전물

청 정부는 처음에는 이들을 자기 편으로 끌어들여 서양 세력에 맞서보려고 했지만, 그 선택은 곧 외교적 위기로 번지게 됩니다. 결국 영국·독일·일본 등 8개국이 연합군을 결성해 '자국민 보호'를 이유로 중국에 군대를 파견했고, 의화단은 강제로 진압당하고 맙니다. 그 결과 청은 1901년에 '신축 조약(베이징 의정서)'을 맺게 됐죠. 청은 이 조약을 통해 막대한 배상금을 지불하고, 외국 군대의 베이징 주둔까지 허용해야 했어요.

이 일은 단지 돈을 잃는 차원이 아니었습니다. 청의 주권은 크게 흔들렸고, 중국 사회 전반에는 '우리는 반식민지 상태로 전락했다'는 인식이 깊어졌죠. 그만큼 의화단 운동은 반외세 운동이었지만, 결과적으로는 중국 사회의 위기를 더 가중시킨 사건으로 기억됩니다.

중화민국,
황제 없는 새로운 시대

청 왕조의 붕괴와 중화민국 수립을 향한 여정
· 1901~1949년 ·

쑨원의 삼민주의와 신해혁명

청 정부는 의화단 운동 이후 서양 열강과 맺은 신축 조약을 통해 국가의 주권과 재정이 크게 흔들리는 상황에 직면하게 됩니다. 이런 국제적 위기 속에서 근대화를 본격적으로 추진하려는 개혁, 이른바 '신정新政'이 시작됐죠. 신정은 오랜 전통인 과거제를 폐지하고, 신식 교육 제도와 군대 조직을 도입했으며, 상공업 육성에도 힘을 쏟았습니다. 나아가 입헌제 도입을 위한 준비로 헌법의 초안 격인 『흠정 헌법대강』도 발표하게 됩니다.

하지만 이런 개혁이 진행되는 사이, 청 왕조 자체를 타도하고자 하는 혁명 운동은 더욱 빠르게 퍼져 나갔어요. 정치사상가 쑨원은 청을 무너뜨리고 공화정을 수립하자는 명확한 목표 아래, 1905년 일본 도쿄에서 '중국 동맹회'를 결성합니다. 이 단체는 해외 유학생들과 신식 교육을 받은 청년들이 주축이었고요. 쑨원은 이때 '삼민주의', 즉 민족주의, 민권주의, 민생주의를 혁명의 이념으로 제시합니다.

나는 유럽과 미국의 발전이 3대 주의에 의해 이뤄졌다고 생각한다. 그것은 민족, 민권, 민생이다. 로마가 멸망하고 나서 민족주의가 일어나고 구미가 독립했다. 그러나 얼마 뒤에 그 나라들도 제국이 돼 전제 정치를 행하자 민권주의가 일어났다. 18세기 말에서 19세기 초에 걸쳐 전제 군주제가 무너지고 입헌 국가가 세워졌다. 세계는 문명화해 지식은 더욱 진보하고 물질이 점점 풍부해져, 최근 100년간이 지난 1,000년보다 더 발달했다. 이제는 경제 문제가 정치 문제에 이어 일어나 민생주의가 유행하고 있다.

_쑨원 『민보』 발간사

민족주의는 만주족의 청 왕조를 무너뜨리고 한족의 자주권을 되찾는 것이고, 민권주의는 모든 국민이 정치에 참여할 수 있는 권리를 가지는 것이며, 민생주의는 국민의 경제적 안정을 도모하자는 뜻이에요. 쑨원은 이렇게 정치와 사회, 경제 개혁을 아우르는 이념을 중심으로 각지에서 무장 봉기를 주도했고, 점차 혁명 세력의 목소리는 커져갔습니다.

입헌제 준비의 지연으로 국회 개회를 요구하는 청원 운동이 급속도로 확산되자, 청 정부는 심각한 정치적 압박을 받았습니다. 개혁 추진 비용과 신축 조약에 따른 배상금 지불 때문에 재정난에 빠지자, 청 정부는 민간 철도를 국유화하고, 이를 담보로 외국 차관을 도입하려 했습니다. 이에 반발한 우창의 신군이 1911년에 반청 봉기를 일으키며 '신해혁명'이 시작됐습니다. 혁명에 동조한 각 성이 청 왕조로부터 독립을 선언하면서 혁명

1912년 신해혁명을 이끈 주역들

은 전국적으로 확산됐어요. 이듬해인 1912년에는 혁명 세력이 난징을 점령하고, 쑨원을 임시 대총통으로 추대했어요. 중국 최초의 공화제 국가인 '중화민국'의 탄생이었죠.

청 정부는 혁명 진압을 위해 위안스카이를 등용했습니다. 하지만 위안스카이는 혁명군과의 협상을 통해 청 황제의 퇴위를 조건으로 총통직을 위임받았고, 중화민국의 대총통으로 추대됐어요. 위안스카이는 재임 기간 중 황제 체제를 부활시키려 했지만, 지병으로 사망했습니다. 이후 중국은 형식적인 공화 체제만을 유지했고, 중앙 정부의 통제력이 약화됐어요. 그로 인해 각 지역에서 군벌이 세력을 확장해 중국 전역은 큰 혼란에 빠졌습니다.

국공합작과 국공 내전

신해혁명 이후, 위안스카이가 중화민국의 대총통으로 취임하면서 황제 제도를 부활시키려는 시도를 하게 되죠. 이는 국민과 국가를 혼란에 빠뜨렸습니다. 이 혼란은 위안스카이 사망 후, 지역 군벌들이 권력을 장악하면서 더욱 심화됐어요.

정치적으로 혼란스러운 시기에 천두슈, 루쉰 같은 지식인들이 중심이 돼 잡지 「신청년」을 창간합니다. 이들은 유교적 전통을 비판하면서 민주주의와 서양 과학의 도입을 주장했어요. 이런 움직임은 '신문화 운동'의 일환으로 진행됐는데, 신문화 운동이란 주체적 인간상을 추구하고, 학생들의 민족의식을 고취시키고, 직면한 문제에 비판적이고 독립적인 사고력을 키우자는 사상적 개혁 운동이었습니다.

한편 제1차 세계대전 중 일본은 독일의 세력권에 있던 산둥반도의 칭다오를 점령하고, 중국 정부에 '21개조 요구'를 제출합니다. 쉽게 말해 중국을 일본의 식민지로 만들려는 조항들이었죠. 전쟁이 끝난 후 열린 파리 강화 회의에서 중국은 산둥반도 반환과 '21개조' 철폐, 일본에 의해 점령된 이권의 반환을 요구했지만, 열강의 외면 속에 일본이 산둥반도의 이권을 가져가기로 결정됩니다.

이 소식에 분노한 베이징의 대학생 3,000여 명은 1919년 5월 4일, 대규모 항의 시위를 벌이는데 이게 바로 유명한 '5 · 4 운동'입니다. 학생들은 "21개조 철폐하라!", "일본 제국주의 타도!", "매국 군벌 몰아내자!"고 외쳤고, 이 운동은 상인, 노동자 등 다양한 계층으로 퍼지며 항일 구국 운동으로 확산됐어요.

지금 일본은 파리 강화 회의에서 칭다오를 삼키고 산둥의 모든 권리를 관리하는 데 성공하려 한다. (…) 이는 곧 중국 영토가 파괴되는 것이며, 바로 중국이 망하는 것을 뜻한다. (…) 생각해 보건대 전국의 각계가 일제히 일어나 국민 대회를 열고, 밖으로는 주권 수호를 위해 싸우고, 안으로는 국가의 적을 제거하는 것이 오로지 이번 일에 달려 있다. (…) 중국의 영토는 정복될지언정 할양될 수 없다. 중국 국민은 죽을지언정 굴복할 수 없다. (…) 동포여 일어나라.

_톈안먼(천안문) 선언

이런 흐름 속에서 쑨원이 이끄는 중국 국민당과 중국 공산당은 1924년에 '제1차 국공합작'을 결성합니다. 목표는 군벌 정권을 타도하고 분열된 중국을 통일하자는 '국민 혁명'이었죠. 쑨원이 사망한 뒤 정권을 이어받은 장제스는 북벌을 성공적으로 수행하면서 국민 혁명을 완수하고, 1928년 중국 국민당 주도의 새로운 중앙 정부를 수립했습니다. 그런데 문제는 장제스가 중국 공산당을 배척하고 상하이에서 공산당 세력을 대규모로 숙청하면서 국공합작이 깨지고 만 것이죠.

중국 공산당은 이에 맞서 토지 혁명을 추진하고 농촌에 근거지를 형성하지만, 국민당의 끈질긴 토벌로 점차 궁지에 몰리게 됩니다. 이 같은 압박 속에서 1934년, 중국 공산당의 홍군은 국민당의 포위망을 뚫고 대장정을 시작했습니다. 홍군의 대장정은 1934년부터 1936년까지 약 2년간 지속됐어요. 중국 공산당은 국민당 군의 공격을 피해 장시성 루이진에서 출발해 산시성 북부의 옌안에 이르기까지 약 25,000리를 이동했습니다. 이 과정에서 마오쩌둥은 중국 공산당의 지도자로 부상하게 되고, 옌안을 새

근거지로 삼아 세력을 재정비해요.

그런데 1931년, 일본은 만주사변을 일으켜 괴뢰국 '만주국'을 세우면서 중국 대륙 침략을 본격화합니다. 이후 1937년에는 베이징 근교 '류거우차오(노구교)'에서 발생한 충돌 사건을 빌미로 중일 전쟁을 일으키게 되죠.

이 시기 국민당은 여전히 공산당 토벌에 집중하고 있었고, 국민들 사이에서는 '내전 정지 · 일치 항일'이라는 슬로건을 내세워 내부에서 싸우지 말고 일본에 대항하자는 요구가 거세졌습니다. 그런 분위기 속에서 1936년 12월, 만주 지역의 군벌 장쉐량이 시안을 방문한 장제스를 감금하고 내전 정지와 항일 투쟁을 호소한 사건, '시안 사건'이 일어납니다. 이 사건을 계기로 '제2차 국공합작'이 성사되고, 드디어 중국은 국민당과 공산당이 힘을 합쳐 항일 전쟁에 나서게 됩니다.

항일 전쟁 동안 공산당은 농민을 적극 동원하며 지지 기반을 확대했고, 이 기반은 전쟁이 끝난 후 국민당과의 내전에서 결정적인 힘이 됩니다. 결국 제2차 세계대전이 끝난 후 벌어진 국공 내전에서 마오쩌둥이 이끄는 공산당이 승리하고, 1949년 중화 인민 공화국이 수립되죠. 패배한 국민당과 장제스는 타이완으로 이동, 그곳에서 국민당 정부를 유지하게 됩니다.

중화인민공화국,
개혁과 발전의 실험실

마오쩌둥에서 덩샤오핑까지
· 1949~1999년 ·

대약진 운동과 문화대혁명

국공 내전에서 승리한 공산당은 1949년, 베이징에서 중화 인민 공화국 수립을 선포하게 됩니다. 이후 공산당은 새로운 사회주의 국가의 틀을 세우기 위해 여러 개혁을 추진했어요. 대표적으로는 토지 개혁, 은행과 주요 산업의 국유화, 국가 주도 경제 개발 계획 등이 있었죠.

1950년대 말, 마오쩌둥은 '대약진 운동'을 선언하며 본격적인 경제 도약을 시도합니다. 특히 농촌 지역에는 '인민공사'라는 대규모 농장 조직을 설립해 대대적인 경제 발전을 도모했습니다. 하지만 현실은 달랐습니다. 무리한 계획과 실행, 인민들의 노동 의욕 저하, 잇따른 자연재해까지 겹치면서 대약진 운동은 실패로 끝나고 말아요.

이 실패로 정치적 입지가 흔들리기 시작한 마오쩌둥은 다시금 자신의 권위를 회복하자, 공산 혁명의 순수성을 되찾겠다며 1966년에 '문화대혁

마오쩌둥

명'을 일으키게 됩니다. 이 운동의 명분은 '사회주의 내부에 남아 있는 자본주의적 요소와 반혁명 세력을 척결하자'는 것이었지만, 실제로는 정치적 숙청과 권력 재편의 성격이 컸죠.

마오쩌둥은 중국 사회 내부의 자본주의적 경향과 기존 지배층에 맞서기 위해 젊은 학생들을 중심으로 '홍위병'을 조직했습니다. 중국 공산당 내 개혁 성향의 지도자인 덩샤오핑, 류사오치 등을 몰아내는 데 앞장서게 했어요. 문화대혁명 기간 동안 중국에서는 혁명의 이름 아래 전통 문화가 대대적으로 파괴됐고, 수많은 예술인과 지식인, 교육자들이 박해받고 억압당했습니다. 결과적으로 문화대혁명은 중국 사회 전반에 정치적·경제적·문화적 혼란을 불러온 대참사로 평가받고 있어요.

문화대혁명은 사상·문화 분야에서 시작됐지만 곧바로 '권력 탈취 단계'로 넘어가 버렸으며, 문화·교육·과학의 발전에 대해서는 '비판'과 '파괴'만 행했다. 그 결과 학교가 폐쇄되고 학생은 학업을 중단해 문맹이 증가하고 문예의 근거지가 황폐화됐다. 또한 과학 연구 기구가 대량으로 폐쇄되고 지식인이 타격을 입었다. (…) 결국 문화대혁명은 지도자가 잘못 발동하고, 반혁명 집단에 이용당해 당과 국가와 각 민족 인민에게 엄중한 재난을 가져다준 내란이었다.

_건국 이래 당의 몇 가지 역사적 문제에 관한 결의

덩샤오핑의 개혁과 개방

1976년 마오쩌둥이 사망한 이후, 중국은 중요한 전환점을 맞이하게 됩니다. 그 뒤를 이어 정권을 잡은 인물이 바로 덩샤오핑이에요. 덩샤오핑은 문화대혁명이 남긴 상처와 혼란을 인정하고, 사실에 근거해 진리를 탐구한다는 뜻의 '실사구시實事求是'를 내세우며 적극적인 개혁·개방 정책을 펼쳤습니다.

덩샤오핑이 자주 언급했던 말 가운데 '흑묘백묘론'이라는 게 있는데요. 검은 고양이든 흰 고양이든 쥐만 잘 잡으면 된다는 말이에요. 다

텐안먼 광장에서 열린 홍위병 집회

시 말해 중국 인민의 삶의 질을 향상시킬 수 있는 정책이라면 어떤 것이든 채택하겠다는 유연한 접근 방식을 보였습니다. 이러한 정책적 기조에 '먼저 부유해질 수 있는 사람부터 부자가 되게 하자'는 '선부론'까지 더해지면서, 1980년대 중국의 경제 개발이 촉진됐습니다. 덩샤오핑의 개혁·개방 정책 덕분에 중국은 자본주의적 시장 경제의 요소들을 부분적으로 도입하면서도 정치적으로는 사회주의 체제를 유지하는 독특한 체제, 즉 '중국식 사회주의'를 만들어가게 됩니다.

대외적으로도 덩샤오핑은 문을 활짝 열었어요. 동부 연안 도시들을 중심으로 경제특구를 설치해 외국 자본과 기술을 적극적으로 유치했고, 화교 자본과의 연결도 강화했습니다. 그 결과 중국은 세계 무대에서 눈에 띄는 경제 성장을 이루며 '세계의 공장'으로 부상하게 됩니다. 하지만 이렇게 급격한 변화 속에서도 부정부패, 빈부 격차, 정치적 억압 같은 구조적

인 문제는 여전히 존재했죠. 특히 1989년, 부정부패 근절과 정치적 자유 확대를 요구하며 베이징의 톈안먼 광장에서 벌어진 학생들과 지식인들의 시위는 중국 현대사에 큰 사건으로 남아 있습니다. 이 시위는 결국 중국 정부의 무력 진압으로 이어졌고, 수많은 시민이 희생됐습니다. 바로 우리 가 잘 알고 있는 '톈안먼 사건'이에요.

그럼에도 불구하고 중국은 이후에도 개혁과 개방의 기조를 유지하며 경제 성장을 가속화했고, 국제 사회에서의 위상도 점차 높아지게 됩니다. 1997년에는 영국으로부터 홍콩을, 1999년에는 포르투갈로부터 마카오를 반환받으며, 오랜 제국주의의 흔적이 남아 있던 지역들을 다시 중국의 영 토로 되찾게 되죠.

시대	주요 사건	시기	핵심 키워드
선사시대	중국 신석기 시대 시작	기원전 8000~기원전 6000년	황허강 유역
	양사오 문화	기원전 5000~기원전 3000년	채도(彩陶), 채색 토기
	룽산 문화	기원전 3000~기원전 2000년	흑도(黑陶), 후기 신석기
고대	청동기 사용 시작	기원전 2000년경	얼리터우 문화, 국가 형성기
	상나라 건국	기원전 1600년	제정일치, 갑골문자
	상나라 멸망	기원전 1046년	주나라의 정복
	주나라 건국	기원전 1046년	봉건제, 제후국 분봉
	주나라 서주 시대	기원전 1046~기원전 771년	봉건제, 호경(수도)
	주나라 동주 시대	기원전 770~기원전 256년	낙읍 천도, 왕권 약화
춘추전국	춘추 시대	기원전 770~기원전 403년	제후 패권, 공자
	전국 시대	기원전 403~기원전 221년	전국칠웅, 법가사상
진	진나라 통일	기원전 221년	진시황, 중앙 집권, 화폐 · 도량형 통일
	진나라 멸망	기원전 206년	폭정, 농민 반란
한	전한 건국	기원전 202년	유방(고조), 장건
	한 무제 통치	기원전 141~기원전 87년	유교 국교화, 흉노 정벌
	후한 성립	25년	광무제, 한족 복위
삼국	삼국 시대 분열	220~280년	위 · 촉 · 오
진	서진의 통일	280년	사마염
	오호십육국 시대	304~439년	북방 민족 침입
남북조	남북조 시대	439~589년	남조(한족) vs 북조(이민족)
수	수나라 통일	589년	문제, 대운하
당	당나라 건국	618년	이연(고조), 율령 체제
	당나라 전성기	713~755년	현종, 양귀비, 개원성세
	안사의 난	755~763년	안록산, 사사명

송	북송 건국	960년	조광윤, 문치주의
	남송 수립	1127년	금나라 침입, 강남 중심
원	원나라 건국	1271년	쿠빌라이 칸, 몽골제국
명	명나라 건국	1368년	주원장(홍무제), 한족 복권
	정화의 항해	1405~1433년	대항해, 조공체제
청	청나라 건국	1636년	만주족, 강희제·건륭제
	아편 전쟁	1840~1842년(1차), 1856~1860년(2차)	영국 침략, 불평등 조약
	청나라 멸망	1912년	신해혁명, 공화정 수립
현대	중화민국 수립	1912년	쑨원, 삼민주의
	국공 내전	1927~1937년(1차), 1946~1949년(2차)	국민당 vs 공산당
	중화인민공화국 수립	1949년	마오쩌둥, 사회주의 국가
	대약진운동	1958~1961년	공업화, 인민공사
	문화대혁명	1966~1976년	홍위병, 반지식인 운동
	개혁개방 정책	1978년~	덩샤오핑, 시장 경제
	톈안먼 사건	1989년	민주화 요구, 유혈 진압
	홍콩 반환	1997년	일국양제, 영국 식민지 종료

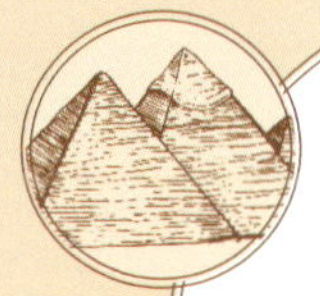

3장

—

서아시아와 아프리카

서아시아와 아프리카는 인류 문명의 출발점이자 세계사의 '원천'이었다. 메소포타미아에서 도시 국가가 처음 등장했고, 이집트에서는 국가 조직과 종교, 과학이 발전했다. 이후 페르시아·아랍·오스만 제국으로 이어지는 흐름은 동서 문명을 연결하는 가교 역할을 하며 세계사의 중심을 오래 지켰다. 아프리카는 사하라 이남의 왕국들부터 해양·사막 교역망까지 다양한 문명이 펼쳐졌고, 유럽 제국주의의 충돌 속에서 새로운 역사를 겪는다. 이 지역은 '문명의 시작과 전환'이 가장 극적으로 드러나는 무대다.

신과 인간이 함께한 도시, 메소포타미아

고대 문명의 흥망성쇠
• 기원전 3500~기원전 1530년 •

인류 최초 도시 문명의 탄생

'메소포타미아'는 어디에 있었을까요? 바로 티그리스강과 유프라테스강 사이, 지금의 이라크 지역쯤에 해당해요. 이곳은 토양이 매우 비옥하고, 강물을 끌어다 쓰는 관개 농업이 일찍부터 발달해서 농업 생산력이 높았습니다. 또 주변이 탁 트인 개방적인 지형이라 일찍부터 교역이 활발했죠. 이런 조건 덕분에 기원전 3500년경, 수메르인이 이 지역에 여러 도시 국가를 세우면서 인류 최초의 도시 문명이 탄생하게 된 겁니다.

수메르인 사회에서 왕은 단순한 정치적 지도자가 아니었어요. 신의 대리인이자 전사로서 신권 정치를 펼쳤죠. 도시마다 '지구라트'라는 거대한 신전을 세우고 각 도시의 수호신을 정성껏 모셨습니다. 또한 사람들은 사후 세계보다 현재의 행복을 더 중요하게 여겼기 때문에 현실의 복과 안녕을 기원하는 현세 중심의 다신교를 믿었어요.

홍미로운 건 이들이 천체의 움직임으로 인간의 운명을 점치는 '점성술'을 발전시켰다는 점이에요. 이 점성술은 농사 시기를 정하는 데에도 중요한 역할을 했는데, 덕분에 태음력과 60진법 같은 실용적인 지식도 함께 발전하게 됐죠. 이들은 제사 의식이나 상거래를 기록하기 위해 '쐐기 문자(설형 문자)'를 만들어 점토판에 남겼는데요. 이 문자는 훗날 서아시아 전역으로 퍼져나가게 됩니다.

하지만 수메르인의 국가는 오래 지속되지 못했어요. 이민족의 잦은 침입으로 결국 아카드인에게 정복당하고 맙니다. 이후 아카드인들은 이 지역을 최초로 통일해 '아카드 제국'을 세우게 되죠.

아카드 제국이 무너지자 그 뒤를 이어 '우르 왕조'가 등장해요. 이 왕조의 대표적인 인물인 우르 남무 왕은 현존하는 가장 오래된 법전인 『우르 남무 법전』을 편찬했습니다. 영국 박물관의 '우르의 깃발'이라 불리는 유물이 있는데 수메르 병사들과 전차가 행진하는 모습을 볼 수 있어요. 또 '우르의 원통 인장이 찍힌 점토판'에는 우르 남무 왕이 달의 신에게 축복을 받는 장면이 새겨져 있죠. 이처럼 유물 하나하나가 고대 수메르인의 삶과 신앙을 생생하게 전해주고 있어요.

바빌로니아의 황금기를 이끈 함무라비 왕

시간이 흐르면서 수메르인의 문명은 점차 쇠퇴하게 됩니다. 그 뒤를 이어 기원전 1800년경에는 지금의 이라크 지역에 아무르인이 세운 '바빌로니아' 왕국이 등장해 메소포타미아 지역을 통치하게 돼요. 이 바빌로니아 왕국을 전성기로 이끈 인물이 바로 유명한 '함무라비 왕'입니다.

함무라비는 기원전 1792년부터 기원전 1750년까지 무려 42년 동안 통치했는데요. 이 기간 동안 메소포타미아 전역을 통일하고, 왕국의 행정과 법률 체계를 정비하며 나라를 크게 발전시켰습니다. 무엇보다도 『함무라비 법전』을 편찬한 왕으로 잘 알려져 있죠. 이 법전에는 함무라비 왕이 태양신으로부터 왕권의 상징인 지팡이와 반지를 받는 장면이 새겨져 있고, 그 아래에는 그가 제정한 282개의 조항이 쐐기 문자로 기록돼 있어요.

제1조. 남을 사형에 처해야 한다고 고발한 자가 증거를 제시하지 못하면 사형에 처한다.

제195조. 아들이 아버지를 때리면 아들의 두 손을 자른다.

제196조. 자유인의 눈을 뺀 자는 그 눈을 뺀다.

제198조. 귀족이 평민의 눈이나 다리를 상하게 하면 은화 1미나를 준다.

제229. 부실하게 지은 집이 무너져서 집 주인이 죽으면 건축가를 사형에 처한다.

우르의 깃발

　함무라비 법전을 살펴보면 가족관계, 재산권, 직업 윤리, 채무와 이자, 담보 같은 구체적인 문제들을 다루고 있어서 바빌로니아 사회의 생활상을 엿볼 수 있어요. 법의 형벌은 가해자의 신분과 범죄의 정황에 따라 차등 적용됐고, 전반적으로 '동해보복법', 즉 '눈에는 눈, 이에는 이'의 원칙이 적용됐습니다.

　한편 이 시기의 문화를 잘 보여주는 문학 작품도 있어요. 바로 '길가메시 서사시'인데요. 메소포타미아 사람들이 죽음 이후의 삶보다는 지금 이 세상에서의 행복을 중시했음을 알 수 있어요.

> 길가메시여, 당신은 생명을 찾지 못할 것입니다. 신들이 인간을 만들 때 인간에게 죽음도 함께 붙여 주었습니다. 생명만은 그들이 보살피도록 남겨 두었지요. 좋은 음식으로 배를 채우십시오. 밤낮으로 춤추며 즐기십시오. 당신의 손을 잡아 줄 자식을 낳고, 아내를 당신 품 안에 꼭 품어 주십시오. 왜냐하면 이 또한 인간의 운명이니까요.
>
> _『길가메시 서사시』

『함무라비 법전』

　하지만 이렇게 찬란한 고대 문명을 꽃피운 바빌로니아 왕국은 기원전 1530년경, 철제 무기와 전차를 앞세운 히타이트에 의해 멸망하고 말았습니다.

나일강이 키운 영원한 왕국, 이집트

나일강이 품은 문명
· 기원전 3000~기원전 30년 ·

태양의 신 파라오의 신권 정치

　나일강 유역은 주기적인 범람으로 주변 토양이 아주 비옥했어요. 이런 환경 덕분에 일찍부터 여러 도시 국가가 형성됐고요. 그런데 나일강의 범람이 규모가 크다 보니 이를 잘 통제하고 농업 생산을 유지하려면 체계적인 관개와 치수 사업이 꼭 필요했습니다. 그러다 보니 강력한 공동체가 자연스럽게 형성됐고, 기원전 3000년경에는 나일강 유역의 도시 국가들을 통합한 통일 왕국이 등장하게 된 거죠.

　이집트는 지중해와 홍해, 사하라 사막으로 둘러싸인 비교적 폐쇄적인 지형 덕분에 외부 침입이 거의 없었어요. 덕분에 고왕국 – 중왕국 – 신왕국으로 이어지는 오랜 기간 동안 통일 국가를 안정적으로 유지하면서 찬란한 문명을 발전시킬 수 있었습니다.

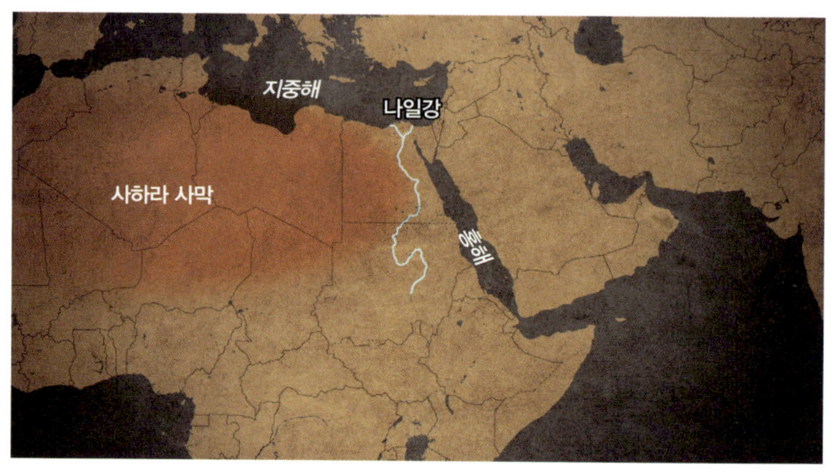

이집트에서 왕은 단순한 정치 지도자가 아니었어요. 태양신 '라Ra'의 아들이자 살아있는 신으로 여겨졌기 때문에, 사람들은 왕을 '파라오'라고 부르며 신처럼 숭배했죠. 이 파라오는 종교적인 권위를 바탕으로 절대적인 권력을 행사하며 신권 정치를 펼쳤습니다. 파라오 밑에는 제사장과 관리들이 있었는데, 이들은 국가의 토지를 관리하면서 지배층을 형성했어요. 반면 대다수의 피지배층인 농민들은 파라오에게 공물을 바치고, 부역에 동원되는 의무를 지녔고요. 특히 이들은 노예들과 함께 피라미드나 신전 같은 거대한 건축물을 짓는 데 참여하기도 했습니다.

이집트인의 사후 세계 신앙

이집트인은 메소포타미아인과 마찬가지로 여러 신을 섬겼습니다. 특히 태양신 '라'는 이집트 신들 가운데 가장 중심적인 신이었죠. 이들은 영혼은 죽지 않고 계속 존재한다는 영혼 불멸의 사상을 갖고 있었고, 또 죽은 뒤에도 삶이 계속된다는 사후 세계에 대한 믿음이 아주 강했어요. 그래서

사자의 서

죽은 이의 시신을 잘 보존하기 위해 미라를 만들었고, 그 미라와 함께 『사자의 서』라는 책도 무덤에 넣었습니다. 이 책은 말 그대로 죽은 자가 사후 세계에서 어떻게 행동해야 하는지를 안내하는 지침서였어요.

『사자의 서』에는 죽은 이가 사후 세계에서 신들의 재판을 받는 장면이 그려져 있는데요. 예를 들어 다음과 같은 장면이 있습니다.

오시리스: 본 재판관은 (…) 너의 마음과 깃털을 나란히 저울에 매달겠노라. 마음이야말로 인간의 존재와 삶을 규정하는 가장 중요한 것이기 때문이다. 저울질은 죽은 사람의 의사인 아누비스가, 그 결과는 신들의 서기관인 토트가 기록하도록 하라.

죽은 자: 저는 도둑질하지 않았습니다. 저는 위선을 행하지 않았습니다. 저는 거짓말하지 않았습니다. 저는 저울의 눈금을 속인 일이 없습니다.

_『사자의 서』

　이 장면을 통해 이집트 사람들은 죽은 뒤에도 윤리적 삶을 살았는지를 심판받는다고 믿었으며, 올바른 삶을 살아야 사후 세계에서도 평안을 누릴 수 있다고 여겼음을 알 수 있습니다.

　또 이집트인들은 그림과 글자의 기능이 결합된 '상형 문자'를 사용했는데, 이걸 돌벽이나 파피루스(나일강 근처에서 자라는 식물)로 만든 종이에 남겼어요. 이들의 문명은 종교뿐 아니라 과학 기술 분야로도 매우 발달해 있었는데요. 나일강의 범람 시기를 예측하려고 해마다 태양과 별의 움직임을 관찰했기 때문에 천문학이 발달했고, 이를 통해 1년이 지나는 데 365일이 걸린다는 사실을 알아내 태양력을 만들었습니다.

　나일강의 범람으로 땅의 경계가 매번 달라지다 보니 측량술과 기하학이 필수적으로 발달했습니다. 또한 건축 기술과 더불어 10진법을 사용하는 수학도 함께 발달했죠. 또 미라를 만들며 사람의 신체 구조에 대한 지식이 쌓이며 의학도 자연스럽게 발달했습니다.

지중해를 무대로 펼쳐진
고대 서아시아의 이야기

히타이트, 페니키아, 헤브라이 민족과 문명

• 기원전 1650~기원전 539년 •

철제 무기와 전차로 제국을 건설한 히타이트

인도·유럽어족, 다시 말해 인구어족 계통의 민족들은 아주 오래전부터 아시아 곳곳에 흩어져 살아왔습니다. 그중 일부는 오늘날의 튀르키예 지역, 아나톨리아반도에 들어와 '히타이트 왕국'을 세웠어요. 이들은 기원전 18세기 무렵부터 청동으로 만든 무기와 전차를 제작해 빠르게 세력을 넓혀나갔습니다. 특히 전차를 활용한 기동력 있는 군사력은 당시로선 매우 앞선 기술이었죠.

기원전 14세기경, 아나톨리아 지역의 히타이트는 최전성기를 맞이하게 됩니다. 이집트의 람세스 2세에 맞서 '카데시 전투'를 벌이기도 했는데요. 이 전투는 고대 근동에서 벌어진 가장 유명한 전쟁 중 하나로, 양측 모두 승리를 주장했다는 특징을 갖고 있죠. 진위는 알 수 없으나 전투 이후 평화 조약을 맺으며 양국이 균형을 이루는 결과로 이어졌습니다. 분명한 건

히타이트 왕국이 맹위를 떨치며 대제국으로 성장했다는 점입니다.

하지만 히타이트의 세력은 오래가지 못했습니다. 동쪽의 신흥 세력인 아시리아의 견제를 받으며 흔들리기 시작했고, 여기에 기원전 12세기경 다른 이민족의 침입까지 겹치면서 결국 멸망하게 됩니다.

비록 사라진 제국이지만 히타이트가 사용했던 철기 문화는 주변 아시아와 유럽으로 빠르게 전파돼 이후 여러 문명의 무기 제작과 농기구 발전에 큰 영향을 미치게 됩니다.

페니키아의 해상 활동과 알파벳의 탄생

히타이트와 이집트의 세력이 점차 약해지자, 지중해 동부 연안에서는 페니키아인과 헤브라이인이 새로운 세력으로 떠오르기 시작합니다. 이 가운데 페니키아는 기원전 12세기경부터 오늘날의 레바논과 시리아, 이스라엘 북부 해안 지역을 중심으로 세력을 넓혀갔어요. '페니키아'라는 이름은 그리스어로 '자주색'을 뜻하는 말에서 유래했는데요. 이들이 만든 자줏

빛 염료와 옷감이 당시에 최고급 상품으로 통했기 때문입니다. 이런 고급 상품의 생산과 교역 덕분에 페니키아는 도시 국가 연합체의 성격을 유지하면서도 경제적으로 풍요롭고, 문화적으로도 발달한 문명으로 성장할 수 있었죠.

또한 페니키아인들은 범선을 이용해 해상 활동에도 아주 능했습니다. 그 결과 지중해 곳곳에 식민 도시를 세웠는데, 그중 대표적인 도시가 바로 카르타고예요. 이 카르타고는 나중에 로마와 '포에니 전쟁'을 벌일 만큼 막강한 해상 국가로 성장했는데요. 여기서 '포에니'라는 이름도 사실 로마인이 페니키아인을 부르던 말에서 유래한 것입니다.

페니키아인들의 뛰어난 항해 능력은 기원전 5세기경, 고대 그리스의 역사가 헤로도토스의 기록에서도 찾아볼 수 있어요. 그의 책 『역사』에는 페니키아 선원들이 홍해에서 출발해 아프리카 남쪽의 희망봉을 돌아 이집트로 귀환했다는 이야기가 쓰여있는데요. 만약 이 기록이 사실이라면 이들은 유럽인보다 2,000년이나 앞서 아프리카를 일주한 셈이 됩니다. 왜냐하면 우

이집트 상형 문자

리가 잘 아는 바스쿠 다 가마가 희망봉을 돌아 인도에 도착한 건 1497년이었으니까요.

게다가 페니키아인들은 문자의 발전에도 큰 기여를 했습니다. 이들은 수메르의 설형 문자나 이집트의 상형 문자처럼 복잡하고 불편한 문자 대신 '표음 문자', 즉 소리 나는 대로 적는 문자 체계를 고안해 사용했어요. 이 표음 문자는 훗날 그리스 문자로 발전했고, 다시 로마인이 이를 개량하여 알파벳을 만들게 되죠. 수천 자를 익혀야 했던 상형 문자나 설형 문자와 달리, 알파벳은 24자만 익히면 글을 읽고 쓸 수 있었기 때문에 지식의 대중화에도 결정적인 역할을 하게 됩니다.

헤브라이인의 유목 생활과 유일신 사상의 형성

'헤브라이'라는 이름은 '강 저편에서 온 사람들'이라는 뜻으로, 여기서 말하는 강은 바로 유프라테스강을 가리킵니다. 이 이름처럼 헤브라이인들은 오랜 세월 유목 생활을 하다가, 지금의 팔레스타인 지역, 즉 가나안 땅

에 정착하게 됩니다. 그 후 기원전 11세기 말에는 '이스라엘 왕국'을 세우게 되죠. 이 왕국의 전성기는 제3대 왕 솔로몬 시대에 이르러서 완성됩니다. 솔로몬은 페니키아 등과 활발히 교역하며 왕국을 경제적으로 번영시켰고, 예루살렘에 성전을 건설하는 등 정치·문화적으로도 큰 업적을 남겼어요.

하지만 솔로몬이 죽은 뒤, 이스라엘 왕국은 두 나라로 나뉘게 됩니다. 북쪽은 이스라엘, 남쪽은 유대(유다 왕국)라 불렸는데요. 이 가운데 이스라엘은 아시리아에 의해 멸망당하고, 유대는 신바빌로니아 제국에 의해 멸망당하면서 많은 백성들이 포로로 끌려가게 되는 고난을 겪었습니다. 바로 이 고난의 시기를 통해 헤브라이인들은 자신들의 정체성과 신앙을 더욱 굳건히 하게 되죠. 그 결과 유일신 여호와를 믿는 '유대교'가 형성됐고, 이 유대교의 유일신 사상은 나중에 크리스트교와 이슬람교의 탄생에도 깊은 영향을 미치게 됩니다.

아시리아의 강철 전사들, 페르시아의 흥망

대제국을 유지한 관용의 통치 방식
• 기원전 911~기원전 330년 •

정복과 강압의 상징 아시리아 제국

'아시리아'는 티그리스강 유역의 작은 도시 국가에서 시작됐습니다. 그 런데 이 나라가 시간이 흐르며 점차 강력한 군사력을 갖추게 되죠. 기원전 7세기에는 철제 무기로 무장한 기병과 전차를 앞세워 서아시아 대부분을 정복하게 됩니다. 정복 이후 아시리아는 군용 도로를 정비하고, 역전제도 체계화했어요. 또 전국을 주써로 나눈 뒤 총독을 파견해서 지방을 효율적 으로 통치하고, 중앙 집권 체제를 강화하려 했습니다.

나는 수사의 지구라트를 부숴 버렸다. (…) 나는 엘람의 사원을 파멸로 몰아넣었다. 나는 그들의 신들과 여신들을 바람에 날려 버렸다. 나는 그 들의 조상과 옛 왕의 무덤을 짓밟았고, 무덤에 햇빛이 들게 하였으며, 그 들의 뼈를 꺼내어 아슈르의 영토로 가져갔다.

　이 문장은 아시리아 왕이 엘람 왕국을 정복한 후 새긴 문자판의 내용인 데요. 정복지의 문화와 신앙을 철저히 파괴하고 지배력을 과시하는 아시리아의 통치 방식을 보여줍니다. 하지만 아시리아가 항상 강압적이기만 했던 건 아닙니다. 제국 곳곳에 거대한 지구라트를 건설했고, 수도 니네베(지금의 이라크 모술 부근)에는 왕립 도서관을 세워 수많은 문헌과 지식을 수집했죠. 특히 쐐기 문자로 기록된 점토판 문서들이 많이 보관돼 있었습니다. 이런 점에서 보면 학문과 문화에도 관심이 많았던 나라였어요.

　하지만 문제는 지나치게 강압적인 통치 방식이었습니다. 피지배 민족들을 강제 이주시킨다거나 무거운 세금을 부과하는 정책은 반발을 불러일으킬 수밖에 없었죠. 결국 곳곳에서 반란이 끊이지 않았고, 기원전 612년, 아시리아는 마침내 멸망하고 맙니다.

　이후 서아시아는 메디아, 신바빌로니아, 리디아, 이집트 이렇게 4개 나라로 분열되며 새로운 세력 구도가 형성됩니다.

관용과 통합의 서막, 아케메네스 왕조 페르시아

분열됐던 서아시아 세계를 다시 하나로 통일한 인물이 바로 기원전 6세기 중반, 페르시아의 왕 키루스 2세 입니다. 키루스 2세는 '아케메네스 왕조 페르시아'를 세우고, 서아시아 전체를 통일하는 데 성공했죠. 그는 이전의 정복자들과 달리 관용과 포용의 통치로도 유명합니다. '키루스 원통'이라는 점토판에 새겨진 그의 칙령을 보면, 인간의 자유와 종교, 재산권을 존중하겠다는 내용이 담겨 있어요. 그래서 오늘날에는 세계 최초로 인간의 기본권을 선언한 문서로 평가받기도 하죠.

나, 키루스(키루스 2세)는 (…) 수메르와 아카드의 영토를 절대 위협하지 않을 것이다. 나는 백성들과 그곳의 모든 신전을 보전할 것이다. (…) 내가 살아 있는 한 너희의 전통과 종교를 존중할 것이다. 나는 결코 전쟁으로 통치하지 않을 것이다. 그 누구도 다른 사람을 억압해서도 차별해서도 안 되며, 까닭 없이 남의 재산을 강탈해서도 안 되며, 다른 사람의 자

유와 권리를 침해해서도 안 되며, 부채 때문에 남자와 여자를 노예로 삼
아서는 안 된다.

_키루스의 칙령

번영과 쇠퇴의 교차로, 페르시아 제국

그 뒤를 이은 다리우스 1세는 이집트와 지중해 연안부터 인더스강 유역
까지 아우르는 대제국을 건설하며, 아케메네스 왕조 페르시아의 전성기를
이끌었습니다.

다리우스는 넓은 영토를 효율적으로 다스리기 위해 여러 가지 행정 개
혁을 단행했어요. 우선 제국을 20여 개의 속주로 나누고, 각 속주에 총독
을 파견했습니다.

그런데 여기서 끝이 아니에요. 총독들이 권력을 남용하지 않도록 '왕의
눈', '왕의 귀'라고 불리는 감찰관을 따로 보내 감시 체계도 마련했죠. 그
리고 '왕의 길'이라 불리는 도로망을 정비하고, 역참제도 강화해 제국 전

체가 하나의 유기체처럼 움직이게 만들었습니다. 무역을 활성화하려는 노력도 인상적입니다. 화폐와 도량형 제도를 정비해 상거래를 편리하게 만들었고, 지중해와 홍해를 잇는 운하까지 건설했어요. 이런 정책들은 당시로선 정말 혁신적인 시도들이었죠. 다리우스 1세는 자신이 '신의 뜻에 따라 세계를 다스리는 왕'임을 자부했습니다.

> 나, 다리우스 왕은 위대한 왕, 왕 중 왕이다. 광명의 신 아후라 마즈다의 높으신 뜻에 따라 왕이 됐다. 제국을 나에게 주신 아후라 마즈다의 높으신 뜻에 따라 나는 나에게 속한 이 나라들, 즉 페르시아, 엘람, 바빌로니아, 이집트, 아라비아, (…) 인더스 강가, 이 모든 지역을 지배하는 왕이다. 왕이 말하노라. 나에게 속한 이 나라들은 아후라 마즈다의 높으신 뜻에 따라 나를 왕으로 섬겼고 나에게 공물을 바쳤다.
>
> _다리우스 1세의 전승 기념비 비문

페르시아 제국의 특별한 점은, 정복지에 대해 '관용적인 통치'를 펼쳤다는 것이에요. 아시리아처럼 강압적으로 지배한 것이 아니라 각 민족의 문화와 종교, 언어를 인정하며 세금만 거두는 방식이었죠. 덕분에 페니키아인들의 무역 활동도 보호받을 수 있었고, 제국 전체가 200년 동안 평화를 유지할 수 있었습니다. 하지만 아무리 거대한 제국이라도 위기는 찾아오는 법이죠. 지중해 해상권을 둘러싼 그리스와의 전쟁에서 잇따라 패배하고, 속주 총독들의 반란이 끊이지 않자, 점점 내부에서 균열이 생기기 시작했어요. 결국 기원전 330년, 알렉산드로스 대왕에게 정복당하며 아케메네스 왕조 페르시아는 역사 속으로 사라지게 됩니다.

동서 문명의 교차로, 고대 이란 제국의 찬란한 유산

파르티아 · 박트리아 · 사산 왕조 페르시아의 흥망성쇠
• 기원전 247~651년 •

비단길의 중심에서 경제 번영을 이룬 파르티아 왕국

알렉산드로스 제국이 분열한 뒤, 이란 계통인 파르니족의 족장이었던 아르사케스가 기원전 247년에 파르티아 왕국을 세웠습니다. 여기서 잠깐! 우리가 보통 '페르시아'라고 부르는 나라는 사실 자국에서는 '이란'이라고 불렀어요. '페르시아'는 주로 서양에서 부른 이름이고, 이란은 그 나라 사람들이 스스로 부르던 이름이라는 점도 기억해 두면 좋겠죠.

파르티아는 기원전 2세기 무렵, 미트라다테스 1세 때 가장 전성기를 누렸어요. 이 시기에 박트리아, 바빌로니아, 아르메니아 등을 정복하면서 메소포타미아에서 인더스강에 이르는 대제국으로 성장합니다. 정복한 지역에 대해서는 비교적 관대한 통치를 펼쳤습니다. 이 과정에서 시리아 왕국의 행정 제도를 도입했고, 도시를 중심으로 발달한 그리스 문화의 영향을 받았지요.

파르티아는 수도 크테시폰(지금의 이라크 바그다드 남동쪽)을 중심으로 로마 제국, 중국의 한, 인도를 잇는 중요한 동서 교역로를 장악했어요. 훗날 비단길(실크로드)로 발전하게 되는 이 교역로를 통해 비단 중계 무역을 독점하면서 파르티아는 큰 경제적 번영을 이루게 됩니다.

파르티아는 주변 강대국들(로마 제국이나 인도의 쿠샨 왕조)과의 끊임없는 경쟁으로 국력이 점점 약해지게 되죠. 결국 기원후 226년, 다시 이란 지역을 통일한 '사산 왕조 페르시아'에 의해 멸망하고 맙니다. 이 사산 왕조는 이후 651년까지 이란 지역을 다스리며 또 다른 전성기를 이끌게 되죠.

헬레니즘을 전파시킨 박트리아 왕국

기원전 246년, 디오도투스는 중앙아시아 지역에 그리스계 헬레니즘 국가인 '박트리아 왕국'을 세웁니다. 수도는 박트라, 지금의 아프가니스탄 북부 지역이에요. 이 나라는 헬레니즘 국가답게 그리스어가 사용됐고, 그리스식 화폐가 유통됐으며, 전반적으로 그리스 문화의 영향을 강하게 받

았죠.

박트리아 왕국은 이후 지금의 파키스탄 북서부와 아프가니스탄 북동부에 해당하는 '간다라 지방'까지 진출했는데요. 이 과정에서 그리스 문화를 전파하고, 우리가 알고 있는 간다라 미술의 기반이 형성됐습니다.

하지만 박트리아의 통치는 오래 지속되진 못했어요. 내부적으로는 정권 쟁탈전이 잦았고, 외부 침략이 계속됐거든요. 결국 기원전 138년, 중앙아시아의 강력한 유목 민족인 대월지의 공격으로 박트리아 왕국은 역사 속으로 사라지게 됩니다.

찬란한 문화를 꽃피운 사산 왕조 페르시아

3세기 초, 이란 계통의 농경민들이 세력을 이루면서 페르시아의 부흥을 꾀한 새로운 제국, 바로 '사산 왕조 페르시아'가 탄생하게 됩니다. 이들은 메소포타미아에서 인더스강에 이르는 광대한 영토를 다스리며 중앙 집권적인 정치 체제를 확립했어요. 사산 왕조 페르시아는 무엇보다 동서 교역로의 주도권을 잡기 위해 로마 제국 및 쿠샨 왕조 등과 치열한 경쟁을 벌이며 세력을 키워 나갔죠.

사산 왕조의 전성기를 이끈 인물이 바로 호스로 1세예요. 그는 사막길과 바닷길을 장악해 동서 무역의 중심에 서면서, 비잔티움 제국, 돌궐, 인도, 중국 등과 활발히 교역하며 경제적 번영을 이뤄 냅니다.

문화적으로도 사산 왕조는 독특한 면모를 지니고 있었는데요. 조로아스터교를 국교로 삼고, 페르시아어를 공용어로 사용하면서 자국의 정체성을 강화했어요. 그뿐만 아니라 그리스, 인도, 중앙아시아의 문화까지 수용하고 융합하면서 고유한 페르시아 문화를 발전시켰습니다. 이 과정에서 크리스트교와 불교도 유입됐고, 다양한 종교가 결합된 '마니교'도 등장하게 됩니다. 특히 건축과 공예에서 빛나는 성과를 남겼죠. 염색 기술, 금은 공예, 유리 제작 등은 당대 세계 최고 수준으로 평가받았어요.

하지만 이렇게 찬란했던 사산 왕조 페르시아도 왕실 내부 반란과 비잔티움 제국과의 끊이지 않는 전쟁으로 점차 국력이 약화됐고, 결국 651년,

아라비아반도를 중심으로 발전한 이슬람 세력에 의해 역사 속으로 사라지
게 됩니다.

빛과 어둠의 신을 섬긴
페르시아의 문화와 종교

조로아스터교와 마니교로 본 페르시아 왕조의 유산
• 기원전 600~1300년 •

융합과 포용의 제국, 아케메네스 왕조

아케메네스 왕조 페르시아에서는 불을 숭배하는 종교, 조로아스터교가 널리 믿어졌어요. 기원전 6세기경, 예언자 자라투스트라(영어식 이름은 조로아스터)가 창시한 이 종교는 『아베스타』라는 경전을 중심으로 유일신 아후라 마즈다를 숭배했죠.

조로아스터교의 핵심 교리는 세상을 '선'과 '악'의 대결 구도로 바라본다는 점입니다. 광명의 신 아후라 마즈다와 암흑의 신 아리만이 끊임없이 싸우고 있다는 관점을 취했기 때문에, 인간 역시 선한 선택을 통해 아후라 마즈다의 편에 서야만 최후의 심판에서 천국에 이르게 된다고 믿었어요. 이런 사상은 아케메네스 왕조의 대표적인 왕인 다리우스 1세의 후원을 받아 제국 전역으로 퍼졌고, 훗날 사산 왕조 페르시아 시기에는 아예 국교로 공인되기도 했습니다.

　조로아스터교의 선과 악의 대립, 천국과 지옥, 죽은 자의 부활이나 최후의 심판과 같은 교리는 단지 페르시아에만 머물지 않았어요. 훗날 유대교, 크리스트교, 이슬람교뿐 아니라 인도의 대승 불교 사상에도 큰 영향을 끼치며 세계 종교사의 중요한 흐름 중 하나가 됐습니다.

자라투스트라

　문화적으로도 아케메네스 왕조는 굉장히 포용적인 태도를 보였는데요. 이집트, 바빌로니아, 아시리아, 그리스 등 다양한 민족의 문화를 받아들이고 융합해, 국제적인 성격을 띤 다채로운 문화를 이룩했습니다. 여러 건축 양식이 조화를 이룬 궁전과 신전, 금·은·유리로 정교하게 만든 공예품이 발달했죠. 이러한 페르시아의 문화적 포용성과 정교한 예술성은 파르사(페르세폴리스) 왕궁의 유적과 유물들을 통해 잘 확인할 수 있습니다. 제국의 규모만큼이나 문화적 깊이와 다양성도 대단한 시기였던 거죠.

문화와 종교의 중심지, 사산 왕조 페르시아

　사산 왕조 페르시아에서는 세계주의적 성격을 지닌 독특한 종교, 바로 '마니교'가 등장합니다. 이 종교는 3세기경, 예언자 마니가 창시한 것으로, 조로아스터교를 기반으로 하면서도 동방의 불교와 서방의 크리스트교(특히 경교)의 가르침을 융합한 형태였어요.

　마니교는 현세를 부정하는 금욕주의와 정신주의적 성향이 강했습니다. 이러한 성향은 세속화가 진행되던 조로아스터교와는 큰 대조를 이루었고,

페르세폴리스

때문에 국가 종교였던 조로아스터교와 갈등을 빚게 됐죠. 결국 마니교는 사산 왕조 페르시아 내부에서는 이단으로 규정되어 탄압받았지만, 중앙아시아와 중국에까지 전파되며 14세기까지도 번성했습니다.

문화적으로도 사산 왕조 페르시아는 비잔티움 제국으로부터 전해진 그리스 철학과 자연과학을 적극적으로 흡수했어요. 동시에 주변 여러 나라와 활발하게 교류하며, 서아시아 문화의 중심지로 자리 잡게 됩니다. 특히 건축과 공예 분야에서 남긴 유산은 굉장히 뛰어났는데요. 유리그릇, 은그릇, 견직물, 도자기의 제작 기술과 양식은 당시 서아시아 세계에만 머무르지 않고, 동쪽의 중국, 한국, 일본으로까지 전파되며 동아시아 문화에 큰 영향을 주었습니다. 사산 왕조 페르시아는 단순한 제국을 넘어, 서양과 동양을 잇는 문화 교류의 허브로서 중요한 역할을 한 셈이죠.

이슬람의 탄생, 아랍 세계의 기적 같은 등장

사막의 민족에서 지국으로 가는 이슬람교의 역사
· 610~750년 ·

이슬람교의 탄생과 성장

아라비아반도는 대부분이 사막과 초원으로 이뤄진 지역이에요. 이런 환경적 요인 덕분에 아랍인들은 주로 오아시스를 중심으로 농사를 짓거나 유목 생활을 하며 살아갔죠. 그러다 6세기 후반, 사산 왕조 페르시아와 비잔티움 제국 사이의 갈등이 심화되면서 기존의 교역로가 막히게 됩니다. 이 틈을 타 상인들은 새로운 동서 무역로를 개척하게 됐고, 그 과정에서 메카와 메디나 같은 아라비아의 교역 도시들이 빠르게 성장하게 됐죠.

하지만 교역이 활발해지면서 일부 상인 귀족들이 부를 독점하게 됐고, 이로 인해 빈부 격차가 심해졌습니다. 게다가 부족마다 각기 다른 신을 섬기기에, 부족 간 전쟁과 분열도 끊이지 않았죠. 이런 혼란한 사회는 7세기 초까지 이어지는데, 이때 등장한 인물이 바로 무함마드입니다. 그는 메카 출신의 상인이었지만, 유대교와 크리스트교의 영향을 받아 알라Allah라

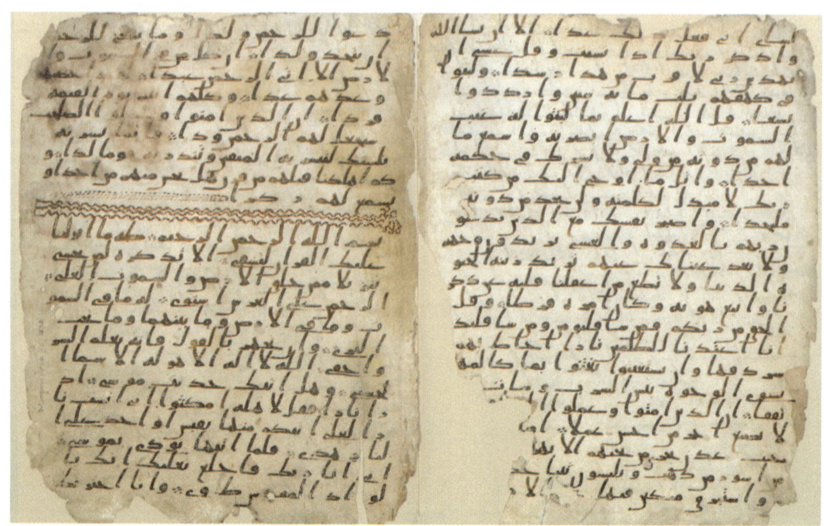

「쿠란」

는 유일신을 섬기는 '이슬람교'를 창시하게 돼요. 무함마드는 우상 숭배를 금지하고, 오직 유일신 알라에 대한 절대 복종을 강조했으며, 만민 평등과 형제애를 내세우며 '모든 인간은 신 앞에서 평등한 존재'라는 메시지를 전했습니다. 이러한 가르침은 억압받던 서민과 약자들의 지지를 받으며 빠르게 퍼져 나갔어요.

알라는 모세에게 성서를 주고 (…) 마리아의 아들 예수에게 권능을 내려 성령으로 그를 보호했다. (…) 우리는 알라를 믿고, 우리에게 계시가 내려진 것과 아브라함과 이스마엘과 이삭과 야곱과 (…) 모세와 예수, 예언자들이 계시 받은 것들을 믿는다. 그 누구도 구별하지 아니하며 알라만을 믿는다.

_『쿠란』

무함마드의 가르침은 경전 『쿠란』에 담겨 있는데요. 이는 알라가 무함마드에게 내린 계시를 기록한 책이에요. 지금은 여러 언어로 번역돼 있지만, 이슬람권에서는 아랍어로 된 원문만을 진정한 『쿠란』으로 여기고, 다른 언어 번역본은 주석서로 간주합니다.

『쿠란』에는 이슬람교의 기본 교리인 '6신 5행'이 명시돼 있습니다. 여기서 6신이란 믿어야 할 여섯 가지(알라, 천사, 성서, 사도, 최후의 심판일, 정명에 대한 믿음), 5행이란 즉 실천해야 할 다섯 가지 의무(신앙 고백, 예배, 자선, 금식, 성지 순례)입니다. 이슬람은 단순한 종교가 아니라 삶의 방식 전반을 아우르는 생활 종교인 셈이죠.

이슬람교는 유일신 사상과 평등을 강조하며 점차 세력을 키워 나갔습니다. 그로 인해 무함마드는 메카의 보수적인 귀족층으로부터 온갖 탄압을 받았죠. 무함마드는 박해를 피해 메카를 떠나 메디나로 이주했습니다. 이 사건을 가리켜 '헤지라(성스러운 이주)'라 부르는데, 헤지라가 발생한 622년은 이슬람력의 기원이 됐어요. 이후 메디나에서 교세를 확장한 무함마드는 여러 차례 전투를 거쳐 메카를 장악했고, 630년 아라비아반도 대부분을 통일하며 교세를 확장했습니다.

이슬람 제국의 확장과 분열

632년, 무함마드가 세상을 떠난 뒤 이슬람 공동체는 '무함마드를 잇는 계승자'라는 뜻의 '칼리프'를 선출하게 됩니다. 칼리프는 단순한 종교 지도자에 그치지 않고, 정치와 종교를 모두 이끄는 최고 통치자의 역할을 맡았어요. 이슬람 세계는 칼리프 체제를 통해 세력을 확장해 나갔는데, 정복지에서는 이슬람교로 개종하면 세금 감면 등의 혜택을 주는 방식으로 교

세를 넓혔으며, 이집트와 사산 왕조 페르시아 등을 정복해 강력한 대제국으로 성장했죠.

제4대 칼리프까지는 무함마드와 함께 활동하던 동료들 가운데서 칼리프가 선출됐습니다. 이 시기를 '정통 칼리프 시대'라고 부르는데, 이슬람의 가르침에 충실했던 시기였죠. 이슬람 세계에는 성직자 같은 종교적인 계급이 없었고, 계급이나 종족에 따른 차별 역시 없었습니다. 정복지 주민들에게도 '지즈야(인두세)'만 납부하면 기존 종교를 허용했어요. 평등과 타 종교에 대한 관용적인 태도, 강력한 군사력으로 이슬람 세력은 빠르게 성장할 수 있었죠.

하지만 세력이 커지면서 칼리프의 선출을 둘러싼 갈등이 터지고 맙니다. 무함마드의 사촌이자 사위였던 알리가 제4대 칼리프로 선출됐지만, 이 과정에서 정치적 반대파와의 갈등이 심화되다가 암살당하는 일이 벌어진 거예요. 이후 시리아 총독이었던 무아위야가 661년 우마이야 왕조를 수립하고, 칼리프 직위를 가문 세습으로 바꾸면서 우마이야 왕조의 정통

성을 둔 대립이 발생합니다.

이때부터 이슬람 세계는 '수니파'와 '시아파'로 나뉘게 되죠. 수니파는 무함마드의 언행과 생활 방식(순나)을 따르며, 능력과 자질이 있다면 누구나 칼리프가 될 수 있다는 입장으로, 공동체의 통일을 중시합니다. 반면 시아파는 알리와 그의 후손만이 정통 후계자라며 무아위야와 우마이야 왕조의 정통성을 인정하지 않았습니다.

우마이야 왕조는 수도인 다마스쿠스를 중심으로 중앙아시아에서 북아프리카, 이베리아반도에 이르는 광대한 영역을 정복했어요. 또 아랍어를

수니파	시아파
무함마드 '순나' 모두 칼리프가 될 수 있음	알리와 알리의 후손만 정통한 후계자

공용어로 삼고, 화폐를 통일하는 등 행정적 통일 정책을 추진하며 이슬람 제국으로서의 기틀을 다졌습니다.

물론 문제도 많았습니다. 만민 평등을 강조하던 이슬람 교리와 달리 우마이야 왕조는 아랍인을 우대하고 비아랍계 무슬림을 차별했어요. 이런 아랍인 우월주의는 비아랍인의 불만을 불러일으켰고, 우마이야 왕조의 정통성을 인정하지 않는 시아파 세력을 키우는 결과를 가져왔죠. 결국 750년, 시아파의 지원을 받은 아바스 가문이 우마이야 왕조를 무너뜨리고 '아바스 왕조'를 세우게 됩니다.

아바스 왕조는 이듬해인 751년, 중국 당과의 '탈라스 전투'에서 승리하며 동서 교역로를 장악했어요. 이후 수도 바그다드는 동서양의 문화와 상품이 집결하는 국제 도시로 급성장하며, 지식과 예술, 과학이 꽃피는 황금기를 맞이하게 돼요.

정책적으로도 아바스 왕조는 큰 전환점을 만들어 냈습니다. 이슬람교 개종자에게 세금을 감면해 주고, 아랍인의 특권을 폐지하며, 비아랍 무슬

림도 능력에 따라 관직에 임명하는 등 이슬람 내의 평등을 강조했죠. 그 덕분에 아바스 왕조는 다양한 민족과 문화가 함께하는 '범이슬람 제국'으로 발전할 수 있었던 겁니다.

이슬람 제국의 부흥과 문화적 유산

지중해 무역부터 르네상스까지, 파티마 왕조와 셀주크 튀르크
· 750~1258년 ·

우마이야 왕조의 몰락과 후우마이야 왕조의 부흥

우마이야 왕조가 아바스 왕조에 의해 멸망한 이후에도 그 세력의 일부는 완전히 사라지지 않았어요. 756년, 우마이야 왕조의 일파는 이베리아 반도로 건너가 '후우마이야 왕조'를 세우고, 코르도바를 수도로 삼았습니다. 이후 후우마이야 왕조는 지중해 무역을 통해 경제적으로 번영했고, 코르도바는 학문과 예술, 과학이 융성한 서방 이슬람 문화의 중심지로 성장했죠.

한편 10세기 초에는 또 다른 변화가 일어납니다. 이집트를 점령한 시아파 계열의 '파티마 왕조'가 카이로를 수도로 삼고, 아바스 왕조의 권위를 부정하며 '칼리프'라는 칭호를 사용한 거예요. 이에 맞서 후우마이야 왕조의 지도자 또한 자신을 '칼리프'라 칭하게 되면서, 이슬람 세계에는 무려 세 명의 칼리프가 존재하는 혼란의 시기가 도래하게 됩니다.

이와 더불어 이란 계통의 시아파 세력인 '부와이 왕조'도 945년에 바그다드를 점령하며 새롭게 등장했어요. 이처럼 정통성을 둘러싼 갈등과 분열, 그리고 여러 왕조의 경쟁과 병존은 이슬람 세계가 정치적으로 얼마나 복잡했는지를 잘 보여주는 장면입니다.

셀주크 튀르크의 부상과 이슬람 세계의 재편

중앙아시아에서 서아시아 사이사이로 이주한 튀르크계 민족들은 9세기 중엽 이후, 이슬람 세계에서 점차 중요한 세력으로 떠오르게 됩니다. 이들은 맘루크라 불리는 용병 신분으로 아바스 왕조의 친위대나 이슬람 지방 정권의 군대에서 활약했어요. 이후 10세기 중엽에는 튀르크계의 카라한 왕조가 이슬람으로 개종하면서 세력을 확장했고, 튀르크인들은 점차 이슬람 세계의 핵심 주체로 부상하게 됩니다.

특히 10세기 중반 오우즈 족의 족장 셀주크는 이슬람으로 개종 후 카스피해 부근에 '셀주크 튀르크'를 세우며 세력을 확대했습니다. 결국 11세기

에는 부와이 왕조를 무너뜨리고 바그다드를 점령, 이슬람 세계의 새로운 지배 세력으로 떠올랐죠. 이때 아바스 왕조로부터 '술탄'이라는 칭호를 받아 정치적 실권을 갖게 되는데, 여기서 술탄은 아랍어로 '권위', '권력'을 뜻하며 이슬람 세계의 실질적 정치 지배자를 의미합니다.

셀주크 튀르크는 이란을 중심으로 서쪽으로는 지중해까지 영토를 확장하고, 동쪽으로는 중앙아시아에 이르기까지 세력을 넓혔어요. 상업과 학문도 활발히 장려하며 이슬람 문화의 전성기를 이끌었습니다. 특히 예루살렘, 아나톨리아 지역까지 진출하면서 비잔티움 제국을 압박하게 되는데요. 바로 이 사건이 11세기 후반 십자군 전쟁의 도화선이 됩니다.

하지만 십자군 전쟁이 장기화되고, 왕위를 둘러싼 내부 갈등까지 겹치면서 셀주크 튀르크는 점차 분열되기 시작해요. 케르만 셀주크, 아나톨리아 셀주크, 시리아 셀주크 등으로 분열했죠. 이후 셀주크 튀르크의 보호 아래 명맥을 이어가던 아바스 왕조는 정치적 권력을 잃고 종교적 권위만을 유지하다가 1258년, 몽골군을 이끈 훌라구의 침공으로 최종적으로 멸망하고 맙니다. 이 사건은 고대부터 이어져 온 이슬람 세계의 중심축이 결정적으로 흔들리는 역사적 전환점이었다고 할 수 있습니다.

상업과 학문, 예술과 과학의 황금기

이슬람교는 상업 활동을 긍정적으로 여기고 장려했던 종교였어요. 이 덕분에 이슬람 세계에서는 상업과 무역이 매우 활발하게 이루어졌습니다. 특히 751년 탈라스 전투를 계기로 동서 교역로를 확보하면서 이슬람 상인들은 국제 무역의 핵심 주체로 부상하게 됩니다.

당시 바그다드나 코르도바 같은 대도시에는 중국의 비단과 도자기, 인도의 향신료와 면포, 러시아의 모피, 동남아의 향신료, 아프리카의 금·상아·노예, 비잔티움 제국의 유리와 견직물 등 다양한 물품들이 거래됐어요. 이슬람 상인들은 유럽, 중앙아시아는 물론 아프리카와 동아시아까지 활발히 오가며 해상 무역도 주도했죠.

이슬람 제국은 정복지의 문화들을 수용하면서 이슬람교를 중심으로 한 다채로운 문화를 발전시켰어요. 『쿠란』을 통해 이슬람교와 더불어 아랍어가 함께 전파됐고, 이로써 넓은 지역에서 공통의 종교와 언어를 바탕으로 한 이슬람 문화권이 형성됐습니다. 『쿠란』을 깊이 연구하는 과정에서 신학·법학·언어학이 발달했고, 그리스 철학과의 접목을 통해 아리스토텔레스의 학문 등이 다시 정리됐죠. 이런 지적 유산은 훗날 유럽의 스콜라철학 발전에도 영향을 주었습니다.

또한 역사 연구와 무함마드의 전기를 만드는 과정을 통해 역사학이, 상업 활동과 성지 순례·교역로 확보 등을 수행하는 과정에서 지리학이 발전했어요. 예를 들어 이븐 바투타는 이집트와 중국 등지를 여행하며 『여

모스크 양식아라베스크 무늬

행기』를 남겼고, 이븐 할둔은 『역사 서설』에서 사회의 형성과 변화의 법칙을 설명했죠.

문학에선 『아라비안 나이트(천일야화)』가, 건축에선 돔과 뾰족한 탑을 갖춘 모스크 양식과 식물·기하학적 무늬의 아라베스크 양식이 대표적이었어요. 미술에서는 페르시아 전통을 계승한, 정교하고 화려한 세밀화가 발달하며 이슬람 미술의 특징을 이루었습니다.

자연과학 분야도 눈에 띄게 발전했는데요. 인도에서 들여온 숫자 체계를 바탕으로 '0'을 포함한 아라비아 숫자를 정립했고, 연금술을 바탕으로 화학과 합금 기술을 발달시켰으며, 천문학에서는 태양력을 만들어 지구 구형설을 설명했습니다. 화학에서는 실험을 통해 승화작용, 알칼리와 산의 구별법 등을 발견했고, 물리학에서는 광학 연구와 비중 측정을 진행했으며, 의학에서는 외과 수술과 예방 의학에서 탁월한 성과를 보였죠. 이슬람 과학자와 의학자의 저술은 유럽에 전해지며 근대 과학 성립에 기여했습니다.

이슬람의 과학 지식은 중국의 제지법, 화약, 나침반과 함께 유럽에 소개돼 동서 문화 교류에 공헌했습니다. 유럽 문화에 자극을 주어 유럽의 근대 과학 성립 및 르네상스 운동에도 영향을 미쳤어요.

일한국부터 오스만 제국까지…
이슬람 제국의 부흥과 몰락

중앙아시아에서 서아시아로 이어진 이슬람 제국들
• 1256~1922년 •

일한국과 티무르 왕조의 부흥과 문화 융합

1258년, 칭기즈 칸의 손자인 훌라구가 서아시아의 아바스 왕조를 무너뜨리고 지금의 이란 지역에 '일한국'을 세웠습니다. 건국 초기에는 몽골 제국의 전통을 중시하며 불교와 샤머니즘 등 다양한 종교가 공존했지만, 시간이 흐르면서 이슬람교를 국교로 받아들이는 등 이슬람 국가화되었죠. 일한국은 페르시아 지역에 이슬람 문화의 중심지로 자리 잡았으나 14세기 중반 내부 분열로 사실상 붕괴했습니다.

중앙아시아에서 칭기즈 칸의 후예임을 자처하며 등장한 티무르는 1370년 몽골 제국의 부흥과 이슬람 세계의 확대를 내세워 '티무르 왕조'를 수립했어요. 티무르는 중앙아시아에서 서아시아에 이르는 지역까지 정복 전쟁을 펼치며 광대한 제국을 건설했죠.

티무르 왕조는 유럽, 이슬람 세계, 중국을 잇는 동서 교역로의 요충지에

자리하면서 중계 무역을 통해 경제적 번영을 누렸고, 수도 사마르칸트는 중앙아시아의 중심 도시이자 국제적인 상업 도시로 성장했습니다. 그 결과 이슬람 · 페르시아 · 튀르크 · 중국 문화가 뒤섞인 티무르 왕조의 독특한 문화가 형성됐고, 이는 동서 문화 교류와 발전에 큰 기여를 하게 돼요.

하지만 티무르는 1405년, 약 20만 명의 정예군을 이끌고 명을 정벌하러 가던 도중 병사하게 됩니다. 그의 갑작스러운 죽음 이후, 티무르 제국은 일시적인 번영을 이어가긴 했지만, 15세기 중엽부터 후계자들 간의 권력 다툼이 심화되면서 국력이 점차 약화됐습니다. 결국 분열된 채 차례로 소멸하고 말았어요.

페르시아의 부흥을 이끈 사파비 왕조

티무르 사망 이후 1501년, 이란 지역에서는 이스마엘 1세가 고대 페르시아 제국의 계승을 자처하며 '사파비 왕조'를 세웠습니다. 사파비 왕조는 시아파 이슬람교를 국교로 삼고, 통치자의 칭호로 페르시아 전통의 '샤

(왕)'를 사용하며 페르시아 민족의식 부흥에 힘을 쏟았죠. 이로써 시아파 이슬람 또한 수니파인 오스만 제국에서 벗어나 자신들만의 국가를 가질 수 있게 됐습니다.

16세기 말, 아바스 1세 때 사파비 왕조는 전성기를 맞이합니다. 그는 수도를 이스파한으로 옮겨 아름답고 번영한 국제도시로 발전시켰고, 강력한 군대를 바탕으로 영토를 확장해 나갔습니다. 특히 오스만 제국에게 빼앗겼던 바그다드를 탈환하는 등 군사적 성과도 거뒀죠. 또한 그는 경제 발전을 위해 비단 산업을 국영화하고, 외국 상인과의 교류를 장려하는 등 중상주의적 경제 정책도 펼쳤습니다. 이런 정책은 사파비 왕조의 재정을 안정시키고 이스파한을 국제 교역의 중심지로 만들었어요.

하지만 시간이 흐르며 이슬람 법학자들과 신학자들인 울라마의 권한이 지나치게 강해지면서 왕권과의 갈등이 불거졌고, 여기에 더해 왕위 계승 과정에서의 잦은 내분이 이어지면서 국력은 점차 약화됐습니다. 결국 1736년 아프간족의 침입을 막지 못하고 사파비 왕조는 멸망하게 됐어요.

오스만 제국의 성립과 전성기

13세기 말, 소아시아(오늘날의 튀르키예 대부분에 해당하는 아나톨리아반도의 옛 명칭으로 아시아의 서쪽 끝 흑해, 에게해, 지중해에 둘러싸인 반도)에서 성장한 튀르크 계통의 오스만족은 1299년 셀주크 튀르크의 지배에서 벗어나 아나톨리아반도를 중심으로 '오스만 제국'을 세웠습니다. 이후 오스만 제국은 뛰어난 군사력을 바탕으로 유럽으로 진출하며, 발칸반도에 있던 비잔티움 제국의 대부분을 정복하게 됩니다. 이때부터 오스만의 지도자들은 정치적 지배자를 의미하는 '술탄'이라 불렸고, 종교적 권위까지 더해지면서 점점 더 강력한 권력을 갖게 됐어요.

특히 메흐메트 2세는 1453년 비잔티움 제국을 멸망시키고, 수도였던 콘스탄티노폴리스를 이스탄불로 개칭해 오스만 제국의 새로운 중심지로 삼습니다. 이후 대대적인 도시 복원 사업과 법령 정비를 통해 제국의 통치 기반을 안정적으로 구축했죠.

그 뒤를 이은 셀림 1세는 메소포타미아 지방과 이집트, 북아프리카까지

정복하며 유럽·아프리카·아시아에 걸친 대제국을 형성했고, 이 과정에서 이슬람의 두 성지인 메카와 메디나의 보호권을 확보하여 '칼리프'의 칭호도 이어받게 됩니다. 이에 따라 오스만 제국은 정치·군사뿐 아니라 종교적인 권위까지 모두 아우르는 '술탄·칼리프제'를 확립했어요.

16세기 초 술레이만 1세 때는 오스만 제국의 전성기였습니다. 그는 헝가리를 정복하고 오스트리아 빈까지 포위했으며, 지중해 해상권을 놓고 벌인 전투에서 유럽 연합 함대를 격파하며 지중해·홍해·아라비아해 연안까지 세력을 넓혔습니다. 이로써 육로·해상 무역 모두를 장악하게 되며, 동서 무역 장악은 물론, 지중해 교역의 이익까지 독점할 수 있게 됐죠.

그러나 17세기 말에는 헝가리를 상실하고, 18세기 들어서는 유럽 열강의 팽창과 함께 중앙 정부의 관료 및 군인들의 부패, 지방 세력에 대한 통제력 상실 등이 겹치게 되어 오스만 제국은 서서히 쇠퇴의 길로 접어들게 됩니다.

오스만 제국,
천년 제국의 꿈과 튀르키예의 탄생

다민족 제국의 관용 정책부터 근대화로 가는 길
· 1299~1922년 ·

다민족과 다종교를 아우른 오스만 제국

오스만 제국은 광대한 영토 안에 다양한 민족과 종교가 함께 살아가고 있었기 때문에, 제국의 분열을 막고 효율적으로 통치하기 위해 이슬람 율법에 기반한 관용 정책을 펼쳤습니다. 다양한 민족의 언어와 종교, 전통을 인정하고, 종교나 민족을 이유로 차별하지 않으며, 능력에 따라 관직에 등용하기도 했어요.

특히 비이슬람교도들에게 이슬람으로 개종할 것을 강요하지 않았고, 대신 '지즈야'라는 인두세만 납부하면 자신들의 신앙을 유지하고 공동체를 구성해 종교·교육·언어 등에서 폭넓은 자치를 누릴 수 있게 했습니다. 이러한 관용 정책은 '밀레트 제도'로 발전하게 되는데요. '밀레트'는 아랍어로 '민족'을 뜻하는 말로, 특정 종교를 믿는 종교·정치 공동체가 자치권을 갖는 제도입니다. 오스만 제국은 각 밀레트에 종교적 자유는 물론,

**바자르 또는 바자,
중동 지역의 도심 전통시장**

교육·재판·언어·관습 등 일상생활에서 자율권을 보장했어요. 덕분에 서로 다른 문화와 종교가 공존하며 조화를 이루는 다민족 제국이 유지될 수 있었죠.

또한 제국 전역을 효과적으로 통치하기 위해 촌락에 사는 기병에게 토지에 대한 징세권인 티마르를 부여하고, 유사시에는 말과 무기를 갖춰 전쟁에 나서게 하는 '티마르 제도'를 운영했습니다. 이밖에 정복한 지역의 크리스트교도 소년들 중 우수한 인재를 선발하는 '데브시르메 제도'도 실시했는데요. 이렇게 선발된 소년들은 이슬람교로 개종하고, 엄격한 교육과 훈련을 거쳐 술탄의 친위 부대인 '예니체리' 부대원이 됐습니다. 예니체리는 오스만 제국의 팽창에 핵심적인 역할을 했던 정예 부대였지만, 시간이 지나며 점차 권력 집단으로 변질되다가 19세기에 해체되고 말았어요.

오스만 제국은 수도 이스탄불의 지리적 이점을 활용해 유라시아 교역의 중심지로 번성했습니다. 도시마다 '바자르'라 불리는 대규모 시장이 형성됐는데, 바자르는 동아시아와 인도, 서아시아 등에서 들어온 향료·도자기·비단 등이 유럽으로 흘러들어가는 중계 무역의 중심지 역할을 했죠.

문화적으로도 오스만 제국은 매우 융합적인 성격을 띠었습니다. 이슬람 문화와 튀르크 문화를 바탕으로 비잔티움과 페르시아 문화가 더해져 독창적인 문화를 꽃피웠죠. 특히 건축에서는 비잔티움 양식을 도입한 모스크들이 지어졌습니다. 대표적으로 푸른 타일 장식으로 유명한 '술탄 아흐메트 사원(블루 모스크)'이 있죠.

예술 분야에서는 페르시아 영향을 받은 세밀화가 유행했고, 아라베스크 무늬도 도자기 등에 많이 사용됐습니다. 또한 『쿠란』의 기록과 장식에 활용된 서예도 크게 발전했고요. 문학에선 페르시아 전통을 계승한 궁정 문학이 주를 이뤘고, 학문적으로는 천문학, 수학, 지리학 등 실용적 학문이 함께 발달했습니다.

이처럼 오스만 제국은 다양한 문화를 포용하며 독자적인 문화를 이룩했을 뿐만 아니라, 동서 문명 교류의 중심지로서도 중요한 역할을 했습니다.

쇠퇴하는 오스만 제국을 되살리기 위한 탄지마트 개혁

한때 오스만 제국은 아시아, 유럽, 아프리카에 걸친 광대한 영토와 활발한 중계 무역 덕분에 큰 번영을 누렸습니다. 그러나 18세기 이후로는 중앙 정치의 부패와 지방 세력의 성장으로 점차 쇠퇴하기 시작했죠. 특히 19세기 들어 그리스가 독립하면서 속국들 사이에서도 독립의 열망이 퍼졌고, 세르비아와 이집트 같은 지역에서는 실제로자치권을 획득하는 움직임이 나타났습니다.

오스만 제국은 오랫동안 동서양을 잇는 지리적 요충지에 위치해 있었기에 큰 이점을 가졌지만, 아이러니하게도 그 위치 때문에 나중에는 유럽 열강의 각축장이 되면서 쇠퇴의 원인이 되기도 했습니다. 영국과 러시아 등 강대국들의 간섭과 압박이 거세졌기 때문이죠.

이러한 대내외 위기에 직면한 오스만 제국은

술탄 압둘 메지드

19세기 전반에 '탄지마트Tanzimat'라는 개혁 정책을 실시해 위기를 극복하고자 했습니다. 이 탄지마트는 술탄 압둘 메지드에 의해 추진됐으며, '은혜 개혁'이라고도 불립니다. 중세 이슬람 제국의 틀을 벗고, 유럽식 근대 국가로 탈바꿈하기 위해 유럽의 제도와 문물을 적극적으로 도입하려 했죠. 목표는 부국강병과 제국의 재건이었습니다.

탄지마트의 주요 내용으로는 중앙 집권 행정 체계의 정비, 교육·사법·조세 제도의 서구화, 신식 군대 양성, 그리고 전국적인 도로망·철도·운하 건설 등이 있었습니다. 하지만 이러한 시도들은 기대만큼의 성과를 내지 못했어요. 그래서 1876년에는 미드하트 파샤를 비롯한 개혁적인 관료들이 헌법을 공포하며 입헌군주제 실시와 의회 설립을 추진하게 됩니다.

하지만 개혁은 보수 세력의 반발, 그리고 영국, 프랑스, 러시아 등 유럽 열강의 간섭으로 실질적인 성과를 내기 어려웠습니다. 여기에 더해 오스만 제국은 러시아·튀르크 전쟁에서 패배하면서 유럽 내 주요 영토를 상실했고, 국가 재정도 서양 열강의 통제를 받는 신세가 됐죠.

이러한 상황에서 술탄 압둘 하미드 2세는 대응책으로 '범이슬람주의'를 내세워 이슬람 세계의 결속을 강화하고자 했습니다. 하지만 그는 동시에 의회를 해산하고, 헌법을 폐지하는 등 개혁 정치를 중단하고 전제 정치를 다시 강화했어요. 결국 오스만 제국은 근대화와 개혁의 기회를 살리지 못하고, 내부의 반발과 외부의 압력 속에서 쇠퇴의 길을 걷게 됩니다.

술탄 시대의 종말과 튀르키예 공화국의 탄생

술탄의 전제 정치가 강화되자, 오스만 제국 국민들 사이에서는 점점 불만이 커져 갔습니다. 결국 1908년, 개혁을 꿈꾸던 청년 장교들과 관료, 지식인들이 뜻을 모아 '청년 튀르크당'을 조직했고, 이들은 무력을 바탕으로 정권을 장악한 뒤 헌법을 다시 부활시켰습니다. 이후 이들은 법률 제도의 서구화, 여성의 지위 향상, 근대적 산업 육성, 언론의 자유 보장 등 근대적 정책을 실시하는 동시에 외세 배척 운동을 벌였어요.

문제는 이들이 추진한 개혁이 극단적인 튀르크 민족주의에 기반하고 있었다는 점입니다. 이로 인해 오스만 제국 내에 함께 살고 있던 아랍인, 그리스인, 아르메니아인 등 다른 민족들의 강한 반발을 불러일으켰고, 제국 내부의 결속은 오히려 약화됐죠.

그런 상황에서 오스만 제국은 1912년 발칸 전쟁과 1914년 제1차 세계 대전에 연달아 참전하지만, 모두 패배하고 맙니다. 이로 인해 남아 있던

발칸 전쟁

영토 대부분을 잃게 됐고, 유럽 열강의 간섭은 더욱 심화됐으며, 국제적 위상도 급격히 추락하게 됐어요.

이런 가운데 청년 튀르크당의 당원이었던 무스타파 케말이 등장합니다. 그는 제국의 술탄 제도를 폐지하고, 1923년 '튀르키예 공화국'을 선포, 초대 대통령에 오릅니다. 무스타파 케말은 정치와 종교의 분리, 로마자 도입을 통한 문자 개혁, 일부다처제 폐지, 남녀 평등 보장 및 여성 참정권 허용 등 굵직한 근대화 개혁을 적극적으로 추진했어요. 이처럼 튀르키예의 근대화에 큰 기여를 한 케말에게, 1934년 튀르키예 의회는 '튀르키예인의 아버지'라는 뜻의 '아타튀르크Atatürk'라는 칭호를 수여했습니다.

제국주의에 맞선
아랍·이란·이집트의 민족 운동

서구 열강에 맞선 민족의식 확립과 근대화의 여정
· 1760~1956년 ·

와하브 운동과 사우디아라비아의 탄생

18세기 후반부터 아랍 지역은 점차 오스만 제국의 지배에서 벗어나기 시작합니다. 그러나 서양 제국주의 열강이 본격적으로 침략해 들어오면서, 아랍 사회 전반에 위기의식이 흐르게 되죠. 이러한 상황 속에서 아라비아반도에서 활동하던 이븐 압둘 와하브는 '초기 이슬람교의 정신으로 돌아가자'는 취지로 순수 이슬람 회복 운동, 즉 '와하브 운동'을 시작했습니다.

와하브 운동은 당시 오스만 제국의 지배와 이슬람교 내부의 타락, 형식주의를 강하게 비판하면서 『쿠란』으로 돌아가자'는 구호를 내걸었고, 이슬람의 근본 원리에 충실할 것을 강조했어요. 이 운동은 아랍인의 민족의식을 일깨우는 계기가 됐고, 나아가 오스만 제국에 반대하는 아랍 민족 운동으로 확대됐습니다. 이후 와하브 운동은 '와하브 왕국'의 건설로 이어졌

사우디아라비아 국기

지만, 오스만 제국의 공격으로 다시 무너졌습니다.

그러나 이 와하브 왕국을 후원했던 사우드 가문이 와하브 운동의 사상을 계승하면서 1932년 '사우디아라비아 왕국'을 창건하게 돼요. 와하브 운동 당시 사용됐던 깃발은 오늘날 사우디아라비아의 국기로 쓰이고 있으며, 그 정신 역시 사우디아라비아의 국가 정체성에 반영돼 있습니다.

한편 19세기 말부터 20세기 초에는 시리아, 레바논, 이집트를 중심으로 '아랍 문화 부흥 운동'이 펼쳐졌습니다. 이 운동은 '순수 아랍인에 의한 아랍 사회를 만들자'는 아랍 민족주의에 바탕을 두었는데, 아랍 고전을 새롭게 연구하고, 『성서』를 아랍어로 번역하는 등 아랍과 이슬람 고유문화의 부흥과 정체성 회복에 크게 기여했죠.

같은 시기 이란 지역에서는 '카자르 왕조'가 성립해 통치권을 잡았지만, 19세기 들어 서구 열강의 세력이 침입하면서 외세의 압박이 거세졌습니다. 특히 러시아는 남하 정책을, 영국은 이를 견제하려는 움직임을 보이며 이란을 둘러싼 세력 다툼을 벌였고, 그 사이에서 카자르 왕조는 철도, 삼림, 광산, 물품 전매 등 수많은 경제적 이권과 영토를 서구 열강에게 넘겨주게 됩니다.

그중에서도 1890년, 영국이 담배의 제조 · 판매 · 수출에 대한 독점권을 획득한 사건은 결정적인 반발을 불러왔어요. 담배 산업은 당시 이란 사회에서 중요한 경제 기반 중 하나였기 때문에, 이 조처는 이란의 상인과 농민, 개혁 지식인, 그리고 이슬람 율법학자들까지 모두 분노하게 만들었죠.

결국 이들은 함께 '담배 불매 운동'을 전개했고, 이 운동은 전국적으로 확산됐습니다. 카자르 왕조는 결국 국민의 반발을 이기지 못하고 영국에 넘겼던 담배 독점권을 철회했지만, 그 대가로 막대한 배상금을 영국에게 지불해야 했고, 그로 인해 경제적으로는 영국에 더욱 종속되는 결과를 낳고 말았습니다.

이란의 입헌 혁명과 팔라비 왕조의 개혁

1906년, 이란에서는 입헌 혁명이 일어나 국민 의회가 구성되고 입헌군주제 헌법이 제정됐습니다. 국민들은 왕권을 제한하고 의회 중심의 정치를 실현하려 했던 거죠. 하지만 이러한 변화는 보수 세력의 강한 반발과 영국·러시아의 무력 간섭에 부딪히면서 끝내 실패로 돌아가고 말았습니다. 이후 이란은 사실상 영국과 러시아에 의해 분할 통치되는 상황에 놓였고, 1919년에는 '페르시아-영국 조약'이 체결되며 영국의 강한 영향권 아래 놓이게 됐습니다.

이러한 상황 속에서 군인이었던 레자 칸은 반영 민족 운동을 이끌며 민족적 자주권 회복을 꾀했습니다. 1925년, 그는 카자르 왕조를 무너뜨리고 '팔라비 왕조'를 세우면서 왕(샤)으로 추대돼 '레자 샤'라고 불리게 됐고, 이란의 근대화를 주도하게 됩니다. 레자 샤는 국제 연맹에 가입하고, 중앙 집권 체제를 확립하며, 철도 부설, 서구식 복장 정책(여성의 차도르 착용 금지) 등 일련의 개혁을 추진했어요. 특히 치외법권 철폐, 불평등 조약의 폐기 등을 통해 이란의 자주성을 강화하고, 자주적 근대화의 길을 모색했습니다.

그리고 이 시기에 기존에 외국에서 사용하던 '페르시아'라는 명칭 대신

입헌 혁명

'이란(아리아인의 땅)'을 공식 국호로 지정하고, 외국에도 자국을 '이란'으로 불러줄 것을 요청했죠. '페르시아'와 '이란'은 모두 고대부터 쓰이던 명칭이었지만, 자신들이 사용하던 이란이라는 명칭을 공식화한 셈입니다.

이집트 민족 운동과 수에즈 운하의 국유화

19세기 초, 오스만 제국은 무함마드 알리를 이집트 총독으로 파견합니다. 그런데 무함마드 알리는 단순한 총독에 그치지 않고 이집트를 실질적으로 장악하면서 사실상의 독립을 확보해요. 그리고 이집트를 근대 국가로 만들기 위해 대대적인 개혁에 나섭니다. 프랑스의 지원을 받아 조세 제도와 토지 제도를 개편하고, 유럽식 군대와 행정 기구, 교육 제도를 도입했으며 산업 육성 정책도 펼쳤죠.

하지만 이러한 근대화 정책에는 엄청난 자금이 필요했고, 특히 유럽과

수에즈 운하

인도를 연결하는 전략 요충지인 '수에즈 운하' 건설이 결정적인 재정 부담으로 작용했어요. 이집트는 결국 막대한 건설 비용으로 인해 재정 위기에 빠졌고, 이 틈을 탄 영국이 수에즈 운하의 주식을 매입하며 실질적인 경영권을 장악하게 됩니다. 영국의 내정 간섭도 점차 심해졌고요.

이런 상황에서 1881년, 민족 운동가 아라비 파샤가 이끄는 군부가 '이집트인을 위한 이집트'라는 구호 아래 반영 민족 운동을 일으켰지만, 영국군에 의해 진압당하고 말았습니다. 그리고 1914년, 결국 이집트는 영국의 보호국으로 전락하게 됩니다.

그러나 이집트는 끝내 포기하지 않았습니다. 제1차 세계대전 이후 반영 투쟁 단체 '와프드 알 미스리'가 주도한 정당인 '와프드당'을 중심으로 본격적인 반영 민족 운동이 펼쳐졌어요. 와프드당은 이집트 최초의 근대 정당으로, 완전한 독립을 목표로 투쟁을 이어갔고, 그 결과 1922년에 이집트는 영국으로부터 독립을 쟁취합니다. 다만 수에즈 운하의 관리권과 영국군 주둔권은 여전히 영국 정부에 남아 있었기에 완전한 주권 회복은 아니었죠.

이후 1952년, 군인 출신인 나기브와 나세르가 쿠데타를 일으켜 왕정을 폐지하고 공화국을 수립합니다. 그리고 1953년에 나기브가 초대 대통령으로 취임한 후, 1956년에는 수에즈 운하의 국유화를 선언하면서 이집트는 비로소 진정한 독립국으로 나아가게 됩니다.

침탈에 저항한 아프리카와 서아시아의 목소리

침략과 분쟁 속에서 일국 독립과 민족 해방의 역사
· 1830~1994년 ·

아프리카 민족 운동과 제국주의에 대한 저항

19세기 말, 유럽 열강은 금, 은, 다이아몬드, 고무 등 아프리카의 풍부한 자원을 차지하기 위해 서로 앞다투어 아프리카를 침략하기 시작합니다. 이를 '아프리카 분할'이라고도 하는데요. 열강의 침략에 맞서 아프리카의 여러 민족과 지역은 격렬하게 저항했습니다.

먼저 에티오피아의 메넬리크 2세는 철도와 학교를 설립하고 강력한 군대를 양성하는 등 근대적 개혁을 추진해요. 수에즈 운하 개통 이후 열강의 침략 위협에 직면했지만, 1896년에 '아도와 전투'에서 이탈리아군을 물리치며 독립을 지켜냅니다.

또한 수단에서는 무하마드 아마드가 등장해 구세주를 뜻하는 '마흐디 운동'을 이끌었습니다. 그는 서구의 식민 지배와 이집트의 영향력에 맞서 독립 및 이슬람 국가의 수립을 목표로 저항했으나, 결국 영국 · 이집트 연

합군에 의해 진압되고 맙니다.

남아프리카 동쪽의 줄루 왕국은 1879년에 영국과의 '줄루 전쟁'에서 패배하며 영국의 식민지가 됩니다.

독일의 식민 지배에 저항한 지역들도 있었는데요. 1904년에 나미비아의 헤레로족은 독일의 수탈과 폭력에 저항해 봉기했습니다. 하지만 독일은 이 봉기를 헤레로족 인구의 80%를 학살하는 방식으로 잔혹하게 진압했고, 살아남은 이들은 사막으로 쫓겨나거나 사실상 노예 상태로 전락했습니다. 1905년 탄자니아에서는 '마지마지 봉기'가 벌어졌는데, 이는 독일의 강압적인 면화 재배 정책에 저항한 민중 봉기였어요. 하지만 이 역시 독일군의 무자비한 진압으로 실패하고 맙니다.

알제리는 1830년대부터 30여 년간 프랑스의 식민 지배를 받았지만, 끈질기게 항쟁을 이어갔고, 이후에도 무장 투쟁을 계속 전개하면서 결국 독립을 쟁취하는 데 성공했습니다.

한편, 아프리카 대륙 전체에서는 유럽 제국주의에 맞서 함께 연대하자는 움직임도 등장했는데요. 바로 '범아프리카 회의(Pan-African Congress, PAC)'입니다. PAC는 1900년에 런던에서 처음 개최된 이후, 20세기 내내 아프리카 각국의 민족주의자와 지식인들을 중심으로 지속적으로 열렸어요. 특히 1945년, 영국 맨체스터에서 열린 제5차 PAC는 아프리카의 정치 · 경제적 독립을 요구하며 반제국주의, 반인종차별의 기치를 분명히 내걸었고, 이후 여러 나라의 독립 운동에 큰 영향을 미쳤습니다.

이러한 흐름 속에서 1951년에는 리비아가 이탈리아로부터, 1957년에는 가나가 영국으로부터 독립하게 되죠. 그리고 1960년, 튀니지 · 모로코 · 알제리 · 나이지리아 · 카메룬을 포함해 무려 17개국이 독립을 이뤄내면서, 이 해는 '아프리카의 해'로 불리게 됩니다. 유럽 열강의 식민 통치를 넘어, 아프리카인 스스로의 힘으로 독립과 자주를 쟁취해 나간 역사적 전환점이 된 셈이죠.

서아시아의 독립과 팔레스타인 분쟁의 시작

서아시아 지역은 제2차 세계대전 전후를 기점으로 제국주의 열강의 지배에서 벗어나 하나둘씩 독립을 이루며, 오늘날의 국경 형태와 국가 체제를 갖추어가기 시작했습니다. 1943년에는 레바논이 프랑스로부터 독립했고, 1946년에는 시리아와 요르단이 각각 프랑스와 영국으로부터 독립했습니다.

특히 팔레스타인 지역은 서아시아 현대사에서 가장 민감하고 복잡한 갈등 지역 중 하나로, 그 뿌리는 제1차 세계대전까지 거슬러 올라갑니다. 1917년, 영국의 밸푸어 선언은 "팔레스타인 지역에 유대인의 민족 국가를 수립하는 데 찬성한다"는 내용을 담고 있었는데요, 이는 당시 전쟁에

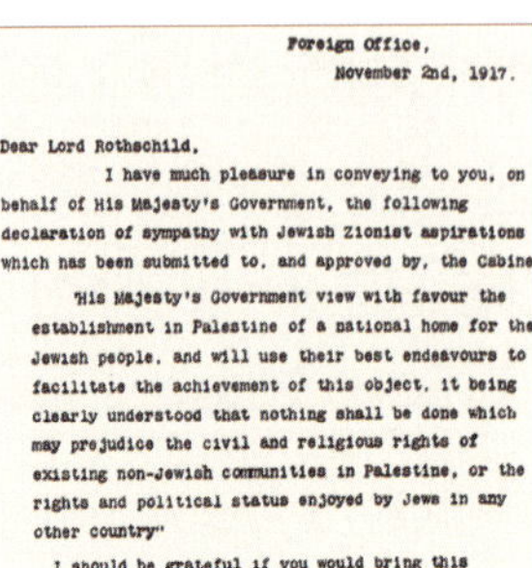

밸푸어 선언　　　　　맥마흔 선언

서 유대인의 지지를 얻으려는 의도에서 나온 것이었습니다. 밸푸어 선언은 1920년에 산레모 회의에서 영국의 공식 정책으로 채택됐고, 미국, 프랑스, 이탈리아 등 열강의 지지도 얻었어요. 그런데 그보다 2년 앞선 1915년, 영국은 '맥마흔 선언'을 통해 아랍인들에게도 독립 국가 건설을 약속했거든요. 즉 영국은 유대인과 아랍인 모두에게 팔레스타인 땅을 약속한 셈이라, 훗날 갈등의 씨앗이 되고 말았습니다.

결국 제2차 세계대전 이후 국제 연합의 결의에 따라 1948년에 '이스라엘'이 수립됩니다. 이를 두고 팔레스타인 지역의 아랍계 주민들과 인근 아랍 국가들(이집트, 시리아, 요르단 등)은 강하게 반발하며 첫 번째 중동 전쟁이 일어나죠. 이 전쟁을 시작으로 총 네 차례의 중동 전쟁이 이어졌고, 이스라엘은 미국의 전폭적인 지원 아래 전쟁에서 연거푸 승리하게 됩니다. 그 결과 이스라엘의 영토는 점점 확대됐고, 팔레스타인 주민들은 난민이 되거나 강제 이주당하는 등 심각한 고통을 겪어야 했습니다.

이에 맞서 팔레스타인인들은 1964년 '팔레스타인 해방기구(PLO)'를 결성합니다. PLO는 무장 투쟁과 외교 협상을 병행하며 팔레스타인의 독립과 자결권을 주장했고, 이후 1993년 오슬로 협정 등을 통해 부분적인 자치 정부 수립에 성공하지만, 예루살렘 지위 문제, 유대인 정착촌 확대, 무장 충돌과 보복 등으로 갈등은 현재까지도 지속되고 있습니다. 이처럼 팔레스타인 문제는 민족, 종교, 영토, 국제 정치가 복잡하게 얽힌 현대 세계사의 가장 아픈 문제 중 하나로 남아 있어요.

넬슨 만델라

한편 아프리카 남단에서는 또 다른 형태의 인권 투쟁이 전개됐습니다. 남아프리카 공화국에서는 '아파르트헤이트Apartheid'라고 불리는 인종차별 정책이 오랫동안 이어졌죠. 이에 맞서 넬슨 만델라는 '아프리카 민족회의(ANC)'를 중심으로 저항 운동을 펼쳤고, 그로 인해 오랜 투옥 생활을 하기도 했습니다. 하지만 그는 비폭력과 화해의 정신으로 남아공 사회를 통합하는 데 헌신했고, 결국 1993년에는 그 공로로 노벨 평화상을 수상했습니다. 또한 이듬해인 1994년에는 남아프리카 공화국 최초의 흑인 대통령으로 선출되며, 인종차별의 철폐와 새로운 민주 국가의 탄생을 이끕니다.

이처럼 20세기 중후반 서아시아와 아프리카는 식민지 지배에서 벗어나 독립을 이루고, 민족과 인권을 둘러싼 역사적 전환점들을 경험하게 됩니다. 하지만 그 과정이 항상 평탄하거나 평화롭지는 않았기에, 오늘날까지도 해결되지 못한 갈등을 남기고 있어요.

시대	주요 사건	시기	핵심 키워드
고대	수메르 문명 형성	기원전 3500년경	도시 국가, 지구라트
	아카드 제국 성립	기원전 2334년경	최초 통일 제국
	우르 남무 법전 편찬	기원전 2100년경	우르 제3왕조
	바빌로니아 왕국 건국	기원전 1894년경	아무르인
	함무라비 법전 제정	기원전 1792~기원전 1750년	왕권, 보복법
	히타이트 법전 등장	기원전 1650년경	소아시아, 철기 문화
	아시리아 제국 성립	기원전 911~기원전 612년	군사 강국, 공포 정치
	신바빌로니아(칼데아) 부흥	기원전 626년	바빌론 재건, 유대 포로
	페르시아 제국 성립	기원전 550년	키루스 2세, 관용 정책
중세	이슬람교 창시	610년	무함마드의 메카 계시
	히즈라(메디나 이주)	622년	이슬람 원년
	정통 칼리프 시대	632~661년	칼리프, 정복, 분열 시작
	우마이야 왕조 성립	661년	세습 칼리프, 다마스쿠스
	압바스 왕조 성립	750년	바그다드, 황금기
	셀주크 튀르크의 바그다드 입성	1055년	수니파 수호자
	오스만 제국 건국	1299년	튀르크계, 술탄제
근대	콘스탄티노플 정복	1453년	메흐메트 2세
	오스만 제국 쇠퇴	1699~1922년	서구 열강, 민족주의
현대	중동 국가 독립	1940~1950년대	탈식민, 민족국가
	이스라엘 건국	1948년	이스라엘-팔레스타인 분쟁
	이슬람 근본주의 대두	1979년~	이란 혁명, 탈세속화

4장

—

일본

일본의 역사는 외부의 충격을 받아들이는 방식에서 그 독특함이 드러난다. 고대부터 중국 문명을 적극적으로 수용하며 국가 체계를 정비했고, 중세 무사 정치와 막부 체제를 통해 독자적인 사회 구조를 형성했다. 에도 시대의 장기 평화 속에서 경제·문화가 성장했으며, 메이지 유신을 계기로 근대화를 가장 빠르게 이뤄낸 아시아 국가로 거듭났다. '받아들이되 일본식으로 바꾼다'는 일본 특유의 변용력은 동아시아 문명 속에서 중요한 비교축을 이룬다.

신들의 나라에서 국가로, 일본 고대와 헤이안 시대

조몬과 야요이, 야마토 정권을 거쳐 나라와 헤이안으로
· 기원전 1만~1185년 ·

선사시대 농경 문화와 정치 제도의 탄생

약 1만 년 전, 일본 열도에서는 신석기 시대에 해당하는 '조몬 문화'가 나타납니다. 이 시기 사람들은 조몬 토기와 간석기를 사용했고, 녹두와 표주박 같은 작물을 재배하는 등 농경의 흔적이 있었습니다. 하지만 여전히 주요 생계 수단은 수렵과 채집이었어요. 물이 가까운 바닷가나 샘 근처에 움집을 지어 살면서 어패류를 주식으로 삼고, 사슴이나 멧돼지를 사냥하거나 도토리, 밤, 호두 같은 자연의 먹거리를 채집해 생활했죠.

이후 기원전 3세기에는 청동기와 철기 제작 기술, 벼농사 기술을 가진 사람들이 중국과 한반도에서 일본, 특히 규슈 북부로 이주하면서 '야요이 시대'가 시작됩니다. 야요이인들은 처음에는 목재 도구와 간석기를 활용해 논을 일구었지만, 점차 쇠를 덧댄 농기구를 사용하면서 농업 생산성이 눈에 띄게 향상되죠. 청동기는 주로 제사에 쓰는 그릇이나 장신구를 만드는 데 활용됐고, 철기는 농기구뿐 아니라 무기 등 실용적인 용도로 폭넓게 쓰였습니다.

기원 전후가 되면서 야요이 문화의 확산과 농업의 발전을 바탕으로 일본 열도 전역에 국가의 형태가 점차 모습을 드러내기 시작해요. 특히 3세기 무렵에는 야마타이국을 중심으로 약 30여 개의 소국이 연합한 세력이 등장합니다. 야마타이국의 여왕 히미코는 제사장의 직위를 겸한 지배자로, 종교적 권위를 바탕으로 나라를 다스렸어요. 『삼국지』 위서 동이전에는 그녀가 "귀도(기이한 술법)를 행하고 백성을 미혹했다"는 기록이 등장하는데, 이는 샤먼적인 종교 지도자로서의 모습을 보여주는 대목입니다. 히미코 여왕은 239년에는 중국의 위에 사신을 파견해 '친위왜왕'이라는 칭호를 받기도 했습니다. 이는 히미코가 일본 고대사에서 중요한 외교적 행보를 남긴 인물임을 보여주는 사례예요.

통일 국가를 수립하고, 주변국의 문화를 수용한 야마토 정권

4세기경, 일본에서는 야마토 정권이 등장해 여러 소국들을 통합하면서 통일 국가로 발전해 갑니다. 이후 6세기에 이르면 쇼토쿠 태자가 등장해 중국과 한반도에서 유입된 유교와 불교를 비롯한 다양한 선진 문물을 적극적으로 수용하게 되죠. 이를 바탕으로 관료제를 정비하고 중앙 집권 체제를 강화해 나갔습니다. 특히 불교를 적극적으로 진흥시킨 점이 특징인데요. 이 시기에는 일본 최초의 본격적인 불교 양식인 '아스카 문화'가 발전했습니다. 대표적인 건축물로는 호류사가 있는데, 이 사찰의 금당 벽화는 고구려 출신 승려 담징이 그렸다고 전해집니다.

7세기에 들어서면서 야마토 정권은 중국의 발전된 문화와 제도를 배우

고구려 승려 담징이 그린 금당 벽화

기 위해 '견수사'와 '견당사'라 불리는 사절단을 수와 당에 파견했습니다. 이들은 유학생과 승려로 구성돼 있었고, 일본의 체제 개혁에 큰 영향을 미쳤죠. 특히 645년, 당의 정치를 배우고 돌아온 유학생들이 중심이 돼 '다이카 개신'을 단행합니다. 이는 당의 율령 체제를 본격적으로 모방해 천황의 권력을 강화하고, 국가의 중앙 집권화를 확립하려는 개혁이었어요.

이러한 개혁의 흐름은 7세기 말 '일본'이라는 국호와 '천황'이라는 군주의 칭호를 공식적으로 사용하기 시작하면서 더욱 뚜렷해졌습니다. 이어 701년에는 '다이호 율령'을 반포해 국가의 정치 운영 체계를 법으로 정비했는데요. 이때 제례를 담당하는 신기관과 정치를 맡는 태정관이라는 두 기관을 설치하고, 태정관 아래에는 여덟 개

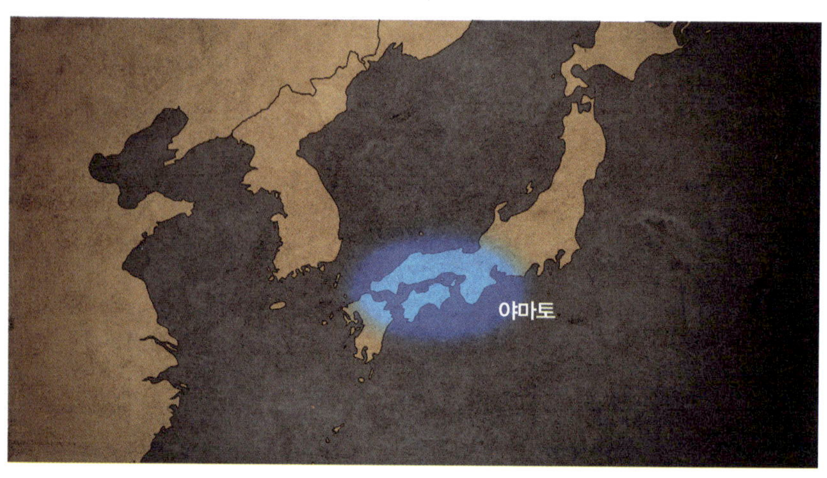

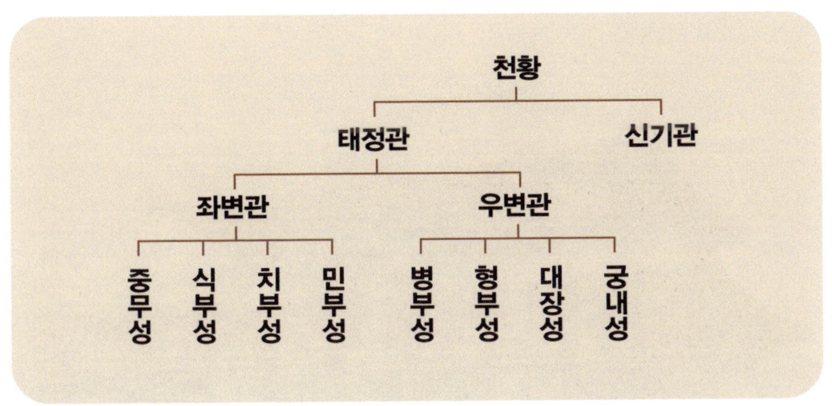

의 행정 부서를 두는 '2관 8성제'를 실시했습니다.

이러한 체계적인 개혁을 통해 일본은 천황을 중심으로 하는 중앙 집권 국가의 틀을 완성해 나갔고, 율령 체제를 기반으로 한 정치 질서를 마련할 수 있었죠. 경제적으로도 조용조제를 통해 조세 제도를 시행하고, 당의 균전제 영향을 받은 '반전수수법'이라는 토지 분배 제도를 실시해 농민들에게 일정한 토지를 나누어주는 방식으로 기반을 다졌습니다. 이런 제도들은 일본 사회의 안정과 천황 중심의 국가 체제 확립에 핵심적인 역할을 하게 됩니다.

중앙 집권 강화와 국품 문화를 발전시킨 나라·헤이안 시대

8세기 초, 일본의 야마토 정권은 수도를 헤이조쿄(지금의 나라)로 옮기게 됩니다. 이 새로운 도시는 중국 당의 수도 장안성을 본떠 설계된 계획 도시였어요. 이로써 일본 역사에서는 '나라 시대(710~794년)'가 시작됩니다. 이 시기 일본은 신라, 당과의 외교 및 문화 교류를 강화하기 위해 견신라사와 견당사를 파견하면서 양국의 선진 문물과 제도를 적극적으로 받아들

도다이사

였죠.

정치적으로는 전국을 '국'과 '군' 단위로 세분화하고, 국가가 농민들에게 토지를 할당해 경작하게 한 뒤, 그 대가로 조세를 징수하는 율령 체제를 확립해 갑니다. 이를 통해 관료제를 중심으로 한 국가 통치 체계가 점차 자리 잡았죠.

문화적으로도 헤이조쿄를 중심으로 귀족적인 분위기와 국제적인 색채를 띤 화려한 문화가 꽃피었습니다. 무엇보다도 불교가 국가의 보호와 후원을 받아 크게 융성했고, 전국적으로 많은 사원과 불상이 만들어졌어요. 이 가운데 대표적인 것이 도다이사입니다. 도다이사는 나라 시대를 대표하는 호국 사원으로 불교의 중심지 역할을 했을 뿐 아니라, 이곳에서 신라의 민정 문서가 발견된 것을 보아 일정한 행정적 역할도 수행했다는 점을 추측할 수 있죠. 또한 이 시기에는 일본 고대의 신화와 역사를 정리한 『고

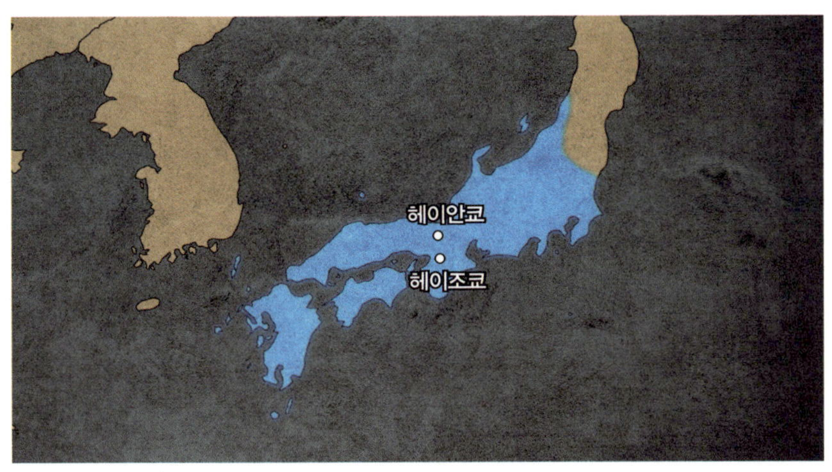

사기』와 『일본서기』가 편찬됐고, 일본 고전 시가를 모은 『만엽집』도 발간 됐습니다.

하지만 시간이 흐르면서 왕위 계승을 둘러싼 왕실과 귀족 간의 대립이 잦아졌고, 그 결과 중앙 집권 체제는 점차 흔들리게 됩니다. 이에 8세기 말, 천황은 정치 개혁을 꾀하고, 특히 불교 세력을 견제하고자 수도를 헤이안쿄(지금의 교토)로 옮기게 되죠. 이로써 약 400년간 이어지는 '헤이안 시대(794~1185년)'가 시작됩니다.

헤이안 시대는 정치적으로는 귀족들이 정권을 좌지우지하면서 천황의 권위가 점차 약화되는 시기였지만, 문화적으로는 일본 고유의 전통이 본격적으로 형성되는 시기였습니다. 귀족과 호족, 사원 세력은 대규모 장원(사유지)을 소유하면서 경제적 기반을 확대했고, 지방에서는 무사 계층이 성장하며 점차 중앙 정치에 진출하게 됩니다.

9세기와 10세기에 접어들면서 당, 신라, 발해가 차례로 쇠퇴하자, 일본은 이들과의 외교 관계를 끊고 자국 중심의 문화 형성에 더 집중하게 됩니다. 특히 9세기 말에는 당과 공식적인 교류를 담당하던 견당사가 폐지됐고, 외래 문물을 일본 고유의 풍토와 생활 방식에 맞게 변용한 '국풍 문화'가 크게 발달했어요. 이 시기에 일본 고유의 문자 체계인 '가나'가 만들어졌고, 이를 바탕으로 일본식 시가인 '와카'가 유행하며, 가나로 쓰인 이야기책『모노가타리』도 등장했습니다. 주택 양식, 관복, 생활양식 등에서도 일본적인 특색이 뚜렷해졌고, 불교 역시 일본화돼 고유의 형식으로 자리 잡게 됩니다.

무사의 시대 개막, 봉건 일본의 전환점

헤이안 말기 귀족 문화에서 에도 시대까지
• 1185~1603년 •

가마쿠라 막부의 성립과 봉건 사회의 기틀 마련

헤이안 시대 후반에 들어서면서 일본의 율령 체제는 점점 흔들리기 시작합니다. 이 시기 장원이라는 사유지가 제도적으로 인정되면서 귀족과 호족들은 앞다퉈 장원을 확대하고, 그 기반 위에 자신들의 세력을 키워나갔죠. 이렇게 되자 중앙 권력인 천황의 힘은 점점 약화되고, 지방에서는 자력으로 토지와 권력을 지키기 위한 움직임이 나타나게 됩니다. 그 결과 귀족이나 호족들은 스스로 무장을 하거나 무사(사무라이)를 고용하기 시작했고, 이들은 점차 지역 기반의 무사 집단으로 성장해 가게 됩니다.

수도에서는 왕실과 귀족을 경호하던 무관들도 무사 집단으로 발전해 갔고, 서로 연합하거나 경쟁하며 무력을 통해 자신의 입지를 다지는 움직임이 이어졌습니다. 그러던 중 12세기 말 미나모토노 요리토모가 귀족 세력을 제압하고, 무사 정권의 중심이 되면서 일본 최초의 무사 정권인 '가마쿠라 막부(1185~1333년)'가 수립됩니다. 여기서 '막부'란 원래 쇼군(장군)이 머무는 막사를 뜻했지만 이후에는 무사 정권을 지칭하는 용어가 되었어요. 가마쿠라 막부가 등장함으로써 천황이 아닌 쇼군이 정치를 주도하는 시기가 이어졌습니다. 쇼군이 실질적인 통치자가 된 것이 막부 성립 이후 천황은 의례적인 역할을 수행하는 상징적인 존재로 전락했습니다.

미나모토노 요리토모는 자신의 정권 기반을 강화하기 위해 무사들에게 토지 지배권을 보장해 주는 대신, 그들에게 치안 유지와 장원 관리 같은 역할을 맡겼습니다. 특히 쇼군의 가신인 고케닌御家人들은 중앙에서 부여한 권력을 바탕으로 지방 통치를 주도했습니다. 중앙 권력과 연결된 독자적인 정치 세력으로 자리 잡았죠. 이렇게 쇼군을 정점으로 무사 계층이 정치의 중심이 되면서, 일본 사회에는 '막부' 중심의 봉건제가 뿌리내리게 됩니다.

헤이안 시대에는 귀족 중심의 문화가 주를 이뤘다면, 가마쿠라 막부가 등장하면서부터는 무사 계층의 가치관과 생활양식이 더해져 문화 전반에 영향을 미치기 시작했습니다. 특히 문학에서는 무사들의 삶과 전쟁을 다룬 설화와 이야기들이 다수 등장했는데, 이것들은 주로 귀족의 몰락과 무사 계층의 승리를 묘사하는 등 사회적 · 정치적 변화를 반영했습니다.

한편 견당사 폐지로 일본과 중국 간의 공식적인 국교는 중단됐지만 민간 무역은 계속 이어졌습니다. 이 시기에는 송에서 유입된 동전이 일본 내 화폐로 널리 사용되면서 화폐 경제가 활성화됐고, 경제 구조에도 변화가 일어났어요. 농업 면에서는 황무지 개간과 벼 품종 개량 등으로 인해 생산성이 크게 늘었고, 일부 지역에서는 이모작까지 가능해지며 경제 성장에 가속이 붙습니다. 주요 도시에서는 시장이 정기적으로 열리며 상공업 활

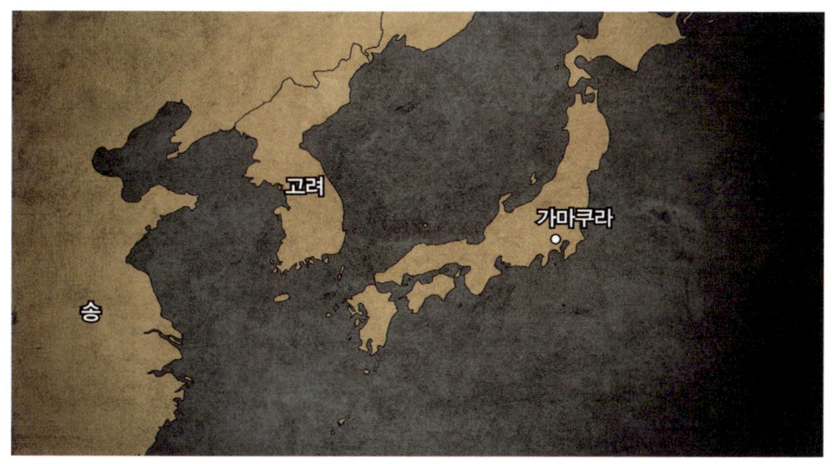

동도 활발해졌죠. 장원에서는 전문 수공업자들이 활동했고, 상인들은 동업 조합을 결성해 이익을 나누며 자율적으로 시장을 운영했어요.

종교와 사상에서도 변화가 나타났습니다. 선종禪宗을 비롯한 새로운 불교 종파가 성립되는 등의 종교적 움직임도 일어났죠.

그러나 이렇게 발전을 거듭하던 가마쿠라 막부는 13세기 후반, 원의 두 차례 침입을 방어하면서 점차 균열이 생기기 시작합니다. 전쟁의 피해는 컸지만, 그에 대한 보상이 제대로 이루어지지 않으면서 무사들 사이의 불만이 고조됐고, 정치적·군사적 긴장이 높아졌어요. 이런 내적 갈등은 가마쿠라 막부의 기반을 약화시키는 주요 원인이 됐고, 결국 14세기 초, 무장 아시카가 다카우지가 당시 고다이고 천황과 결탁해, 교토를 중심으로 '무로마치 막부(1336~1573년)'를 세우며 가마쿠라 시대는 막을 내리게 됩니다.

무로마치 막부와 남북조 시대의 경제·문화 발전과 내분

　1336년, 아시카가 다카우지는 고다이고 천황을 배제하고, 고묘 천황을 옹립해 교토에 북조를 세우고 '무로마치 막부'를 개창하게 됩니다. 무로마치라는 이름은 당시 막부의 소재지가 교토의 무로마치 거리였기 때문에 붙여진 명칭이에요. 하지만 이에 맞서 고다이고 천황은 교토를 떠나 남쪽 요시노에 '남조'를 수립하고 자신이야말로 정통 천황임을 주장합니다. 이로 인해 일본은 남조와 북조가 서로 대립하는 '남북조 시대'로 접어들었고, 이 왕조 분열 상태는 무려 60여 년간, 1392년까지 지속됐죠.

　무로마치 막부는 중앙 권력을 강화하고자 외교와 무역에서도 적극적인 정책을 펼쳤습니다. 대표적인 것이 바로 명과의 '감합 무역'입니다. 감합 무역이란 명이 발급한 공식 증서인 '감합부'를 지닌 배만이 무역을 할 수 있도록 허가한 일종의 조공 무역이었어요. 이로써 국가 간의 공인된 무역이 보장될 수 있었죠. 무로마치 막부는 이러한 제도를 통해 명과의 교역을 안정시키는 한편 경제적 안정을 이뤘습니다.

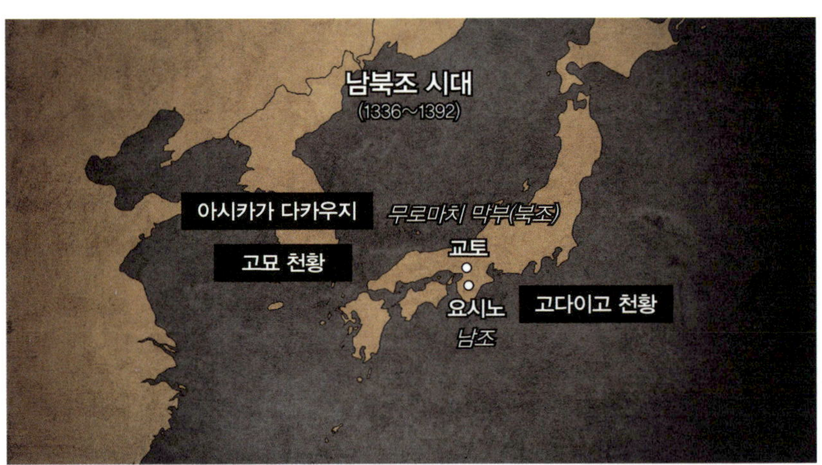

하지만 시간이 흐르며 감합 무역의 실질적인 이익은 중앙 막부보다도 지방의 다이묘大名, 즉 유력한 영주들에게 더 많이 돌아가게 됩니다. 이는 이후 지방 세력의 독자적 성장과 막부의 약화를 불러오는 계기가 되었죠.

무로마치 막부 시대는 경제적으로는 서민 계층의 성장이 두드러진 시기였습니다. 전국적으로 수리 시설이 확충되면서 이모작이 널리 확산됐고, 곡물 생산량이 증가하면서 농업 기반이 튼튼해졌어요. 또 상공업자들은 '자座'라 불리는 동업 조합을 조직해 전문적인 생산과 유통을 담당했고, 이를 통해 상업 활동이 활발해져 화폐 유통도 한층 확대됩니다. 원거리 상업도 성행하면서 도시 경제가 점점 더 발달하게 됐어요.

문화적으로도 일본 고유의 전통문화가 꽃핀 시기였습니다. 무사 계층과 귀족들 사이에서는 차를 마시는 예법인 '다도'가 발달했고, 꽃을 장식하고 감상하는 '꽃꽂이' 역시 이 시기에 발전했거든요.

무로마치 시대는 정치적으로는 복잡했지만, 경제와 문화 면에서는 일본 중세사의 중요한 전환점이 된 시기라고 할 수 있습니다.

전국시대 개막과 에도 막부의 개창

15세기 후반, 무로마치 막부의 쇼군 자리를 둘러싸고 벌어진 '오닌의 난'은 일본 전국시대(센고쿠 시대)의 서막을 알리는 결정적인 사건이었어요. 이 내란은 1467년에 시작되어 무려 10년 동안 이어졌는데, 단순한 후계자 다툼에서 출발했지만 다이묘들 간의 권력 다툼과 지역 분쟁이 얽히며 전국적인 혼란으로 번졌습니다. 이로 인해 무로마치 막부의 권위는 크게 약화됐죠.

전국시대가 약 100년가량 이어지는 동안 일본은 내부적으로는 끊임없

오닌의 난

는 전쟁과 권력 다툼 속에서 살아야 했지만, 외부 세계와의 접촉은 오히려 활발해졌습니다. 조총과 크리스트교가 전파되는 등 서양 문물이 일본 사회에 새로운 변화를 가져왔어요.

이 혼란한 시대를 통일로 이끈 인물이 바로 오다 노부나가, 도요토미 히데요시, 도쿠가와 이에야스입니다. 오다 노부나가는 무력과 외교를 통해 경쟁 다이묘들을 차례로 제압하며 통일의 기반을 마련했고, 그의 뒤를 이은 도요토미 히데요시는 전국 통일을 완성했어요. 하지만 그는 통일에 그치지 않고 조선을 침략하는 대규모 전쟁, 즉 임진왜란(1592년)과 정유재란(1597년)을 일으켰죠. 도요토미 히데요시는 조선을 발판 삼아 대륙 진출을 꿈꾸었지만, 조선의 격렬한 저항과 명의 원군으로 전쟁은 장기화됐죠. 하지만 도요토미 히데요시의 사망으로 조선 침략은 결국 실패로 끝나고 말았습니다.

도요토미 히데요시의 죽음으로 권력 공백이 생기자 도쿠가와 이에야스가 기회를 틈타 세력을 규합했고, 1600년 '세키가하라 전투'에서 승리하

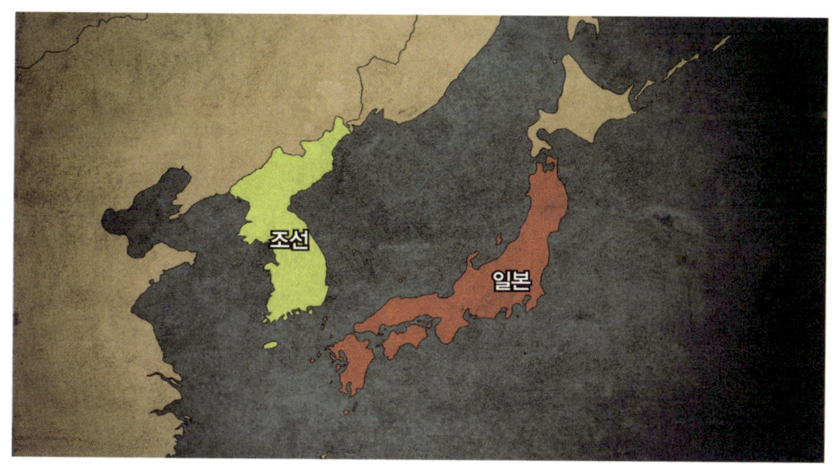

며 사실상 일본의 패권을 장악하게 됩니다. 그리고 1603년, 에도(지금의 도쿄)에 막부를 설립하고 쇼군에 올랐어요. 이렇게 도쿠가와 이에야스는 전국시대의 혼란을 마무리하고, 약 260년간 이어지는 에도 시대의 막을 열었습니다.

에도 시대, 봉건 질서 속의 혁신과 번영

중앙 집권과 지방 분권, 쇄국과 무역을 통한 근대 발전
·1603~1868년·

막번 체제와 산킨코타이를 통한 중앙과 지방의 권력 균형

에도 시대에 쇼군은 전국적인 정치와 군사권을 장악하고, 천황을 정치에서 배제했습니다. 그러면서 '막번 체제'라고 불리는 독특한 정치 구조를 통해 전국을 효과적으로 다스렸어요. 여기서 '막'은 쇼군이 통치하는 막부, 중앙 정부를 의미하고, '번'은 다이묘가 다스리는 지방 정부를 의미합니다. 즉 쇼군은 중앙 정부와 자신의 직할지를 지배하며 정치적·군사적 권력을 행사하되, 지방 다이묘들에게는 번이라 불리는 영지를 주어 그들의 독립적인 지위를 인정한 거죠.

다른 봉건 체제와 막번 체제의 다른 점은 바로 '산킨코타이 제도'였습니다. 산킨코타이는 일종의 다이묘 감시 제도로, 다이묘를 일정한 기간 동안 에도에 머무르게 하고, 그들의 가족은 인질처럼 에도에 상주하도록 의무화한 것이에요. 다이묘는 해마다 자기 영지와 에도를 오가야 했고, 이때

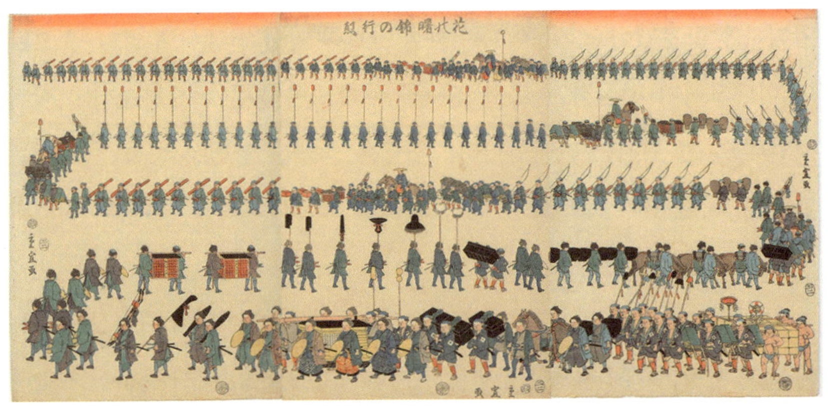

산킨코타이를 위한 행렬

마다 수백 명 규모의 대규모 행렬을 꾸리는 데 엄청난 비용이 들었습니다. 또 에도에 거처를 마련하고 영지에도 거주지를 유지해야 하니, 사실상 이중 생활에 따른 재정적 압박이 상당했죠.

이처럼 산킨코타이는 단순한 인적 통제를 넘어서 다이묘들의 경제적 기반까지 흔들어 놓음으로써 막부의 통제력을 강화하고, 지방 세력의 반란 가능성을 사전에 차단하는 효과가 있었어요. 다이묘는 독립적인 지방 통치자이긴 했지만, 막부의 규제 아래에서 실질적인 정치적 자율성은 제한적이었죠.

결국 이 막번 체제는 '중앙 집권적인 봉건 체제'라는 말로 요약됩니다. 봉건제라는 기본 구조를 갖추고 있으면서도 중앙의 막부가 강한 권력을 쥐고 있었기 때문인데요. 이러한 정치 질서는 약 260년 동안 지속된 에도 시대의 평화와 안정을 가능하게 했습니다.

병농 분리와 도시 경제

에도 시대에는 '병농 분리'라는 제도를 통해 사회 계층과 역할이 아주 엄격하게 구분됐어요. 이 제도는 사실 그보다 앞선 전국시대 말기, 도요토미 히데요시가 전국적인 토지 조사와 무기 몰수령을 실시하면서 시작된 것인데요. 그 취지는 간단합니다. '무사는 전쟁만, 농민은 농사만 하자'는 거였죠. 이를 통해 무사와 농민의 신분을 확실히 나누고, 각자의 직업과 역할을 고정한 겁니다.

이때부터 무사, 농민, 조닌(장인과 상인) 등 신분 간 이동이 사실상 불가능해졌고, 심지어 거주지도 신분별로 철저히 구분됐어요. 무사는 다이묘의 성 주변에 조성된 도시 '조카마치'에 모여 살게 됐고, 농민은 농촌에서 농사만 지어야 했죠. 무사들의 주거지가 도시에 집중되면서 조카마치는 군사·행정의 중심지로서 성장했고, 무사의 소비 생활을 뒷받침하기 위해 장인과 상인들도 그곳에 모여들었습니다. 이렇게 형성된 조닌층은 무사와의 밀접한 경제 관계 속에서 상공업을 발전시키며 도시 경제를 주도하게 되었어요.

한편 16세기 이후 유럽의 대항해 시대가 본격화되면서 포르투갈과 에스파냐 같은 서양 상인들이 동아시아에 본격적으로 진출했습니다. 일본의 상인들도 이에 맞춰 활발하게 해외로 나가 무역 활동을 벌였고, 이를 통제하고자 막부가 제도화한 것이 바로 '슈인장 무역'이에요. 슈인장은 막부가 발행한 일종의 공적 허가증으로, 이 증서를 받은 상인들은 '정식 무역 상인'으로 인정받았고, 막부의 보호 아래 안전하게 해외 무역을 할 수 있었습니다. 그 결과 동남아시아 여러 지역에는 일본인 상인들이 모여 사는 일본인 마을이 형성되기도 했죠.

이처럼 병농 분리 정책과 슈인장 무역은 각각 국내의 사회 질서 유지와 해외로의 진출 면에서 에도 시대 일본의 정치 안정과 경제 발전을 뒷받침한 중요한 제도였다고 볼 수 있습니다.

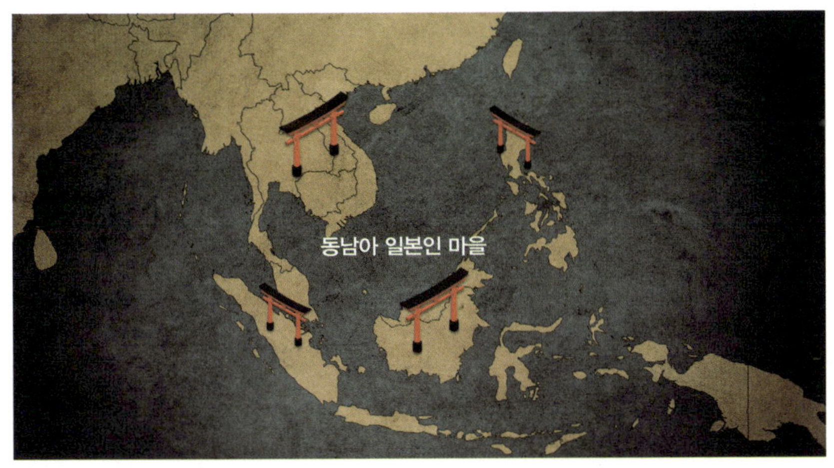

쇄국 정책과 데지마 무역을 통한 국제 교류의 강화

에도 막부는 1630년대 중반, 외세의 침입과 크리스트교의 확산을 경계하며 '쇄국 정책'을 더욱 강화했어요. 크리스트교의 포교를 금지하고, 외국과의 사무역을 강하게 통제했습니다. 하지만 완전히 문을 닫은 것은 아니었습니다. 예외적으로 나가사키의 인공섬, '데지마'는 열어두었죠. 데지마는 1636년, 외국인의 출입을 관리하기 위해 바다를 메워 만든 부채 모양의 인공섬인데요. 처음엔 포르투갈인들을 수용하는 곳이었지만, 1641년에는 이들을 쫓아내고 네덜란드 상인을 이주시켰습니다. 그렇게 데지마는 약 200년 동안 일본과 유럽 세계가 연결되는 유일한 창구 역할을 하게 됩니다.

이 데지마를 통해 단순히 물품만 오간 게 아닙니다. 서양의 학문과 기술도 함께 전해졌어요. 에도 막부는 네덜란드 상관장에게 받는 정기 보고서를 통해 국제 정세를 파악했고, 이런 정보는 일본의 정책에도 반영됐습니다. 이처럼 네덜란드로부터 받아들인 서양의 학문을 '난학蘭學(란가쿠)'이

데지마

라고 해요. 의학, 천문학, 조선술 등 다양한 분야의 지식이 유입됐고, 특히 『해체신서』를 통해 서양 해부학이 소개되면서 난학은 한층 더 융성하게 됩니다.

한편 농업이 눈에 띄게 발전했어요. 전국적인 개간 사업, 농기구 개량, 시비법(거름 주는 방법) 발전 등으로 농업 생산력이 크게 향상됐고, 쌀뿐 아니라 차, 목화, 염료 등 상품 작물도 다양하게 재배됐습니다. 막번 체제 하에 도로망도 정비되며 전국적인 물자 유통이 원활해졌고, 자연스럽게 상공업과 도시가 성장하게 됐죠. 도시의 상공업자들은 '가부나카마'라는 동업 조합을 조직해 자신들의 경제적 이익을 도모했습니다.

이러한 경제적 발전에 힘입어 중산층 조닌도 여가를 즐기게 됐고, 고유한 도시 문화가 형성됐습니다. 가령 가부키는 노래, 춤, 기예로 구성된 종

가부키

합 예술로 조닌 계층 사이에서 크게 유행했어요. 모든 역할을 남성이 맡았던 연극이었죠. 또 우키요에는 다색 목판화 기법을 이용해 당시 서민들의 일상이나 유흥 문화를 그려낸 풍속화로, 서민 문화의 정수를 보여줍니다.

사상적으로는 성리학이 막부의 공식 관학으로 채택됐는데요. 상하의 질서를 강조하기에 체제 유지에 중요한 역할을 했습니다. 하지만 이러한 성리학의 형식성과 경직성에 반기를 들고, 개인의 성찰과 도덕적 행동을 강조하는 양명학이 성행하기도 했습니다. 한편으로는 일본 고유의 역사와 정신을 재조명하려는 국학 운동도 전개됐어요. 국학자들 중 일부는 신도와 천황의 존엄성을 강조했는데, 이러한 국학의 사상은 훗날 막부를 타도하고 천황 중심의 정치를 회복하려는 존왕양이 운동에 큰 영향을 미치게 됩니다.

결국 에도 시대는 정치적으로는 중앙 집권적 봉건 체제를 유지하며 안정된 사회를 이루었고, 경제적으로는 농업과 상공업이 발전했으며, 문화적으로는 조닌 문화의 융성과 새로운 사상의 등장이 어우러진 시기였다고 할 수 있어요.

쇄국을 깨고, 메이지 유신으로 근대 국가로

불평등 조약의 굴욕과 민권 운동이 촉발한 혁명
• 1853~1889년 •

외세 압력과 불평등 조약으로 인한 개항

에도 막부는 약 200년 동안 일본을 통치하면서 통상과 외교를 엄격히 제한하는 '쇄국 정책'을 유지했어요. 그런데 19세기 중반, 청이 아편 전쟁에서 영국에게 패배했다는 소식이 전해지자 일본 내에서도 서양 열강의 무력과 식민지 확장에 대한 경계심이 한층 더 커졌습니다.

바로 그때 1853년, 미국의 페리 제독이 군함을 이끌고 일본에 도착해 무력시위를 벌이며 개항을 요구했죠. 이른바 '포함 외교'입니다. 일본은 이에 굴복해 1854년 미국과 미·일 화친 조약을 맺고 시모다와 하코다테 두 항구를 개항하며 최혜국 대우를 인정했습니다. 이어 1858년에는 미·일 수호 통상 조약을 체결해 추가로 항구를 열고, 치외법권을 인정하게 됩니다. 또한 일본은 외국 상품에 대해 스스로 관세율을 결정할 권리인 '관세 자주권'도 상실하게 됐죠.

이러한 조약들은 일본에 일방적으로 불리한 조건들이었어요. 이후 네덜란드, 프랑스, 영국, 러시아 등 다른 유럽 열강과도 비슷한 형태의 불평등 조약을 맺게 됩니다.

- 미·일 화친 조약(1854년) 제2조 – 시모다, 하코다테는 미국 선박의 땔감·용수 및 선원의 식수·석탄·부족한 물품 조달에 한해 입항을 허가할 것. 제9조 – 미국에 편무적인 최혜국 대우를 줄 것.
- 미·일 수호 통상 조약(1858년) 제3조 – 시모다, 하코다테 외에 추가로 가나가와(요코하마), 나가사키, 니가타, 효고(고베)를 기한 내 개항할 것. 제4조 – 일본에 수출입하는 모든 상품은 별책 규정대로 관세를 낼 것. 제6조 – 일본인에게 죄를 지은 미국인은 미국 영사 재판소에서 조사해 미국 법에 따라 처벌받을 것.

이렇게 서양 열강과 맺은 불평등 조약으로 일본이 개방되자 막부의 굴

욕적인 대외 정책에 대한 비판이 들끓기 시작했어요. 실제로 외국 상품이 대거 유입되면서 국내 산업이 타격을 입었고, 금과 은이 대량으로 유출되며 일본 경제는 큰 혼란을 겪게 됩니다. 물가도 크게 올라 백성들의 삶은 더 어려워졌죠.

이런 분위기 속에서 하급 무사를 중심으로 외세를 몰아내자는 양이 운동이 확산되기 시작했죠. 이내 '외세를 몰아내고, 천황을 중심으로 일본을 다시 세우자'는 반막부 존왕양이 운동으로까지 발전하게 됩니다. 그리고 결국 1868년, 사쓰마 번과 조슈 번이 주도한 세력이 에도 막부를 무너뜨리고, 천황 중심의 새 정권을 수립하게 됩니다. 이 사건이 바로 메이지 유신의 출발점이에요.

메이지 유신과 중앙 집권 체제의 확립

새롭게 들어선 메이지 정부는 일본을 강력한 근대 국가로 만들기 위해 서양의 문물과 제도를 적극적으로 받아들이는 메이지 유신을 단행했습니

다. 정부는 에도의 명칭을 '도쿄'로 바꾸고 수도로 삼았으며, 전국을 다이묘가 다스리던 번 체제에서 중앙 정부가 임명한 관료가 통치하는 현 체제로 바꾸는 '폐번치현'을 실시했어요. 이를 통해 천황을 중심으로 한 중앙집권 체제를 확립했죠.

또한 봉건적 신분제를 폐지하고 징병제를 도입해 근대적인 군대를 양성했고, 정부가 직접 토지세를 징수하는 근대적 납세 제도를 마련해 국가 재정 기반도 다졌습니다. 교육 측면에서는 서양식 교육 제도와 의무 교육을 도입하고, 미국과 유럽에 유학생과 사절단을 파견해 근대 문물과 지식을 적극적으로 수용했습니다. 그 대표적인 예가 바로 '이와쿠라 사절단'인데요. 서구 열강과 맺은 불평등 조약의 재협상 및 개정을 위해 파견된 사절단으로, 비록 그 목표는 이루지 못했지만 서양의 발전상을 직접 목격하고, 일본 근대화의 밑그림을 그리는 데 큰 역할을 했습니다.

경제 면에서도 메이지 정부는 은행을 설립하고, 철도를 놓는 등 산업 기반을 마련하면서 식산흥업(산업을 일으켜 나라를 부강하게 만든다) 정책을 추진해 빠르게 자본주의 경제로 나아갈 수 있었어요.

동시에 서구의 학문과 사상이 전해지면서 일본 사회에서는 입헌 정치와 의회 제도를 요구하는 움직임이 나타났고, 이는 곧 자유 민권 운동으로 확산됐습니다. 메이지 정부의 강압적 통치에 맞서 헌법 제정과 국민의 자유, 권리 보장을 요구하며 사회 전반에 퍼졌죠.

> 제5조 - 국가는 개인의 자유와 권리를 빼앗거나 제한하는 규칙을 만들어 시행할 수 없다. 제72조 - 정부가 헌법을 무시하고 함부로 국민의 자유와 권리를 해치고 건국의 취지를 방해할 때, 국민은 그것을 전복하고 새로운 정부를 세울 수 있다.
>
> _1881년 자유 민권 운동가 우에키 에모리의 헌법 초안

메이지 정부는 이러한 움직임을 억누르기 위해 신문지 조례와 집회 조례를 만들어 언론과 집회의 자유를 제한했고, 반정부 활동을 강하게 통제했습니다. 그리고 천황의 권한을 강조하는 일본 제국 헌법(1889년)을 공포했으며, 이듬해에는 의회를 개설해 겉으로는 입헌군주제의 틀을 갖췄어요. 하지만 이 헌법은 실질적으로 천황에게 모든 권력을 집중시킨 제도였습니다. 천황은 국가 원수로서 정치·외교·군사에 절대 권한을 가졌고, 의회는 그 아래에서 형식적인 역할만 했습니다. 따라서 일본의 입헌군주제는 민주주의 요소가 극히 제한적인 천황 중심 체제였던 셈이에요. 일본 제국 헌법의 내용을 보면 그 사실을 명확하게 알 수 있어요.

제1조 - 일본은 만세 일계의 천황이 통치한다. 제4조 - 천황은 국가의 원

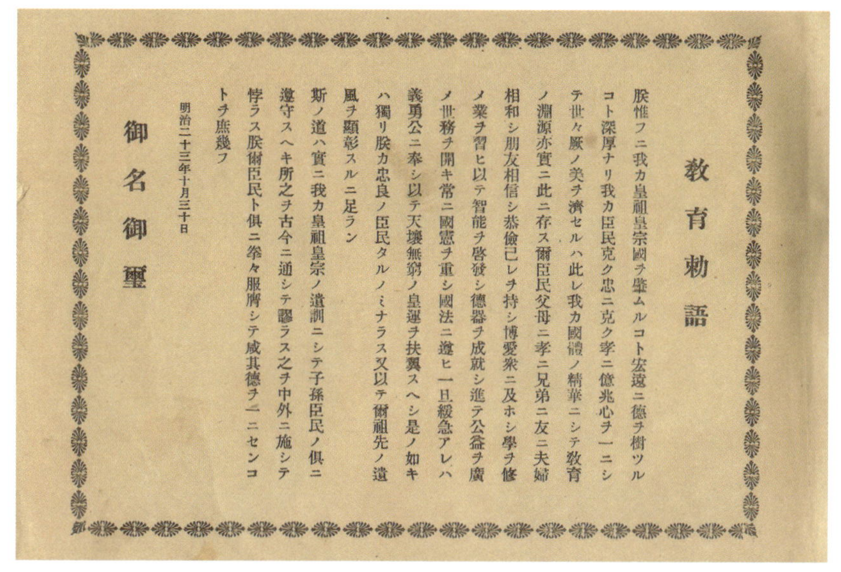

교육칙어

수로서 통치권을 총괄하며, 헌법 조항에 따라 이를 행한다. 제13조 – 천황은 전쟁을 선포하고, 강화를 맺으며 제반 조약을 체결한다.

_일본 제국 헌법 일부

이와 함께 메이지 정부는 교육칙어를 제정해 국민에게 천황에 대한 충성과 애국심을 강조했습니다. 교육의 핵심 가치를 '국가에 대한 충성'으로 삼은 거예요. 여기에 더해 일본의 전통 종교인 신도를 사실상 국교로 삼아, 천황을 '신성한 존재'로 떠받들게 했습니다. 이러한 조치는 천황의 권력을 종교적, 문화적으로 정당화하고 강화하는 역할을 했습니다.

결과적으로 메이지 시대의 일본에서는 천황과 국가에 대한 절대적 충성이 사회의 기본 가치로 자리 잡게 되었고, 이것이 훗날 일본의 정치·사회 구조 전반에 깊은 영향을 끼치게 됩니다.

제국을 꿈꾸다 몰락한 일본 제국주의의 흥망

동아시아 침략과 군국주의로 점철된 일본 근대사
· 1875~1945년 ·

메이지 정부의 대외 팽창과 제국주의 전략

메이지 정부는 천황에 대한 충성과 일본 민족의 우월성을 강조하며 동아시아에 대한 침략 정책을 추진하게 됩니다. 이러한 움직임은 단순한 영토 확장만이 목적이 아니라 근대화 과정에서 생겨난 내부 모순과 사회적 불만을 해소하고, 자본주의 경제의 성장을 위한 해외 시장을 확보하려는 전략이기도 했죠.

1870년대 들어 일본 내부에서는 조선을 정벌하자는 '정한론'이 제기됐습니다. 여기에는 조선을 침략해 대륙으로 진출하고, 이를 발판 삼아 동아시아에서 일본의 정치적·군사적 영향력을 확대하려는 의도가 담겨 있었어요.

하지만 당시 일본 정부 내부에서는 국내의 제도 개혁과 국가 기반 정비가 시급하다고 보는 관점이 우세했기 때문에 정한론은 일단 보류됩니다.

이후 메이지 정부는 행정·군사·교육 등 다방면에서 중앙 집권 체제를 정비하고, 국력을 키운 뒤 본격적인 대외 팽창 정책을 추진하게 됩니다.

조선, 만주, 중국 침략을 통한 제국주의적 확장과 국제 갈등

일본은 1875년 조선의 강화도 앞바다에 군함 '운요호'를 보내 무력을 사용한 사건을 일으켰고, 이를 구실로 이듬해인 1876년 조선과 '강화도 조약'을 체결하면서 본격적으로 조선에 대한 영향력을 넓혀가기 시작합니다. 이 조약은 조선이 부산 이외에 두 항구를 개항하고, 일본에게 치외법권과 해안 측량권까지 내주는 매우 불평등한 조약이었어요. 이와 동시에 일본은 타이완을 침공하고, 류큐 왕국을 강제로 병합해 오키나와현으로 만들었습니다. 또한 러시아와의 조약을 통해 홋카이도와 쿠릴 열도를 확보하는 등 주변 지역으로 세력을 빠르게 확장해 나갔습니다.

한편 조선에 대한 지배권을 두고 벌어진 청과의 충돌은 결국 1894년에 '청일 전쟁'으로 이어졌습니다. 이 전쟁에서 승리한 일본은 1895년, '시모

운요호 사건

노세키 조약'을 체결하면서 랴오둥반도와 타이완을 할양받게 됩니다. 이를 통해 일본은 대륙 진출의 중요 거점을 확보하고 조선에 대한 영향력을 한층 강화했죠. 하지만 일본의 팽창을 견제하려는 러시아, 프랑스, 독일이 일본에 랴오둥반도를 다시 청에 돌려주라고 압박하는 '삼국 간섭'이 벌어지죠. 일본은 본격적인 열강 경쟁에 직면하게 된 겁니다.

그 뒤 러시아가 만주와 한반도에서 영향력을 넓히려 하자, 일본은 이를 견제하기 위해 1902년 영국과 '영일 동맹'을 맺고, 미국과도 우호 관계를 유지하며 외교적 포석을 깔아갑니다. 그리고 1904년, 일본은 러시아 함대를 기습 공격하며 '러일 전쟁'을 일으켰고, 주요 전투에서 잇달아 승리한 끝에 미국의 중재로 '포츠머스 조약'을 맺게 되죠. 이 조약으로 일본은 조선에 대한 지배권을 국제적으로 인정받고, 랴오둥반도의 조차권과 남만주 철도 부설권, 그리고 사할린 남부까지 차지하며 명실상부한 제국주의 국가로 올라서게 됩니다.

1905년에는 '을사조약'을 체결해 조선의 외교권을 빼앗고 통감부를 설치해 본격적인 내정 간섭에 들어갔으며, 마침내 1910년 '한일 병합 조약'으로 국권마저 강탈해 대한제국을 식민지화했습니다. 대한제국은 일본의 대륙 침략 기지로 전락하고 말았죠.

이후 제1차 세계대전(1914~1918년)에서 승전국이 된 일본은 전쟁 특수를 누리며 경제적으로도 큰 이익을 얻고, 독점 자본주의 체제를 완성해 갑니다. 하지만 1929년 세계 대공황이 닥치자 생산량이 급감하고 대규모 실업 사태가 발생하면서 일본 경제는 큰 타격을 받게 되죠.

이 경제적 위기를 돌파하려는 일본은 1931년 '만주 사변'을 일으켜 만주를 점령하고, 청의 마지막 황제 푸이를 내세워 '만주국'이라는 괴뢰국을

세웁니다. 국제 연맹은 이를 규탄하고 일본의 철수를 요구했지만, 일본은 이를 거부하고 1933년에 아예 국제 연맹을 탈퇴하며 국제 사회와 갈등을 빚습니다.

1932년에는 군부 강경파가 '5·15 사건'을 일으켜 정권을 장악하면서 일본의 군국주의가 본격화됩니다. 이후 군부는 재벌과 손잡고 군수 산업을 육성하며 전쟁 준비에 박차를 가했고, 1937년에는 '중일 전쟁'을 일으켜 중국을 침략했어요. 특히 수도 난징을 점령한 뒤에는 수많은 민간인을 학살하는 '난징 대학살'이라는 참극을 저지릅니다.

그런데 여기서 멈추지 않았어요. 1941년에는 미국 하와이의 진주만을 기습 공격해 '태평양 전쟁'을 일으켰고, 이 일로 미국이 제2차 세계대전에 본격적으로 참전하게 됩니다. 초반에는 일본이 우세했지만, 1942년 미드웨이 해전에서 패한 것을 계기로 태평양 전쟁의 전세는 미국 쪽으로 완전히 기울었어요.

결국 1945년 8월, 소련이 태평양 전쟁 참전을 선포하고, 미국이 히로시

마와 나가사키에 원자폭탄을 투하하자, 8월 15일 일본은 무조건 항복을
선언합니다. 그 뒤에 일본은 연합군의 통치 상태에 놓였다가, 1951년 '샌
프란시스코 강화 조약'을 통해 주권을 회복하며 오늘날의 일본으로 이어
지게 됩니다.

시대	주요 사건	시기	핵심 키워드
선사	조몬 문화 시작	기원전 10000년	조몬 토기, 수렵 채집
	야요이 문화 등장	기원전 300년	벼농사, 철기·청동기 도입
고대	야마타이국과 히미코	239년	소국 연합, 제정일치, 친위왜왕
	야마토 정권 성립	400년경	고대 통일 국가, 가야·백제 교류
	쇼토쿠 태자의 개혁	593년	17조 헌법, 아스카 문화
	다이카 개신	645년	당 율령제 수용, 중앙 집권
	다이호 율령 제정	701년	2관 8성제, 법치 국가 기반
	나라 시대 시작	710년	헤이조쿄, 율령 체제
중세	헤이안 시대 시작	794년	국풍 문화, 귀족 권력 강화
	가마쿠라 막부 성립	1185년	무사 정권, 쇼군 통치
	무로마치 막부 성립	1336년	남북조 분열, 감합무역
	오닌의 난 / 전국시대 시작	1467년	쇼군 다툼, 전국 다이묘 분열
근대	조선 침략	1592년	임진왜란, 도요토미 히데요시
	에도 막부 성립	1603년	도쿠가와 이에야스, 막번체제
	쇄국 정책과 데지마 무역	1639년	난학, 네덜란드 교류
	미국 개항 요구	1853년	페리, 포함외교
	미·일 수호 통상조약	1858년	불평등 조약, 치외법권
	메이지 유신 시작	1868년	폐번치현, 징병제, 교육칙어
	일본 제국 헌법 제정	1889년	입헌군주제, 천황 절대권

	청일 전쟁	1894년	시모노세키 조약, 타이완 획득
	러일 전쟁	1904년	포츠머스 조약, 만주 진출
	한일병합	1910년	대한제국 식민지화
제국주의	제1차 세계대전과 일본	1914~1918년	연합국 참전, 산둥반도 점령, 21개조 요구
	워싱턴 체제와 군축 조약	1921~1922년	해군 군비 축소, 아시아 질서 재편
	군부의 정계 장악	1930년대 초	군국주의, 정당 정치 약화
	만주사변	1931년	만주국 수립
	중일 전쟁	1937년	난징 대학살
	태평양 전쟁	1941년	진주만 공격, 원폭 투하
현대	무조건 항복 선언	1945년	제2차 세계대전 종전
	샌프란시스코 조약	1951년	주권 회복, 독립국가 재출범

5장

—

인도

인도는 다양한 문화·종교·민족이 겹겹이 쌓여 형성된 문명의 용광로다. 바라문교와 불교, 힌두교가 시대별로 서로 영향을 주고받았고, 무굴 제국 시기에는 이슬람 문화와 예술이 꽃피었다. 상업과 해상 교역의 중심지였던 인도는 식민지 시대를 거치며 세계 경제와 정치의 소용돌이 속으로 들어갔다. 복잡하지만 풍부한 인도의 역사 흐름을 따라가다 보면, 종교·정치·경제가 어떻게 한 지역의 운명을 만들어가는지 명확하게 보인다.

인도 문명의 형성과 발전

아리아인의 정착에서 마우리아 왕조까지
• 기원전 2600~기원전 232년 •

인더스 문명과 아리아인의 정착

기원전 2500년경, 인더스강 상류의 펀자브 지방에서는 드라비다인들이 세운 것으로 추정되는 도시 문명이 나타납니다. 하라파(파키스탄 중북부), 모헨조다로(파키스탄 중남부) 같은 계획도시들이 이 시기에 만들어졌죠. 이 도시들은 굉장히 체계적으로 설계돼 있었어요. 도시 주변에는 성벽을 두르고 망루를 설치했으며, 도로는 바둑판처럼 반듯하게 정비돼 있었습니다. 급수와 배수 시설도 잘 갖춰져 있었고, 공중목욕탕과 광장, 곡물 창고, 성채 같은 공공건물들도 함께 세워졌죠. 집집마다 우물이 설치돼 있었다는 점도 참 흥미롭습니다.

그런데 왕궁이나 신전 같은 절대 권력을 상징하는 대규모 건축물은 거의 발견되지 않았어요. 대신 대형 목욕탕에서는 제사장이 종교 의식을 거행한 흔적이 남아 있어서, 이들이 종교와 제사를 중요하게 여겼다는 걸 알

모헨조다로

수 있습니다. 주민들은 청동기와 채색 토기, 상형 문자, 저울, 인장 등을 사용했고, 밀과 보리를 재배하며 물소, 염소, 심지어 코끼리까지 사육했어요. 그리고 이들이 만든 금·은 세공품이나 도자기 등은 해상 무역을 통해 메소포타미아로도 전해졌습니다. 꽤 활발한 국제 교류를 했던 거죠. 하지만 이렇게 번성하던 인더스 문명도 기원전 1800년경부터 점점 쇠퇴하게 되는데요. 인더스강의 흐름이 바뀌고, 기후가 변화하면서 농업 기반이 무너진 것이 주요 원인이었어요.

기원전 1500년경, 중앙아시아에서 유목 생활을 하던 아리아인들이 인더스강 상류, 그러니까 북인도 지역으로 들어옵니다. 오늘날 인도 문화에 큰 영향을 준 집단이 바로 이들입니다. 이들은 이 지역에 살고 있던 드라비다족을 정복하고, 펀자브 지방에 정착하게 되죠. 그리고 기원전 1000년쯤에는 점차 동쪽 갠지스강 유역까지 세력을 넓혀 나가요. 아리아인들은 철제 무기와 농기구를 바탕으로 도시 국가를 건설했습니다.

갠지스강 유역은 사실 홍수가 잦고 습지대가 많아서 농사짓기 쉽지 않은 땅이었어요. 하지만 아리아인들은 관개 기술을 개발하고 철제 농기구를 활용해 이 지역의 농업 생산력을 크게 끌어올렸습니다. 사회적으로는 가부장적인 가족 구조를 가지고 있었고, '소'를 아주 신성한 존재로 여겼어요. 이 전통은 오늘날까지도 인도 사회에서 이어지고 있습니다.

카스트제와 브라만교의 성립

또한 아리아인들은 자신들이 정복한 원주민, 즉 드라비다족을 지배하는 과정에서 아주 폐쇄적인 신분 제도인 '카스트제'를 만들었습니다. 이 제도는 사람들을 네 계급으로 나누어 사회 질서를 유지했는데요. 제사 의식을 담당하는 승려 계급인 '브라만', 왕족이나 귀족, 무사 계층에 해당하는 '크샤트리아', 농민이나 상공업자처럼 생업에 종사하는 평민 계층인 '바이샤', 각종 노역에 종사하는 천민 계급 '수드라'가 있었습니다.

이 네 계급 중에서 상위 계급인 브라만, 크샤트리아, 바이샤는 대부분 아리아인이었고, 가장 아래에 속하는 수드라는 주로 정복당한 드라비다족 등 선주민들이었어요. 즉, 이 제도는 피지배층을 아래 계급으로 고정시켜

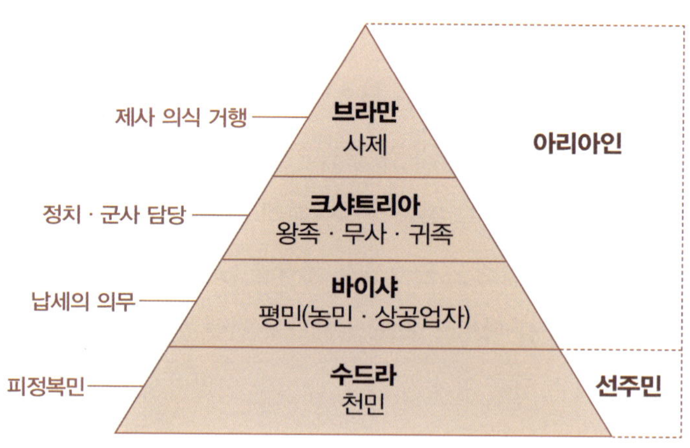

차별하고 지배하는 구조였던 거죠.

그중에서도 브라만 계급은 자신들의 특권을 유지하기 위해 아리아인의 삶과 의식, 규율 등을 정리해『베다』라는 경전을 만들었어요. 이『베다』에는 태양, 물, 불 같은 자연 현상을 신으로 여기며 다양한 종교 의식을 거행하는 내용이 담겨 있었어요. 이러한 종교적 전통은 곧 '브라만교'라는 종교로 자리 잡게 됩니다. 그리고 이 브라만교는 시간이 지나면서 지금의 힌두교로 발전하게 됐어요.

불교와 자이나교의 탄생과 확산

기원전 7세기 무렵, 갠지스강 유역에서는 도시 국가들이 서로 정복 전쟁을 벌이며 끊임없이 다투었어요. 이렇게 전쟁이 잦다 보니 사회는 전반적으로 혼란스러웠죠. 그런데 이 시기 철제 농기구가 널리 보급되면서 농업은 물론 상업과 수공업까지 활발히 발전하게 됩니다. 이런 경제적 성장 덕분에 크샤트리아(무사 계급)와 바이샤(평민 계급)의 힘이 점점 강해졌어요. 이들은 당시 지나치게 형식적이고 복잡했던 브라만교의 제사 의식에 반기를 들기 시작합니다. '왜 신에게만 매달려야 하지? 인간 스스로도 해탈할 수 있는 것 아닌가?' 하는 문제의식이 생긴 거죠.

이런 비판적인 분위기 속에서 우주의 본질과 인간 존재의 의미를 탐구하는 사상인 '우파니샤드 철학'이 등장합니다. 이 철학에서는 우주의 본체인 '브라만'과 인간의 본체인 '아트만'이 본질적으로 동일하다고 보았어요. 다시 말해 인간도 수행을 통해 신성한 본질에 도달할 수 있다는 이론이었습니다. 신의 권위보다는 인간의 가능성과 수행을 강조한 거죠. 이러한 철학적 흐름을 토대로 두 개의 큰 종교가 탄생합니다. 하나는 석가모니, 즉 고타마 싯다르타가 창시한 '불교', 다른 하나는 마하비라 바르다마나가 창시한 '자이나교'예요.

불교는 '모든 인간은 평등하다', '세상은 무상하다', '고통에서 벗어나려면 올바른 윤리적 삶을 살아야 한다'는 가르침을 강조했기 때문에 많은 사람의 지지를 받으며 빠르게 퍼져나갔습니다. 자이나교는 조금 더 엄격했어요. 카스트제를 부정하고, 고행과 금욕을 통해 해탈에 도달할 수 있다고 봤습니다. 그래서 특히 상인 계층, 즉 바이샤의 환영을 많이 받았죠.

불교와 자이나교는 브라만교의 기본 사상인 '윤회' 개념은 받아들였지만, 브라만교의 사회 특히 신분 차별과 종교적 권위주의에는 정면으로 도전한 셈이에요. 그래서 자연스럽게 사회적으로 부상하던 크샤트리아와 바이샤 계층의 지지를 얻을 수 있었던 거죠.

마우리아 왕조와 아소카 왕의 불교 정치

고대 북인도 지역은 오랫동안 작은 도시 국가들이 서로 경쟁하며 분열돼 있었어요. 그러다 기원전 4세기쯤, 알렉산드로스 대왕이 마케도니아 군대를 이끌고 인더스강 유역까지 침입해 오면서, 북인도 지역은 더 큰 혼란에 휩싸이게 됩니다. 이런 때에 등장한 인물이 바로 찬드라굽타 마우리아예요. 그는 이 혼란을 수습하고 북인도를 최초로 통일하면서 '마우리아 왕조'를 세우게 됩니다.

마우리아 왕조의 전성기를 이끈 인물은 바로 3대 왕, 아소카예요. 아소카 왕은 남부 일부 지역을 제외한 거의 전 인도 지역을 하나로 통일했죠. 그는 전국에 감찰관을 파견하고 도로망을 정비해서 지역 간 교역을 촉진하는 등 강력한 중앙 집권 체제를 갖추기 위해 힘썼습니다.

그런데 아소카 왕에게는 아주 큰 전환점이 있었어요. 바로 칼링가 정복 전쟁이었죠. 전쟁에서 이기기는 했지만, 그 처참한 결과를 직접 목격하고는 깊은 죄책감에 빠지게 됩니다. '이렇게 사람을 죽이면서까지 나라를 넓혀야 하나?' 하는 회의감이 든 거예요. 결국 그는 자신이 저지른 전쟁을 참회하고, 불교의 가르침으로 나라를 다스리기로 결심합니다. 아소카 왕은 불교를 체계적으로 정비하고, 적극적으로 포교에 나섰어요. 곳곳에 불교의 가르침을 새긴 돌기둥, 즉 석주를 세우고, 스투파(불탑)를 건립하기도 했습니다. 이 시기 불교는 제국 전체를 통합하는 정신적 기반이 됐고, 아소카는 불교의 체계화에 기여했죠.

대표적인 유물이 바로 '아소카 왕의 석주'인데요. 석주 꼭대기에는 사자나 소 같은 상징적 동물들이 조각돼 있고, 그 아래에는 불교의 교의

아소카 왕의 석주 머리 부분

를 상징하는 수레바퀴 모양의 법륜이 새겨져 있어요. 아랫부분 기둥에는 포고문이 새겨져 있는데 이 내용을 통해 아소카가 불교를 얼마나 진심으로 받아들였는지를 알 수 있습니다.

> 칼링가를 정복하면서 나는 결코 돌이킬 수 없는 양심의 가책을 느꼈다. 그들의 영토가 시체로 뒤덮인 처참한 광경을 바라보면서 나의 가슴은 찢어졌다. 앞으로 나는 오직 진리에 맞는 법만을 실천하고 가르칠 것이다.
>
> _아소카 왕의 석주 포고문

그가 세운 대표적인 스투파가 바로 산치 대탑이에요. 현존하는 가장 오래된 불탑이기도 하죠. '스투파'라는 말은 원래 고대 인도에서 무덤을 뜻하던 말인데, 불교에서는 부처님의 사리를 모시는 탑으로 의미가 바뀐 거예요. 산치 대탑은 단순한 건축물을 넘어서 아소카 왕의 정치와 종교, 그의 내면의 변화까지도 보여주는 상징적인 유물이라고 할 수 있어요.

쿠샨과 굽타,
중앙아시아에서 꽃핀 문명과 종교

비단길을 지배한 쿠샨, 힌두 문화를 꽃피운 굽타
· 100~550년 ·

쿠샨 왕조의 번영과 대승 불교의 탄생

쿠샨족은 원래 지금의 중국 간쑤성 일대에 살던 대월지에서 유래한 유목민 집단이었어요. 중국 한 대에 한무제가 흉노를 협공하기 위해 대월지와 손을 잡으려 했는데, 이를 제안하고자 대월지에 장건을 사절로 보냈죠. 그런데 당시 대월지의 왕은 동맹을 거절했어요. 결국 흉노에 패퇴한 그들은 점점 서쪽으로 이동해 중앙아시아를 거쳐 인도로 진출하게 됩니다.

쿠샨족은 1세기경 북인도를 통일하고 '쿠샨 왕조'를 세우게 돼요. 특히 2세기 중엽 카니슈카 왕 시기에는 활발한 정복 전쟁을 통해 북인도에서 중앙아시아까지 걸친 광대한 영토를 지배하게 됩니다. 이때가 바로 쿠샨 왕조의 전성기였어요. 비단길의 중심에 위치한 쿠샨 왕조는 중국, 인도, 이란을 연결하는 중요한 무역로를 장악했는데요. 이로 인해 중계 무역이 활발히 이루어졌고, 경제적으로도 크게 번영했습니다. 심지어 로마 제국

과도 교류했고, 자체 화폐를 발행했으며, 의학과 천문학 같은 학문도 발달
시켰어요.

카니슈카 왕은 학문과 종교에 관심이 많았던 군주였어요. 특히 불교를
적극 장려했는데 불경을 정리하고, 사원과 탑을 많이 세우기도 했죠. 그의
지원 아래 쿠샨 왕조에서는 '중생의 구제'를 강조하는 새로운 불교, 즉 대
승 불교가 성립 및 발전합니다. 불교뿐 아니라 조로아스터교, 힌두교, 그
리스 신앙에도 관용적인 태도를 보였기 때문에 종교적으로는 굉장히 열려
있던 사회였어요.

대승 불교의 대승은 '큰 수레'라는 뜻인데요. 이는 '나 혼자 해탈하는 것
보다 더 많은 사람을 태워 함께 극락에 이르자'는 의미를 담고 있어요. 그
래서 이 시기에는 부처와 함께 중생을 돕는 존재인 '보살'이 신격화돼 숭
배됐고요. 아슈바고샤와 나가르주나 같은 뛰어난 불교 사상가들이 활약하
면서 대승 불교의 사상적 깊이도 더해졌습니다.

한편 쿠샨 왕조의 중심지였던 인도의 서북쪽 간다라 지방에서는 기원전

4세기에 일어난 알렉산드로스 원정을 계기로 헬레니즘 문화와 인도 문화가 융합됐습니다. 바로 이때 그리스풍의 불교 미술인 '간다라 미술'이 발전했어요. 인도인들은 신을 조각으로 표현한 헬레니즘의 영향을 받아 부처를 인간의 모습으로 표현한 불상을 제작했습니다. 대승 불교와 간다라 미술은 중앙아시아를 거쳐 중국과 한국, 일본에 전파됐어요.

쿠샨 왕조는 대승 불교와 간다라 미술의 발전에 크게 기여했습니다. 그러나 3세기 말에는 사산 왕조 페르시아의 공격에 의해 결국 멸망하고 맙니다.

굽타 왕조의 힌두교 확립

3세기 말, 쿠샨 왕조가 사산 왕조 페르시아의 침입으로 멸망한 뒤, 4세기 초에 찬드라굽타 1세가 갠지스강 유역을 중심으로 '굽타 왕조'를 세웠습니다. 굽타 왕조는 정복을 통해 영토를 넓혀 나갔고, 찬드라굽타 2세에 이르러서는 북인도와 중부 인도의 대부분을 차지하는 대제국으로 성장하

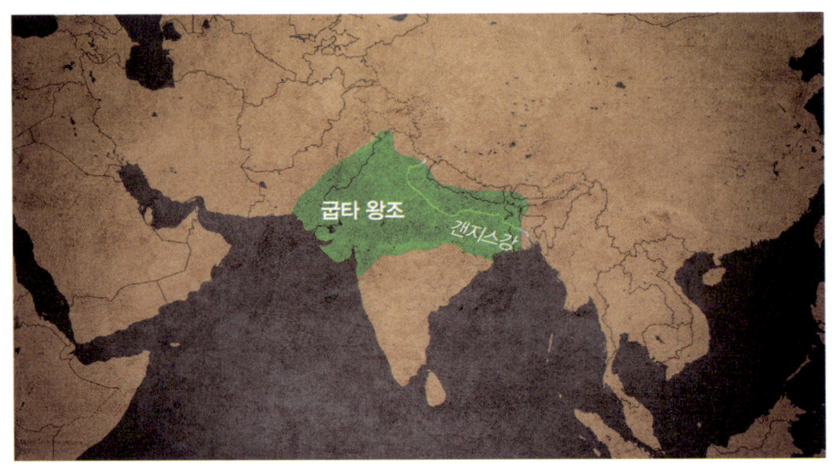

게 되죠.

　찬드라굽타 2세 시기, 굽타 왕조는 정치적으로 중앙과 지방의 행정 조직을 재정비하면서 안정된 통치를 이뤘고, 농경지를 넓히고 해상 무역을 활발히 하며 경제적인 번영도 함께 이뤘습니다. 또 학문과 예술을 적극 장려하면서 문학, 과학, 미술, 종교가 크게 발전해 '굽타 양식'이라 불리는 인도 고유의 문화를 꽃피우게 됐죠.

　이 시기에 힌두교도 널리 퍼지게 됩니다. 브라만교를 중심으로 기존의 카스트제를 계승하면서도 불교와 민간 신앙이 융합된 힌두교라는 새로운 종교가 자리 잡기 시작했어요. 힌두교는 창시자와 체계적인 교리는 없었지만, 원시적 형태의 종교 의식부터 철학적 사상까지 매우 다양한 요소가 섞여 있었습니다. 무엇보다 교리가 간단하고, 누구나 신에게 제물을 바칠 수 있었기에, 계층을 불문하고 많은 사람의 일상 속에 자연스럽게 스며들 수 있었죠. 그렇게 힌두교가 점점 대중화되면서, 상대적으로 형식이 복잡했던 불교는 점차 쇠퇴하게 됩니다.

힌두교에서는 지역마다 다양한 신을 섬겼습니다. 대표적으로는 창조의 신 '브라흐마', 보존의 신 '비슈누', 그리고 파괴의 신 '시바'가 있어요. 당시 굽타 왕조의 군주들은 자신을 비슈누 신에 비유하며, 종교적 권위를 바탕으로 정치를 안정시키려 했습니다.

힌두교는 특히 '카르마(업)'와 '카스트'에 따라 정해진 역할과 의례를 중시했기 때문에, 브라만 계급의 지위는 더욱 공고해졌습니다. 『마누 법전』이라는 경전도 이 시기에 중요한 역할을 했는데요. 이 책에는 우주의 창조부터 인간이 살아가며 지켜야 할 규범, 계급별 직업과 의무 등이 체계적으로 기록돼 있었습니다. 그만큼 힌두교는 인도인의 일상생활에는 물론 정신세계까지도 깊은 영향을 미친 셈이죠.

창조주는 각자의 업을 정하였도다. 브라만에게는 『베다』를 가르치며 제사 지내는 일을, 크샤트리아에게는 백성을 보호하고 다스릴 것을, 바이샤에게는 농사를 짓고 짐승을 기를 것을 명령하셨다. 마지막으로 수드라에게는 앞선 세 신분의 사람들에게 봉사하라는 임무를 명하셨다.

_『마누 법전』

한편 남부 지역에서는 힌두교가 지역의 전통 신앙과 융합되면서 좀 더 다른 방식으로 발전했어요. 엄격한 의례보다는 신을 즐겁게 하기 위한 노래, 춤, 시 등 예술적인 표현에 주목했고, 이 덕분에 남부에서는 사원 예술과 문학이 특히 발달하게 됐습니다.

산스크리트어

굽타 왕조 시기 인도 고전 문학의 발전

굽타 왕조 시기에는 이민족의 침략에 맞서 싸우고 다시 통일을 이루는 과정에서 자연스럽게 민족의식이 높아졌습니다. 그리고 왕권을 강화하기 위해 힌두 문화를 적극적으로 장려했죠. 그 결과 종교, 문학, 미술, 과학, 철학 등 다양한 분야에서 인도 고유의 색채가 강하게 드러나기 시작했습니다.

종교적으로는 힌두교가 민족 종교로 발전하면서 불교는 점차 쇠퇴하게 됩니다. 물론 힌두교는 과거의 브라만교와 달리 타 종교에 비교적 관용적인 태도를 보였기 때문에, 불교 교리의 연구도 계속 이어졌고요. 그 결과 불교 내부에서는 밀교라는 새로운 종파가 등장하게 되지만, 이 밀교도 결국 8세기에서 9세기 무렵에는 쇠퇴하게 됩니다.

이 시기에는 언어 면에서도 중요한 변화가 있었는데요. 브라만 계급이 사용하던 언어이자 '순수한 언어', 또는 '완성된 언어'라는 뜻을 가진 산스크리트어가 공용어로 자리 잡습니다. 이 산스크리트어는 오늘날 인도 언어의 조상으로 여겨지고 있으며, 힌디어나 우르두어도 여기서 파생된 언어예요. 산스크리트어가 공용어가 되면서 산스크리트 문학도 활발히 발전하게 됐습니다.

고대부터 전해져 오던 대서사시인 『라마야나』와 『마하바라타』가 이 시기에 산스크리트어로 정리됐고, 이는 『마누 법전』과 더불어 힌두교의 중요한 경전으로 자리 잡게 됩니다. 『라마야나』는 코살라국의 왕자 라마의 파란만장한 모험담을 그리고 있습니다. 『마하바라타』는 바라타족 내 쿠르족과 반두족 사이의 18일간 전투를 중심으로 신화, 종교, 철학, 도덕, 법제 등 아주 다양한 분야의 서술이 담긴 세계 최장편 서사시예요.

또 굽타 왕조 시기에는 칼리다사라는 뛰어난 작가도 등장합니다. 찬드라굽타 2세 시절 궁정 시인으로 활동한 그는 『샤쿤탈라』라는 희곡을 통해 궁중 생활을 매우 세밀하게 묘사했어요. 그리고 이 시기에는 우주의 본질

아잔타 석굴 사원

인 브라만과 인간 개별 존재인 아트만이 결국 하나라는 '우파니샤드 철학'
의 주석서들도 산스크리트어로 저술됩니다.

미술 분야에서는 간다라 양식과 인도 고유 양식이 융합된 '굽타 양식'이
발달합니다. 대표적으로 아잔타 석굴 사원과 엘로라 석굴 사원에 남아 있
는 불상과 벽화들이 있죠. 이 굽타 양식은 훗날 중앙아시아를 거쳐 동아시
아 여러 나라로 전파되었는데, 중국, 한국, 일본의 불교 미술에도 깊은 영
향을 주었습니다.

또한 이 시기에는 수학, 천문학, 의학 같은 실용 학문도 활발히 발전했
어요. 0의 개념을 확립했고, 10진법을 사용해 우리가 알고 있는 아라비아
숫자의 형성에 영향을 줬습니다. 천문학에서는 지구가 둥글다는 '구형설'
과 지구 자전설을 발견했으며, 월식이 일어나는 원리까지도 이해하고 있
었죠. 이처럼 발전한 과학 지식은 이슬람 세계로 전해지면서 자연과학의
발전에 크게 기여하게 됩니다.

찬란했던 굽타 왕조는 힌두 문화를 발전시켰지만, 5세기 무렵 중앙아시
아에서 남하한 유목 민족 에프탈의 침입과 왕위 계승을 둘러싼 내부의 다
툼으로 점차 쇠약해졌고, 결국 6세기 중엽에 멸망하고 말았습니다. 이후
인도는 다시 한동안 분열의 시기로 접어들게 됩니다.

무굴 제국, 이슬람과 힌두의 만남

델리에서 무굴까지… 인도 역사의 흐름
· 1206~1858년 ·

이슬람 세력의 인도 진출

굽타 왕조가 멸망한 뒤 인도는 오랜 분열기를 맞이하게 됩니다. 이 틈을 타 8세기부터 인도의 서북쪽으로 이슬람 세력이 침입해 오기 시작했어요. 10세기 후반에는 아프가니스탄 지역에 튀르크계 가즈니 왕조가 세워졌고, 이어 12세기 말에는 고르 왕조가 그 지역을 장악하면서 본격적으로 인도 내륙 깊숙이 세력을 확장해 들어옵니다.

이런 흐름 속에서 13세기 초에는 델리를 수도로 삼은 이슬람계 왕조가 인도 북부를 지배하기 시작했어요. 이때부터 약 300년 동안 다섯 개 왕조가 차례로 교체되며 북인도를 지배했는데, 이 시기를 '델리 술탄 시대'라고 부릅니다.

델리 술탄 왕조는 비교적 종교에 관대한 통치를 펼쳤는데요. 힌두교도에게 이슬람 개종을 강요하기보다는 '지즈야'라는 인두세를 납부하게 하는 조건으로 신앙의 자유를 보장했어요. 이를 통해 비이슬람교도도 공동체 내에서 자율적으로 살아갈 수 있게 했죠. 그러나 카스트제의 억압을 받던 힌두교도들 가운데는 평등을 강조하는 이슬람교로 개종하는 이들도 적지 않았습니다.

한편 남인도에서는 북인도와는 또 다른 흐름이 전개되고 있었는데요. 9세기경부터 13세기까지 '촐라 왕조'가 번성하며 남인도 지역의 중심 세력으로 자리 잡았어요. 촐라 왕조는 강력한 해군력을 바탕으로 인도양을 활발히 누비며 동남아시아 및 서아시아 지역과의 교역을 활발히 전개했고, 이를 통해 힌두 문화를 동남아시아에 널리 전파하는 데 큰 역할을 했습니다.

무굴 제국의 전성기와 통합 정책

16세기 초, 중앙아시아 출신의 바부르가 아프가니스탄을 근거지로 인도 북부에 침입해 들어왔습니다. 그는 칭기즈 칸과 티무르의 혈통을 이었다고 자처하며 자신을 몽골의 후예라 여겼어요. 1526년, 바부르는 델리 술탄 왕조를 무너뜨리고 델리를 중심으로 '무굴 제국'을 세웁니다. 여기서 '무굴'은 페르시아어로 '몽골'을 뜻하는 단어에서 유래한 이름이에요.

바부르의 뒤를 이은 손자 아크바르(악바르) 황제는 남부 지역을 제외한 거의 인도 전역을 통일했고, 수도는 아그라로 정했습니다. 아크바르는 이슬람교와 힌두교 간의 화합을 추구하며 포용적인 정책을 펼쳤는데요. 무굴제국은 이슬람 왕조였지만 힌두교도들에게도 관직과 군대의 문을 열고, 종교세인 지즈야를 폐지하는 등 종교 간 평화를 형성하기 위한 노력을 기울였습니다. 자신도 힌두교도와 혼인 동맹을 맺으며 힌두교 세력과의 협

력을 도모했죠. 행정적으로는 전국을 12개 주로 나누고, 각 주에 '만사브 다르'라는 지방관을 파견해 중앙 집권 체제를 강화했습니다. 이러한 정책 덕분에 아크바르 치하의 무굴 제국은 약 1세기 동안 정치적 안정과 경제적 번영을 누릴 수 있었어요.

하지만 17세기 말, 제6대 황제 아우랑제브의 집권 이후 상황은 달라지기 시작합니다. 아우랑제브는 활발한 정복 전쟁을 벌여 남인도 대부분까지 지배하며 인도 역사상 최대의 영토를 확보했습니다. 그러나 전쟁이 잦아지면서 재정난이 심화됐고, 이슬람 제일주의를 강화하는 방향으로 정책을 전환했어요. 힌두 사원을 파괴하고, 폐지했던 지즈야를 부활시켰습니다. 이에 반발해 펀자브 지방의 시크교도와 중부 인도의 마라타족이 중심이 된 세력들이 곳곳에서 반란을 일으켰죠.

특히 마라타족은 힌두교 세력을 규합해 18세기 초 '마라타 동맹'을 결성하고, 인도 중서부 대부분과 북부·동부 일부 지역까지 세력을 확장했습니다. 무굴 제국은 아우랑제브 사후 왕위 계승 분쟁이 이어졌고, 지방 토호의 반란과 더불어 점점 국력이 쇠퇴했어요. 이때 영국과 프랑스 등 유럽 세력이 인도에 점차 개입하면서, 무굴 제국의 몰락은 더욱 가속화되게 됩니다.

무굴 제국의 경제와 문화

이슬람 세력이 인도에 진출하면서 아랍의 전통, 페르시아 문화, 그리고 튀르크인의 생활 풍습이 함께 전해졌고, 이런 요소들이 인도의 기존 힌두 문화와 어우러지며 독특한 융합 문화를 형성하게 됩니다. 바로 '힌두 – 이슬람 문화'라 불리는 이 문화는 델리 술탄 시대부터 무굴 제국 시기까지 이어졌고, 여러 분야에 걸쳐 다양한 형태로 나타났습니다.

언어부터 살펴보면 무굴 제국에서는 페르시아어가 공식적으로 사용됐지만, 일상 언어로는 힌두어, 페르시아어, 아랍어가 혼합된 '우르두어'가 널리 퍼졌어요. 이 우르두어는 처음엔 델리와 북인도 일대에서만 사용됐지만 점차 확산돼 현재는 파키스탄과 인도의 공용어 중 하나가 됐죠.

종교 영역에서는 힌두교와 이슬람교가 융합된 새로운 종교, 바로 '시크교'가 등장합니다. 시크교는 특히 델리 북쪽 펀자브 지방에서 빠르게 확산됐는데, 우상 숭배와 카스트제를 모두 부정하는 교리를 바탕으로 하층민들에게 큰 지지를 받았어요.

예술·문화 분야에서도 융합의 흐름이 뚜렷하게 나타났습니다. 미술에서는 페르시아의 정교한 세밀화 기법과 인도 특유의 색채감이 결합된 '무굴 회화'가 발전했죠. 인물화, 궁정 풍경, 자연 경관 등을 섬세하게 그린 이 회화들은 왕실 문화의 화려함과 감각적인 미의식을 잘 보여줍니다.

건축에서도 이러한 융합은 특히 두드러지게 나타납니다. 이슬람 건축

타지마할

『쿠란』의 구절을 새긴 벽면

의 특징인 아라베스크 무늬와 인도의 연꽃 문양, 만자무늬(卍) 등이 조화를 이룬 건축 양식이 발달했는데, 대표작으로는 세계적으로 유명한 '타지마할'을 꼽을 수 있죠. 타지마할은 무굴 제국의 제5대 황제 샤자한이 사랑하는 왕비 뭄타즈 마할을 기리기 위해 무려 22년에 걸쳐 지은 묘당으로, 이슬람식 돔과 힌두·페르시아식 장식이 절묘하게 어우러진 걸작입니다. 1983년에는 유네스코 세계 문화유산으로 지정됐고, 지금은 인도를 대표하는 문화유산으로 자리 잡고 있어요.

경제 측면에서도 무굴 제국은 눈에 띄는 발전을 이뤘습니다. 관개 농업의 발달과 직물 산업의 성장으로 생산력이 높아졌고, 상업이 활발해지며 시장과 도시도 함께 번창했어요. 특히 면직물과 향신료는 유럽과의 교역에서 핵심 품목이었는데요. 후추나 계피, 육두구와 같은 향신료는 유럽에서 음식뿐 아니라 의약, 제사, 향수 제조 등 다양한 용도로 쓰이며 큰 수요를 불러왔습니다.

하지만 이러한 번영에도 불구하고, 무굴 제국은 16세기 무렵부터 이슬람 상인들에게 무역의 주도권을 빼앗기기 시작했고, 17세기에는 영국과 프랑스가 동인도 회사를 세워 인도양 무역을 장악하면서 경제가 침체되기 시작했습니다. 이후로도 지속된 열강의 침투는 무굴 제국의 경제적 기반을 흔들었고, 결국 제국의 쇠퇴를 재촉하는 계기가 됐죠.

무굴 제국의 몰락, 영국 식민 지배의 시작

세포이 항쟁에서 영국령 인도 제국까지
· 1757~1911년 ·

무굴 제국의 쇠퇴와 유럽 열강의 침투

17세기 말 무굴 제국은 힌두교도와 시크교도들의 반발, 지방 세력의 독립 움직임 등으로 인해 내부적으로 큰 혼란을 겪기 시작했습니다. 재정도 점점 파탄에 이르렀고, 제국은 점차 분열됐죠. 바로 이런 혼란을 틈타 유럽 열강은 본격적으로 인도에 진출하기 시작합니다.

17세기 초, 유럽의 여러 나라들은 아시아 무역에서 주도권을 쥐기 위해 각각 '동인도 회사'를 설립했어요. 이들은 인도에서 무역권을 확보하기 위해 서로 치열하게 경쟁했죠. 그중에서도 영국과 프랑스는 특히 벵골 지역을 두고 격렬한 갈등을 벌였습니다.

벵골은 지금의 방글라데시 지역에 해당하는데요. 당시에는 경제적으로 매우 풍요롭고 전략적으로도 중요한 곳이었습니다. 벵골은 점점 심해지는 영국 동인도 회사의 횡포에 맞서, 영국인을 추방하고 프랑스와 손을 잡았어요. 그러자 영국은 이에 반발해 1757년 '플라시 전투'를 일으켰습니다. 이 전투에서 영국은 프랑스-벵골 연합군을 격파하고 결정적인 승리를 거두죠. 플라시 전투는 인도의 식민지화를 본격화한 분기점으로 평가됩니다.

이 승리로 영국은 벵골의 통치권과 조세 징수권을 손에 넣었고, 인도 내 무역을 사실상 독점하게 됐습니다. 이후에도 영국은 동인도 회사를 앞세워 세력을 점점 넓혀갔고, 19세기 중엽에는 인도 대부분의 지역을 지배하게 됩니다.

당연히 영국의 지배는 인도인들에게 유익하지 않았어요. 영국은 인도를 자국 산업의 원료 공급지이자 상품 소비지로 삼고자, 인도에 값싼 영국산 면제품을 대량으로 수출했고, 인도인들에게는 면화와 아편 같은 수출용 작물을 강제로 재배하게 했습니다. 덕분에 영국은 큰 이익을 얻었지만 인도는 전통적인 면직물 산업이 붕괴되고 수많은 수공업자들이 일자리를 잃게 됐죠. 여기에 과도한 토지세까지 더해져 인도인들의 삶은 점점 더 궁핍해졌습니다.

이뿐만 아니라 영국은 인도 사회의 뿌리 깊은 힌두교와 이슬람교 사이의 대립을 교묘히 이용해 분열을 조장했고, 인도인들에게 크리스트교로 개종할 것을 강요하기도 했어요. 인도의 전통문화와 종교는 무시당하거나 억압받았고, 이는 결국 인도 사회 전반에 깊은 상처와 분노를 남기게 됩니다. 이처럼 영국의 식민 지배는 경제적 착취뿐만 아니라, 문화적 · 종교적 억압이라는 다층적 피해를 남겼습니다.

세포이 항쟁과 인도의 식민지화

1857년, 영국의 지배와 경제적 착취에 대한 인도인의 불만은 결국 '세

세포이의 항쟁

포이의 항쟁'이라는 대규모 민족 저항으로 폭발하게 됩니다. 여기서 말하는 '세포이'는 영국 동인도 회사에 고용된 인도인 용병들을 일컫는 말인데요. 이들은 처음엔 비교적 안정된 급여와 신분을 보장받으며 영국의 식민 정복에 앞장섰지만, 시간이 지나면서 점점 더 차별과 부당한 대우를 받게 됐습니다.

항쟁의 직접적인 계기는 다름 아닌 '탄약통' 문제였습니다. 당시 영국은 세포이들에게 신형 소총을 지급하면서, 총알을 탄약통에서 입으로 물어 찢어 꺼내는 방식으로 사용하게 했습니다. 그런데 이 탄약통에 소기름과 돼지기름이 칠해졌다는 소문이 돌자 상황은 걷잡을 수 없이 악화됐죠. 왜냐하면 힌두교도에게 소는 신성한 존재이고, 이슬람교도에게 돼지는 부정한 동물이었기 때문이에요. 세포이 대다수가 바로 이 두 종교 신자들이었기 때문에, 이는 단순한 군대 내 규율의 문제가 아니라 종교적 모욕이자

정체성에 대한 침해로 여겨졌습니다.

이런 분노는 단숨에 봉기로 이어졌고, 세포이들은 델리를 점령하며 항쟁의 규모를 키워 나갔습니다. 이 항쟁은 폭넓은 계층이 참여한 대규모 민족 운동으로 확산됐어요. 이들은 북인도 지역을 중심으로 상당한 지역을 장악하기도 했습니다. 하지만 조직적인 내부 분열과 영국군의 강력한 반격으로 결국 진압되고 말았습니다.

영국은 이 항쟁을 계기로 무굴 제국의 마지막 황제를 폐위시키고, 더 이상 동인도 회사에 인도를 맡기지 않기로 결정합니다. 그래서 1858년 '인도 통치 개선법'을 제정해 동인도 회사를 해체하고 인도를 영국 왕실의 직할 식민지로 편입시켰죠. 그리고 1877년에는 빅토리아 여왕이 '인도 황제'라는 칭호를 공식적으로 겸하게 되면서 '영국령 인도 제국'이 출범하게 됩니다. 이제 인도는 명실상부하게 영국의 식민지가 되어버린 거죠.

비록 세포이의 항쟁은 실패로 끝났지만 인도 역사에서는 매우 중요한 전환점이 됩니다. 이 사건은 인도 전역의 다양한 집단이 함께 싸운 '최초의 민족 운동'으로 평가받고 있으며, 인도인들에게 민족적 자각과 연대의 필요성을 일깨워 주는 계기가 됐어요. 이후 이러한 연대 의식은 인도 독립 운동의 밑거름이 됩니다.

인도의 반영 운동

영국이 인도를 직접 통치하게 되자 영국은 식민 통치의 효율성을 높이기 위해 인도 사회 내부의 다양한 분열을 의도적으로 조장했습니다. 민족, 종교, 계급, 지역 간의 갈등을 이용해 '분할 통치' 전략을 쓴 것이죠. 이러한 식민 정책 속에서도 서양식 근대 교육을 받은 인도 지식인들이 점차 늘어나고, 면공업 등에서 자본을 축적한 중산 계층이 성장하면서 인도 사회 전반에 변화의 바람이 불기 시작했습니다.

지식인과 자본가 계층은 사회 개혁과 식민 지배에 대한 저항을 본격적으로 주도해 나갑니다. 특히 서구의 근대 사상에 영향을 받은 힌두교 지도자들은 '브라흐마 사마지' 운동을 통해 종교와 사회를 변화시키고자 했어요. '브라흐마 사마지'는 '브라만의 모임'이라는 뜻으로, 19세기 전반 인도의 사상가 람 모한 로이가 주도해 시작됐죠. 힌두교의 순수한 교리로 회귀하자는 종교적 목적을 갖고 있었습니다. 브라흐마 사마지는 우상 숭배를 배격하고, 신분 제도의 불합리함을 비판했으며, 남편 사후에 아내를 함께 화장하는 사티 풍습과 같은 전통을 폐지하려 했습니다. 또한 인도 사회를 억압하던 영국의 인종차별 정책에도 강하게 반대했죠. 이런 흐름 속에서 새로운 의식과 민족 정체성을 갖춘 인도인들이 점차 늘어나면서, 반영 민족 운동은 사회 전반으로 확산됐습니다.

영국은 지식인들의 불만을 단순히 억누르기보다 그들을 통치에 협조적

인도 국민회의

인 세력으로 끌어들이려 했습니다. 그래서 일부 인도인들의 정치 활동을 허용하고, 그들의 의견을 수렴하는 조직을 만들 수 있도록 허용했죠. 이렇게 해서 1885년 '인도 국민회의'가 결성됩니다. 이 단체는 초창기에는 영국의 식민 지배를 전면적으로 부정하기보다는, 점진적이고 평화적인 방식으로 인도인의 정치적 권리를 확대하려는 온건 개혁 노선을 택했어요.

그러나 1905년, 영국이 '벵골 분할령'을 발표하면서 상황은 크게 달라집니다. 이 법령은 이슬람교도가 많은 동부 벵골과 힌두교도가 많은 서부 벵골을 분할하는 조치였는데요. 겉으로는 행정 효율을 위한 정책처럼 보였지만 실상은 인도인들 사이의 종교적 분열을 조장해 민족 운동을 약화시키려는 의도가 깔려 있었죠. 이에 인도 국민회의는 강력히 반발하게 됩니다.

1906년 콜카타에서 열린 인도 국민회의 대회에서는 독립 운동가 틸라크를 중심으로 새로운 4대 강령이 채택됩니다. 바로 영국 상품 불매(보이콧),

인도인의 자치를 뜻하는 '스와라지', 국산품 애용을 의미하는 '스와데시', 그리고 국민 교육 증진이었죠. 이를 통해 인도 국민회의는 더욱 대중적이고 강경한 반영 운동을 펼쳐나갑니다.

> 벵골인은 벵골 분할에 불만이 많습니다. 이것은 영국인의 잔인하고도 어리석은 행동입니다. 스와데시(국산품 애용)는 경제가 혼란한 인도에서 더 강력히 추진할 필요가 있다고 생각합니다. 인도는 외국인에게 지급하는 매년 2억 루피 정도의 봉급·연금 등으로 경제 상황이 어려운데, 이곳에 영국의 경제법을 적용한다는 말은 위험할 뿐만 아니라 모욕을 주려는 것과 같습니다.
>
> _콜카타 대회 의장 나오로지의 연설문

이 시기 영국은 인도 사회 내 이슬람 세력을 별도로 조직하려는 시도로 '전인도 이슬람교도 연맹'을 후원했지만, 오히려 이 연맹은 인도 국민회의와 협력해 반영 운동에 동참했습니다. 민족 운동이 종교와 계층을 초월해 전국으로 확산되자, 영국은 더 이상 분열 정책만으로는 인도인을 통제할 수 없게 됐습니다. 결국 1911년, 벵골 분할령을 철회하고 인도인의 자치권을 명목상 인정했죠. 비록 '명목상' 자치 인정이었지만, 이는 인도 민족 운동이 하나의 대중적 정치 세력으로 자리 잡았음을 보여주는 결정적 순간이었습니다.

인도의 독립과 분열, 자유를 향한 치열한 길

비폭력 저항에서 분단까지, 현대 인도의 형성 과정
• 1914~1972년 •

간디와 비폭력 운동, 사탸그라하에서 독립까지

인도는 제1차 세계대전 당시 영국으로부터 자치권을 약속받고 병력과 자원을 지원하며 참전했습니다. 하지만 전쟁이 끝난 뒤 영국의 태도는 약속과는 달랐습니다. 전체 인구의 약 2%에게만 선거권을 부여하는 등 매우 제한적인 개혁에 그쳤고, 오히려 1919년에는 영장 없이 체포하고, 재판 없이도 투옥할 수 있도록 한 '롤럿법'을 제정해 식민 통치를 더 강화했어요. 이 법은 인도인들에게 충격을 안겼고, 인도인들의 강한 반발을 불러일으켰습니다.

이 무렵 영국은 '암리차르 사건'이라는 참혹한 탄압까지 벌이게 되는데요. 인도 북부 암리차르에서 독립을 요구하며 평화적으로 집회하던 수천 명의 군중에게 영국군이 무차별 발포를 감행해 수백 명이 사망한 사건입니다. 이 사건은 인도 전역에 분노를 불러일으키며 영국에 대한 저항 의식

뭄바이에서 열린 회의에 참석한 네루와 간디

을 극대화시켰죠.

이러한 억압에 맞서 마하트마 간디는 비폭력·불복종 운동인 '사탸그라하 운동'을 전개합니다. 이 운동은 도덕적 정당성을 기반으로 한 평화로운 저항 운동이었죠. 간디의 지도 아래 인도 국민회의는 1920년부터 영국 상품 불매 운동, 납세 거부 운동 등을 주도하며 전국적인 저항 운동을 이끌었습니다.

하지만 간디의 온건한 방식을 비판하는 목소리도 존재했어요. 보다 적극적인 독립 운동을 지향했던 인물들, 특히 자와할랄 네루를 중심으로 한 세력은 파업과 투쟁 등의 독립 운동을 펼쳤습니다. 네루는 간디의 철학에 기반을 두면서도 현실 정치에서 보다 강경한 노선을 추구했고, 후일 인도의 초대 수상이 되죠.

영국은 인도 내 격렬해지는 민족 운동을 달래기 위해 1935년 '신인도 통치법'을 제정합니다. 이를 통해 인도 각 주에 제한적인 자치권을 부여했지만, 핵심적인 권한인 군사권과 외교권은 여전히 총독을 비롯한 영국 측에 남겨 두었어요. 결국 인도의 완전한 독립은 이루어지지 않았고, 이로 인해 반영 운동은 제2차 세계대전 기간까지도 이어지게 됩니다.

종교 갈등과 분단, 인도와 파키스탄 그리고 방글라데시의 탄생

제2차 세계대전이 끝난 뒤, 1947년 인도는 마침내 영국으로부터 독립합니다. 하지만 이 독립은 평화로운 형태로 이뤄진 것이 아니었어요. 힌두교도 중심의 인도와 이슬람교도 중심의 파키스탄으로 분리 독립이 이루어졌고, 이 과정에서 종교 갈등과 대규모 인구 이동, 유혈 충돌이 벌어졌습니다. 수백만 명이 종교에 따라 국경을 넘었고, 그 과정에서 수많은 희생자가 발생했죠.

분리 이후에도 갈등은 계속됐습니다. 파키스탄은 힌두교도 통치자 아래 무슬림 인구가 다수였던 카슈미르 지역을 두고 인도와 충돌했고, 이 지역을 침공하면서 인도-파키스탄 전쟁이 발발했습니다. 결국 카슈미르는 인도와 파키스탄에 의해 분할 점령됐고, 지금까지도 분쟁 지역으로 남아 있습니다.

한편 파키스탄의 동쪽에 위치한 벵골 지방, 즉 동파키스탄은 파키스탄 내에서의 차별과 정치적 소외에 반발하며 독립을 요구하게 됩니다. 이에 인도가 동파키스탄을 지지하자, 파키스탄은 이를 이유로 인도를 침공했으나 인도가 침공을 막아냅니다. 결국 동파키스탄은 1971년 독립에 성공,

'방글라데시'라는 새로운 국가로 탄생하게 됐습니다.

또한 인도 남쪽의 섬나라 실론도 점차 독립의 길을 걷게 되는데요. 1972년 '스리랑카'로 국명을 바꾸고, 영국 연방에서 완전히 독립하게 됩니다. 이처럼 제국주의의 시대가 끝나고, 아시아 각국은 독립을 통해 새로운 국가 체제를 갖춰가기 시작했습니다.

시대	주요 사건	시기	핵심 키워드
고대	인더스 문명	기원전 2500년	드라비다계
	아리아인의 인도 정착	기원전 1500~기원전 1000년	아리아인
	불교 · 자이나교 탄생	기원전 563~기원전 483년	석가모니, 마하비라
	마우리아 왕조	기원전 321~기원전 185년	찬드라굽타, 아소카
	쿠샨 왕조	30년~230년경	카니슈카
	굽타 왕조	320년~550년경	찬드라굽타 1 · 2세, 칼리다사
중세	델리 술탄 시대	1206~1526년	튀르크계 왕조들
근대	무굴 제국 전성기	1526~1707년	바부르, 아크바르, 샤자한
	무굴 제국 쇠퇴와 유럽 열강 침투	1707~1857년	아우랑제브, 영국 동인도 회사
	세포이 항쟁	1857년	세포이 병사들
	영국령 인도 제국	1858~1947년	간디, 네루
현대	인도 · 파키스탄 분리 독립	1947년	간디, 무함마드 알리 진나
	방글라데시 독립	1971년	무지부르 라호만

6장

—

동남아시아

동남아시아의 역사는 늘 '교차점'이었다. 인도·중국·이슬람·유럽 등 다양한 문명이 이 지역을 오가며 상호작용했고, 그 과정에서 독특한 무역 도시와 왕국들이 탄생했다. 해양 교역로를 장악한 과거의 항구 국가들은 바람과 계절을 이용해 세계를 잇는 거대한 네트워크를 구축했다. 이후 식민 지배와 독립의 파고를 지나면서 현대 국가들이 형성되었고, 오늘날에는 세계 물류·경제의 새로운 축으로 떠오르고 있다. 이 지역은 '교류의 힘'이 역사를 어떻게 이끄는지를 가장 생생하게 보여준다.

바다와 육지가 만난 곳, 동남아시아 문명의 융합

청동기 문화에서 근대 왕조까지
• 기원전 1000~1945년 •

동선 문화와 개방적인 지리 조건의 융합

동남아시아에서는 열대 기후와 풍부한 천연자원을 바탕으로 청동기 문화인 '동선 문화'가 번성했어요. 동선 문화는 중국 남부에서부터 동남아 전역으로 퍼져나가면서 '동선 문화권'을 형성했습니다. 특히 베트남에서 출토된 태양 문양이 새겨진 청동북은 이 지역이 단순히 중국 문명의 영향을 받은 데 그치지 않고 고유한 청동기 문명을 발전시켰다는 중요한 증거가 되죠.

기후 조건 덕분에 이 지역에서는 벼농사도 일찍부터 활발하게 이루어졌고, 인도와 중국 사이의 지리적 이점을 살린 중계 무역도 발달하게 됩니다. 이렇게 교통과 무역이 활발하다 보니 인도의 불교와 힌두교, 중국의 한자와 유교 문화가 유입돼, 동남아시아는 다채롭고 복합적인 문화권으로 성장해요.

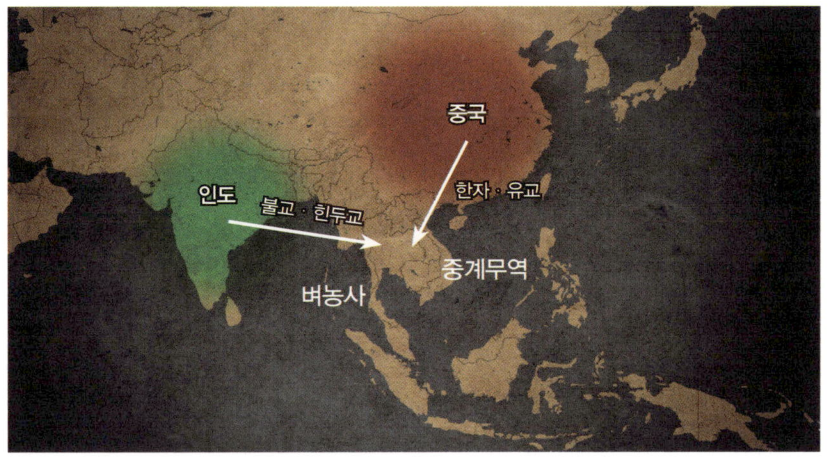

8세기 무렵부터는 이슬람 상인들이 바닷길을 통해 활발히 교역하면서 이슬람 문화까지 동남아시아에 전해지게 됩니다. 그 결과 오늘날에도 말레이시아, 인도네시아, 필리핀 남부의 민다나오 섬 같은 지역에서는 이슬람교도가 인구의 다수를 차지하고 있는 거예요.

동남아시아가 보여주는 이런 문화적 융합과 다양성은 지리적 특성과 역사적 교류가 문화 형성에 얼마나 큰 영향을 끼치는지를 잘 보여주는 사례랍니다.

베트남의 왕조 변화와 독립 투쟁

베트남의 중남부에 위치한 참파 왕국은 2세기부터 17세기 말까지 존재했습니다. 이들은 인도 문화의 영향을 받아 힌두교를 수용했고, 활발한 해상 무역을 통해 번영했어요.

한편 북부 베트남 지역은 기원전 111년, 중국 한에 정복되면서 한자, 유교, 불교, 도교 등 중국 문화의 영향을 깊이 받게 됩니다. 이후 당 시기인

679년, 하노이 지역에 안남 도호부가 설치되면서 이 지역은 '안남'이라고 불리기도 했죠. 하지만 907년 당이 멸망하고 중국이 혼란기에 들어서자 베트남은 기회를 틈타 독립을 추구했고, 북송이 들어선 이후인 972년에 공식적으로 독립을 인정받게 됩니다.

그로부터 8년 뒤인 980년에는 레Lê 왕조가 세워져 약 30년간 존재했고, 이어서 리Lý 왕조가 성립되면서 베트남 역사상 최초의 장기적 안정기를 맞이하게 됩니다. 리 왕조는 중앙 집권 체제를 확립하고, 지방 행정과 조세 제도를 정비했어요. 또 과거제를 도입해 관료제를 정비했고, '대월'이라는 국호를 사용하며 대승 불교를 널리 전파했습니다. 1076년에는 베트남 최초의 대학인 문묘를 세워 유교의 이념을 교육하기 시작했죠. 이와 함께 수로 건설, 농토 개간이 적극적으로 추진되며 사회 전반이 발전했습니다.

1225년부터 1400년까지 이어진 쩐Trần 왕조 시기에는 몽골 제국의 침입이라는 큰 위기를 맞이했지만, 쩐흥다오 장군의 활약으로 세 차례에 걸친 몽골의 침략을 성공적으로 물리칩니다. 이 시기의 승리는 강한 민족의식을 고취시켰고, 이를 바탕으로 『대월사기』 같은 역사서가 편찬되기도 했어요. 또 한자를 기반으로 한 쯔놈 문자가 제정되면서 베트남 고유의 문학 발전에도 큰 기여를 하게 됩니다. 하지만 쩐 왕조가 쇠퇴하면서, 중국 명의 영락제는 쩐 왕조를 멸망시키고 20여 년간 다시 베트남을 지배하게 됩니다.

이후 1428년, 명을 몰아낸 베트남에는 후後 레 왕조(1428~1527년, 1533~1789년)가 세워집니다. 후 레 왕조는 다시 '대월'이라는 국호를 사용했어요. 하지만 베트남은 중국과의 관계에서 공식적으로 제후국의 지위를 유지했습니다. 베트남 군주가 중국에서는 '왕'으로, 자국 내에서는 '황제'

로 칭해지는 '외왕내제 체제'가 확립됐어요. 또 남진 정책을 추진해 현재 베트남의 국토 대부분을 확보하게 됩니다. 이 시기에는 법전이 편찬되고 토지 개혁과 사회 개혁이 추진되며 발전을 이루기도 했지만, 16세기 이후 왕권이 약화되고 지방 세력이 분열되면서 베트남은 남북 분열의 시기로 접어듭니다.

이후 1802년, 베트남의 마지막 왕조인 응우옌 왕조가 성립되며 남북을 통일하고 중앙 집권 체제를 다시 강화하게 돼요. 응우옌 왕조는 독자적인 연호를 사용하면서 청으로부터의 독립성을 드러냈고, 1945년까지 약 140여년간 통치를 이어갑니다.

왕조의 흥망,
전성기와 몰락의 반복

메콩강 유역의 세력 변화
·68~1885년·

푸난에서 앙코르까지 메콩강 유역의 문화와 발전

메콩강 유역에 자리 잡은 국가들은 인도와의 활발한 해상 무역을 통해 번영하면서, 자연스럽게 인도 문화의 영향을 깊이 받게 됩니다.

먼저 캄보디아 지역에서는 1세기에서 5세기 사이, 해상 무역의 중심지 역할을 했던 푸난(부남) 왕국이 번성했고, 그 뒤를 이어 첸나(진랍) 왕국(550~802년)이 등장합니다. 이후 9세기에는 지금의 캄보디아 북서부 밀림 지대에 있는 앙코르를 수도로 삼은 앙코르 왕조가 세워져 한층 더 번영하게 되죠.

앙코르 왕조는 특히 앙코르 와트와 같은 독창적인 문화유산을 남긴 것으로 유명합니다. 앙코르 와트는 원래는 힌두교의 신인 비슈누를 모시는 사원이었지만 후에 불교 사원으로 용도가 바뀌었습니다. 이 건축물은 인도의 건축 양식에서 영향을 받았지만 건물의 형태나 석조 양식, 조각의 디

앙코르 와트

테일 등에서 앙코르만의 독창성이 뚜렷하게 드러나요. 이런 점에서 앙코르 와트는 단순한 인도 문화의 모방이 아닌, 토착 문화와 외래 문화가 융합된 독자적 문명의 상징이라 할 수 있죠.

한편 라오스에서는 14세기 중엽, 중국 남부에서 이주해 온 라오족이 란창 왕국을 세웠습니다. 이들은 힌두 문화를 토대로 불교 문화를 받아들여, 이후 『팔리어 경전』을 근간으로 하는 가장 오래된 불교 전통인 상좌부 불교를 국교화했습니다. 이후 상좌부 불교는 라오스 전통문화의 핵심으로 자리 잡았습니다.

이처럼 메콩강 유역 국가들은 지리적 이점을 활용한 무역과 외래 문화의 수용, 그리고 자체적인 문화적 창조력을 바탕으로 동남아 고대 문명의 중심지로 성장했습니다.

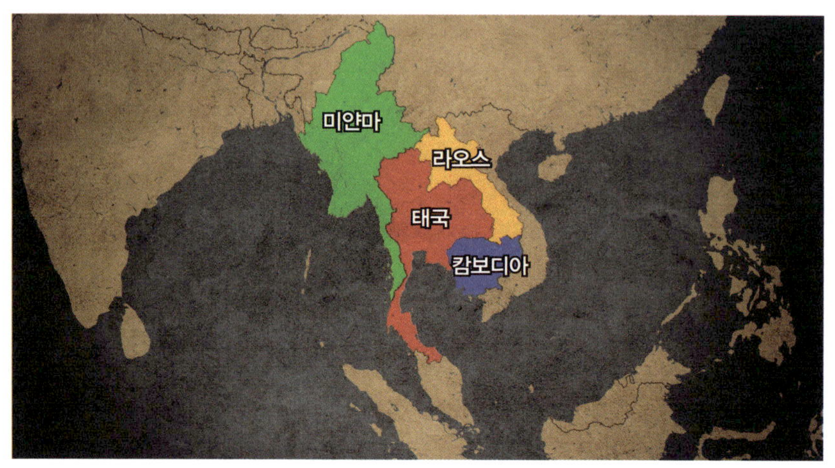

태국과 미얀마 왕조의 성장 및 교류

태국 지역에서는 1238년, 타이족이 첫 통일 왕조인 수코타이 왕조(1238~1438년)를 세우며 독자적인 국가로서의 기반을 마련합니다. 수코타이 왕조는 상좌부 불교를 받아들이고, 1283년에는 타이 문자를 창제해 고유한 민족 문화를 발전시켰어요. 또 왓 마하탓처럼 수코타이 시대를 대표하는 불교 사원을 건립하며 불교 문화를 중심으로 한 국가 정체성을 다져나갔습니다. 하지만 이후 1378년, 태국 남부에서 세력을 확장하던 아유타야 왕조에 병합되며 조공국의 지위로 전락하게 됩니다.

아유타야 왕조(1350~1767년)는 적극적인 정복 활동을 통해 영토를 넓히고 중앙 집권 체제를 강화했어요. 또한 외국과의 교류에도 개방적이어서 포르투갈과 무역을 허용하고 크리스트교 포교도 인정하는 등 국제적인 외교 정책을 펼쳤습니다. 그러나 1767년, 미얀마의 꼰바웅 왕조에게 침공을 받아 멸망하고 말죠. 이후 태국에서는 1782년, 짜끄리 왕조가 성립돼 오늘날까지 이어지고 있습니다.

미얀마 지역에서는 1044년, 버마족에 의해 최초의 통일 왕조인 바간 (파간) 왕조가 등장합니다. 이들은 상좌부 불교를 국가의 중심 이념으로 삼고, 버마 문자를 보급하며 독자적인 문화 전통을 형성했어요. 상좌부 불교는 지금도 동남아 여러 나라에서 주요 종교로 자리 잡고 있죠.

바간 왕조가 쇠퇴한 뒤, 1531년에는 따웅우(퉁구) 왕조(1531~1752년)가 등장해 일시적으로 태국의 아유타야 왕조를 점령하고, 포르투갈 함대를 격퇴하는 등 군사적 활약을 보입니다. 이어 1752년에 형성된 꼰바웅 왕조는 아유타야 왕조를 멸망시키고, 심지어 청의 침입도 격퇴하는 등 강한 군사적 업적을 남깁니다. 하지만 결국 영국과의 전쟁에서 패배하면서 1885년 영국령 인도의 일부로 편입되며 주권을 잃게 됩니다.

이처럼 태국과 미얀마는 불교를 중심으로 각각의 전통과 문화를 발전시키며 국가 정체성을 형성했지만, 외세의 침략과 국제 정세의 변화에 따라 급격한 전환기를 맞이하게 되죠.

향신료의 길,
믈라카 해협과 인도네시아 제도

동남아시아 해상 왕국들의 역사
·650~1824년 ·

스리위자야와 사이렌드라, 해상 무역과 불교의 발전

믈라카 해협 주변 지역은 역사적으로 교통의 요충지이자 무역의 중심지로 매우 중요한 역할을 해왔습니다. 이런 전략적인 입지 덕분에 중국, 인도, 이슬람으로부터 다양한 문화와 종교가 유입돼 복합적인 문화가 뿌리내릴 수 있었죠. 자연스럽게 인도네시아 도서 지역의 국가들도 불교와 힌두교, 이슬람교를 차례로 받아들였습니다.

7세기경, 수마트라섬에서 성장한 스리위자야 왕조는 믈라카 해협을 장악하며 동남아시아에서 큰 영향력을 발휘했어요. 지리적 이점을 활용해 동서 무역의 중계자로 활약했고, 인도·중국·이슬람 세계와의 교류를 통해 힌두교와 불교를 동남아시아 전역에 전파하는 데 중요한 역할을 했습니다.

또한 8세기경, 인도네시아 자와섬에서는 사이렌드라 왕조가 등장합니

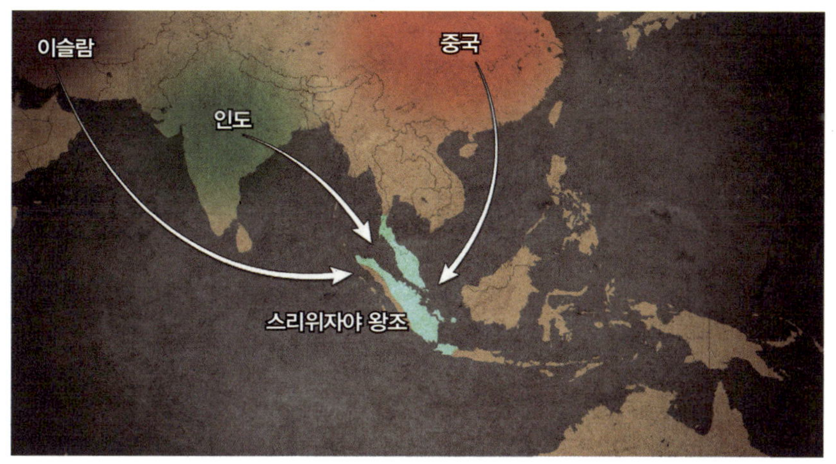

다. 이 왕조는 힌두교의 영향을 먼저 받았다가 이후 불교를 수용했는데요. 그 대표적인 유산이 바로 보로부두르 사원입니다. 이 사원은 자와섬 중심부에 위치한 대승 불교 사원으로, 수많은 작은 탑들이 겹겹이 쌓여 전체적으로 하나의 거대한 탑처럼 보이는 독특한 구조를 지니고 있어요. 보로부두르 사원은 그 건축적 정교함과 상징성으로 인해 1991년에 유네스코 세계 문화유산으로 등재되며 세계적인 주목을 받게 됩니다.

그리고 11세기부터 14세기 사이, 말레이반도와 인도네시아 주요 항구 도시들에는 이슬람 상인들이 정착하기 시작하면서 이슬람교의 전파가 본격화됐어요. 특히 인도에서 이슬람 왕조가 성립되면서 그 여파로 수마트라와 자와 섬을 중심으로 이슬람교가 확산됐고, 지역 군주들이 이슬람으로 개종하면서 이슬람 왕국들이 등장합니다. 이 과정에서 이슬람교는 지역의 주요 종교로 자리매김하게 됐고, 정치 · 경제 · 사회 · 문화 전반에 깊은 영향을 미치게 된 것이죠.

이처럼 믈라카 해협을 중심으로 한 동남아시아 지역은 다양한 문명권이

보로부두르 사원

교차하며 문화적 다양성과 역동성을 보여주는 공간이었습니다.

마자파힛과 믈라카 왕조, 이슬람 확산과 해상 무역의 변화

1293년에 등장한 마자파힛 왕조는 힌두-불교 문화를 바탕으로 한 국가였습니다. 이 왕조는 해상 교역을 통해 성장했는데, 특히 14세기 후반에는 오늘날 인도네시아를 중심으로 말레이반도와 필리핀 일부까지 넓은 지역에 영향력을 행사했습니다.

마자파힛이 번영하던 시기, 해상 무역로를 따라 이슬람 상인들이 활발히 활동하면서 마자파힛에도 이슬람 문화가 유입되기 시작했습니다. 이슬람은 주로 항구 도시와 상인층을 중심으로 전파됐는데요. 동남아시아 전반에 이슬람의 힘이 커지기 시작한 중요한 전환기였습니다.

또한 마자파힛 왕조는 향신료 무역을 독점하며 크게 번영했는데요. 중국 및 이슬람권 상인들과 활발히 교역했지만 16세기 초, 이슬람 세력의 침략을 계기로 국력이 쇠퇴하며 결국 멸망하게 됩니다.

한편 14세기에는 말레이 세계 최초의 이슬람 술탄국인 '믈라카 왕조'가

성립되는데요. 이 왕조는 1414년에 이슬람교를 국교로 선포하면서 동남아시아 최초의 이슬람 국가로 자리매김하게 됩니다. 믈라카 왕조는 해상무역을 활발히 수행했는데 중국의 차, 비단, 도자기와 동남아의 향신료를 중계하며 경제적으로 크게 번성했어요. 하지만 이 번영도 오래가지 못했습니다. 1511년, 포르투갈의 침략으로 믈라카 왕조가 멸망한 뒤, 1641년에는 네덜란드, 1824년에는 영국에게 점령당하면서 서양 열강의 식민 지배를 받게 되죠.

이처럼 마자파힛과 믈라카 왕조는 동남아시아의 이슬람화, 해상 무역 번성, 외세 침략이라는 역사의 흐름 속에서 중요한 전환점을 만들어낸 국가들이었습니다.

식민지의 사슬을 끊다, 저항과 독립의 불꽃

베트남, 시암, 필리핀, 인도네시아의 독립과 근대화
· 1885~1949년 ·

베트남의 독립 운동과 근대화

19세기 후반, 서양 열강들은 동남아시아의 풍부한 자원과 전략적 요충지를 확보하기 위해 경쟁적으로 진출했습니다. 이 과정에서 현재의 태국에 해당하는 시암을 제외한 대부분의 동남아시아 국가들이 식민지화됐고, 열강들은 그 국가들을 원료 공급지로 전락시켰죠. 고무, 주석 같은 상품 작물을 플랜테이션 방식으로 대규모 재배하기 위해 토지 수탈과 원주민 노동력 착취가 일상적으로 벌어졌습니다.

베트남 역시 프랑스의 식민지로 편입됐는데, 이에 맞선 다양한 저항 운동과 근대화 운동이 전개됐습니다. 1885년, 베트남 황제는 프랑스의 침략에 맞서 대불 항쟁을 호소했고, 이 호소는 간뿌옹 운동(근왕 운동)으로 이어졌습니다. 관료, 유학자, 지주 등 당시 사회 각계각층이 의병을 조직해 황제의 권위를 회복하고자 했지만, 프랑스군의 강력한 무력 진압과 조직력 부족으로 실패하고 말았습니다.

이후 베트남에서는 근대화를 통해 국권을
회복하려는 움직임이 이어졌는데요. 그 중심
에 판 보이쩌우가 있었습니다. 그는 1904년
'베트남 유신회'를 결성해 프랑스 식민 지배
에 조직적으로 저항했고, 근대적 교육을 통
해 민족의식을 함양하여 독립의 기반을 다
지고자 했어요. 특히 일본의 메이지 유신을
본보기로 삼아, 청년들을 일본으로 유학 보
내는 '동유 운동'을 1905년부터 1909년까지
추진했습니다. 이 운동은 베트남을 이끌 새

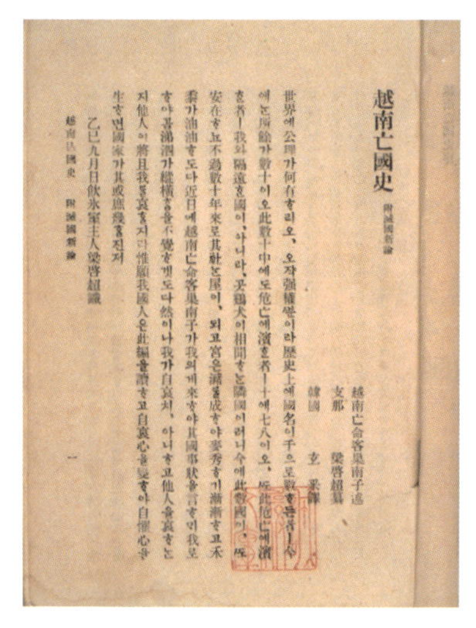

『월남망국사』

로운 인재를 확보하기 위한 인재 양성 계획이었죠. 판 보이쩌우가 중국의
유명한 개혁가이자 사상가인 량치차오와 일본에서 나눈 대담을 바탕으로
쓴 책인 『월남망국사』는 베트남뿐 아니라 한국, 중국 등의 민족 운동에도
막대한 영향을 끼쳤어요.

또 다른 독립 운동가인 판 쩌우찐은 1907년 '통킹 의숙'을 설립해 근대
사상의 보급과 문맹 퇴치, 국산품 애용 운동에 앞장섰습니다. 그는 프랑스
의 지배 아래 베트남이 스스로 깨어나야 한다고 보았고, 이를 교육을 통해
실천하려 했죠. 하지만 프랑스 식민 당국은 이 의숙을 위협으로 간주하고
1908년 강제 폐쇄시켜버립니다.

한편 중국으로 망명한 판 보이쩌우는 1912년 중국 광저우에서 '베트남
광복회'를 결성합니다. 신해혁명의 성공에 자극을 받아 무장 투쟁을 포함
한 실질적 독립 운동 노선을 추진한 것이었죠. 베트남 독립 운동에 새로운

방향성을 제시하며 후속 세대 운동가들에게도 큰 영감을 주었습니다.

이처럼 베트남은 근왕 운동에서 시작해 교육, 계몽, 무장 투쟁에 이르기까지 다양한 방식으로 식민 지배에 저항했는데, 이는 동남아시아 독립 운동의 전형적 모델 중 하나로 평가받고 있어요.

외세 균형을 통해 자주성을 유지한 시암의 외교와 개혁

현재의 태국에 해당하는 시암 왕국은 19세기 제국주의 열강의 침략 속에서도 독립을 유지했습니다. 영국이 인도와 버마(미얀마)를 거쳐 동쪽으로 진출하고, 프랑스가 인도차이나 반도에서 서쪽으로 세력을 확대하는 가운데, 시암은 이 두 열강의 충돌 지점에서 완충 지대 역할을 효과적으로 수행하며 자국의 주권을 지켜냈습니다.

특히 라마 4세는 1855년, 영국과의 '바우링 조약'을 시작으로 미국, 프랑스, 덴마크, 네덜란드 등 총 13개국과 불평등 조약을 체결하게 됩니다. 물론 이 조약들은 시암에 불리한 조건이 많았지만, 라마 4세는 이를 단순한 굴복이 아닌 서양 국가들과의 외교적 균형을 맞추는 수단으로 활용하려 했습니다. 서양과의 외교 관계를 안정적으로 유지하면서 국제 사회에서 시암의 존재감을 인정받는 데 집중한 거죠. 라마 4세는 다양한 국적의 서양인 고문들을 초빙해 서구의 과학, 법률, 군사, 교육 체계를 받아들였고, 이를 통해 시암 사회의 근대화를 적극적으로 추진했습니다.

시암은 말레이반도의 일부와 캄보디아에 대한 종주권을 각각 영국과 프랑스에 양보해야 했지만, 이러한 선택은 오히려 서양 강대국과의 관계를 안정화하고 내정 개혁에 집중할 수 있는 시간을 벌어주는 전략적 판단이었습니다. 이러한 상황 속에서 시암은 최초로 영어 교육을 도입하고, 군대

조직의 개편, 화폐 개혁, 과학의 진흥에 주력하며 근대화 과정을 가속화했습니다. 또한 교통 및 통신 시설의 개선, 강제 노역의 축소, 다양한 종교의 허용 등을 통해 사회적 발전을 이루었죠. 이러한 개혁과 변화는 서양의 제국주의 확장과 그 압력 속에서도 시암이 독립을 유지하며 근대 국가로 발전하는 데 결정적인 역할을 했습니다.

이러한 외교적 유연성과 주도적인 개혁 노선은 라마 5세(쭐랄롱꼰) 시대에 더욱 본격화됐습니다. 라마 5세는 교육 제도와 우편·통신 제도를 정비하고, 철도 부설과 증기선 도입, 도로 및 운하 건설 등 사회 기반 시설을 확충했어요. 또한 노예 제도와 신분제를 폐지하고 강제 부역 제도를 없애는 등 사회 전반에 걸친 개혁을 펼쳐, 국민의 삶의 질을 높이고 국가 체제를 근대화했습니다.

또한 지방 행정 제도를 정비해 중앙 집권 체제를 강화하고, 군사와 조세 제도를 개편함으로써 국가의 재정과 방위 체계를 튼튼히 했습니다. 이런 노력 덕분에 시암은 서양 열강들의 팽창주의적 압력 속에서도 독립을 지킬 수 있었고, 동시에 내부적으로는 근대 국가로 도약할 수 있는 기반을 마련할 수 있었죠.

결국 시암은 불평등 조약이라는 제약 속에서도 영국과 프랑스라는 두 강대국 사이에서 '완충 지대'라는 지리적 이점을 활용하고, 외교적으로는 유연하게, 내적으로는 치밀하게 대응하며 동남아시아에서 식민지가 되지 않고 독립을 유지한 국가로 남게 됐습니다.

식민 통치에 맞선 필리핀과 인도네시아의 독립 투쟁

16세기 이후 필리핀은 오랜 시간 에스파냐의 식민 지배를 받아왔습니다. 이런 상황을 바꾸기 위해 에스파냐에 유학했던 '호세 리살'은 1892년에 '필리핀 민족 동맹'을 조직했어요. 이 단체는 에스파냐의 식민 통치에 맞서 독립 운동과 계몽 운동을 동시에 이끌었습니다. 특히 호세 리살은 식민 통치의 잔혹함과 필리핀인의 고통스러운 현실을 문학으로 고발했는데요. 그 대표작이 바로 『나에게 손대지 마라』라는 소설입니다. 이 작품은 필리핀 사회의 부조리와 불의에 대한 날카로운 비판을 담고 있었고, 많은 필리핀 젊은이에게 강한 울림을 주었죠. 비밀리에 회람되던 이 소설은 결국 필리핀 국민들이 자신의 권리를 되찾기 위해 목소리를 내는 데 중요한 계기가 됐습니다.

에스파냐 정부는 호세 리살의 영향력을 두려워해 그를 추방했지만, 그의 의지는 꺾이지 않았어요. 오히려 호세 리살은 위험을 무릅쓰고 조국으로 돌아와 민족의 각성과 독립을 위한 활동을 더욱 활발히 이어갔습니다. 하지만 에스파냐는 그의 존재를 점점 더 위협적으로 여기게 됐고, 결국 혁명의 주모자로 몰아 처형하고 맙니다.

이후에는 무장 투쟁을 이끈 인물도 등장합니다. 바로 '에밀리오 아기날도'인데요. 그는 비밀 결사인 '카티푸난'의 지역 책임자로 무장 독립 운동을 전개했습니다. 그러던 중 1898년, 미국과 에스파냐 사이에 필리핀 지배를 둘러싼 전쟁이 벌어집니다. 이때 에밀리오 아기날도는 미국으로부터 필리핀 독립을 약속받았고, 이를 믿고 협력하기로 결정합니다. 에스파냐가 전쟁에서 패배하고 철수하자, 필리핀은 1899년 '필리핀 공화국'을 선포하며 독립을 선언하죠. 그러나 문

호세 리살

제는 그다음입니다. 미국이 독립 약속을 지키지 않고, 필리핀을 또 다른 식민지로 삼으려 한 거예요. 결국 필리핀인들은 다시 반미 항쟁을 벌이게 되지만, 이 또한 미국의 무력에 의해 진압당하고 맙니다. 결국 필리핀은 미국의 식민지가 됐죠.

한편 인도네시아 역시 17세기부터 네덜란드의 식민 지배를 받고 있었어요. 그러다 1908년, 서양식 교육을 받은 지식인들을 중심으로 인도네시아 최초의 민족주의 단체인 '부디 우토모'가 만들어집니다. 부디 우토모는 교육과 문화를 통해 인도네시아인의 민족의식을 일깨우는 데 집중했고, 자와 문화를 기반으로 근대적 교육의 확산을 강조했죠. 하지만 시간이 흐르며 정치적 독립 운동보다는 문화 운동에 더 치중하게 되면서 그 영향력은 점차 줄어들었고, 결국 1935년에 해체되고 맙니다.

이후 1912년에는 서양식 교육을 받은 지식인들과 무역 활동을 해오던

이슬람 상인들이 '이슬람 동맹'을 결성합니다. 이 단체는 외국 상인들의 영향력 확대와 크리스트교 포교 활동에 반대하며, 이슬람 사회를 지키고 민족 산업을 육성함으로써 독립을 이루고자 했습니다. 정치뿐 아니라 경제, 종교, 문화 면에서도 식민 지배에 저항하는 다양한 움직임들이 이 시기 인도네시아 전역에서 전개됐죠.

동남아시아, 민족 독립의 길을 걷다

식민 지배에 맞선 투쟁에서 민족 국가 수립까지
• 1925~1975년 •

베트남의 반프랑스 혁명과 남북 분단

동남아시아의 민족 운동은 처음에는 19세기 식민 지배에 대한 저항으로 출발했지만, 1920년대 이후에는 독립적인 국민 국가 수립이라는 뚜렷한 목표로 발전하게 됩니다.

베트남의 경우 제1차 세계대전 당시 프랑스와 협력하는 대가로 독립을 약속받았지만, 프랑스는 그 약속을 지키지 않았어요. 이로 인해 반프랑스 운동이 확산됐고, 단순한 저항을 넘어 점차 혁명적 성격을 띠는 민족 운동으로 발전하게 됩니다.

베트남의 독립 운동가 호찌민은 1925년, 공산주의 이념을 바탕으로 '베트남 청년 혁명 동지회'를 조직해 민족 운동을 이끌었고, 1930년에는 '베트남 공산당'을 창당하면서 본격적인 독립 운동의 중심에 서게 됩니다. 이후 호찌민은 '베트남 독립 동맹회(월맹)'의 결성을 이끌며 민족 해방을 위

호찌민

한 총 봉기를 시도했어요.

그리고 태평양 전쟁이 끝난 직후인 1945년 9월 2일, 호찌민은 '베트남 민주 공화국'의 수립을 선언하고 초대 주석으로 취임해 독립과 발전을 위한 기틀을 마련합니다. 하지만 독립의 길은 순탄치 않았죠. 1946년부터 1954년까지, 베트남은 프랑스와 8년에 걸친 제1차 인도차이나 전쟁을 치르며 독립을 위한 치열한 투쟁을 이어갑니다. 이 전쟁은 1954년 프랑스군이 사실상 궤멸되며 끝났고, '제네바 협정'을 통해 종전이 선언됩니다.

이 협정에 따라 베트남은 북위 17도선을 경계로 남과 북으로 분단됐어요. 북부에는 호찌민이 이끄는 베트남 민주 공화국(월맹 정권)이, 남부에는 응우옌 왕조의 마지막 황제 바오 다이가 이끄는 베트남 제국이 각각 수립됐습니다. 아울러, 베트남군과 프랑스군 양측 군대는 라오스와 캄보디아에서 300일 이내에 철수해야 했어요. 다만 프랑스군은 현지 정부의 요청이 있을 경우 남북 어느 지역이든 주둔할 수 있도록 허용됐죠.

남북으로 분할된 베트남은 이후 지속적인 긴장과 갈등을 겪게 됩니다. 그 갈등은 1964년부터 1975년까지 이어지는 '베트남 전쟁'으로 폭발하게 되죠. 이 전쟁은 단순한 내전이 아니라, 남북 베트남을 중심으로 미국과 그 동맹국들까지 얽힌 국제적인 군사 충돌로 확대됐습니다. 결국 1975년, 남베트남 정부가 붕괴하면서 전쟁은 종결됐고, 이듬해 남북이 통일되어 '베트남 사회주의 공화국'이 수립되며 오랜 분단의 역사를 마무리합니다.

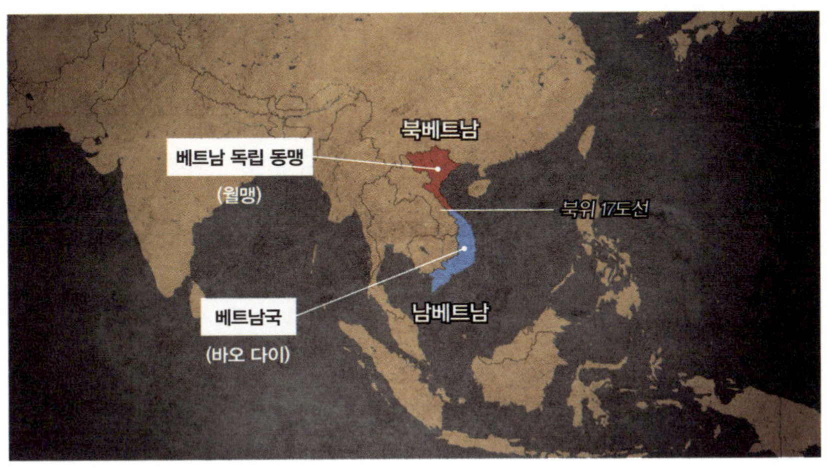

네덜란드의 식민 통치에 맞선 인도네시아의 독립 운동

인도네시아는 17세기 이후 네덜란드의 식민 지배를 받으며 오랜 시간 경제적 약탈과 억압을 겪었습니다. 이런 상황 속에서 1927년, 독립 운동가 수카르노가 '인도네시아 국민당'을 조직해 네덜란드의 식민 정책에 정면으로 맞서게 돼요. 수카르노의 지도 아래 인도네시아 국민당은 점차 독립 운동의 중심 세력으로 성장하며 인도네시아 민족주의의 핵심 정치 세력이 됩니다.

그러던 중 제2차 세계대전이 끝나고 1945년, 동남아시아를 대거 점령하고 있던 일본이 패망하자 인도네시아는 독립을 선포했어요. 그리고 1949년, 네덜란드와의 '헤이그 원탁회의'를 통해 마침내 공식적인 주권을 회복하게 됩니다. 이 과정에서 독립 운동의 상징이자 실질적인 지도자였던 수카르노가 인도네시아의 초대 대통령으로 취임하게 되죠.

수카르노는 독립 이후 국가를 안정시키고 발전시키는 데 힘을 쏟았고, 특히 인도네시아의 주권을 지키고 국민의 단결을 이루는 데 중요한 역할

을 했습니다. 이렇게 인도네시아는 오랜 식민 지배를 딛고, 수카르노의 지도 아래 새로운 국가로서의 첫걸음을 내딛게 된 거예요.

외세 균형 외교와 근대 개혁을 통한 시암의 독립 유지

동남아시아에서 유일하게 식민 지배를 피하고 불교를 중심으로 절대 군주제를 이어가던 시암은 1932년, 소수 엘리트로 구성된 인민당이 무혈 쿠데타를 일으키면서 큰 전환점을 맞이하게 돼요. 이들은 헌법을 공포하고 입헌군주제를 도입했죠. 이후 1939년에는 국호를 '타이(태국)'로 바꾸게 됩니다.

이밖에도 동남아시아 여러 나라들이 태평양 전쟁이 끝난 뒤, 줄줄이 독립을 선언하면서 새로운 역사의 장을 열게 돼요. 1946년엔 필리핀이 미국으로부터 독립했고, 라오스는 1949년에 프랑스로부터 자치권을 얻기 시작해서 1953년 완전 독립을 이루죠. 같은 해인 1953년에 캄보디아 역시 프랑스에서 독립합니다. 미얀마는 1948년, 말레이시아는 1957년에 각각

영국으로부터 독립하면서, 오늘날 우리가 알고 있는 동남아시아의 모습이
갖추어지게 된 거예요.

시대	주요 사건	시기	핵심 키워드
고대	동선 문화	기원전 2000~기원전 500년경	청동기, 벼농사, 중계 무역
	푸난 왕국	100~500년	인도 문화, 해상 무역
	첸라 왕국	550~802년	힌두교 수용
중세	스리위자야 왕조	650~1377년	불교, 해상 무역
	앙코르 왕조	802~1431년	앙코르 와트, 힌두→불교
	수코타이 왕조	1238~1438년	타이 문자, 불교
	아유타야 왕조	1350~1767년	중앙 집권, 국제 교류
	바간 왕조	1044~1287년	불교, 문자
	따웅우 왕조	1531~1752년	군사적 확장
	꼰바웅 왕조	1752~1885년	청 침입 격퇴
	사이렌드라 왕조	750~850년	보로부두르, 불교
	마자파힛 왕조	1293~1527년	이슬람 유입, 향신료 무역
	믈라카 왕조	1414~1511년	이슬람, 무역 중심
근대	베트남 민족 운동	1880~1945년	반프랑스, 호찌민
	인도네시아 독립 운동	1908~1949년	수카르노, 주권 회복
	시암의 독립 유지	1880~1939년	개혁, 외교 균형
	필리핀 독립 운동	1892~1899년	호세 리살, 아기날도
현대	베트남 통일	1945~1976년	호찌민, 남북 분단
	동남아 독립	1948~1957년	말레이시아, 미얀마, 라오스, 캄보디아

당신의 세계가 시작되는 자리

한국사가 우리의 뿌리를 이해하기 위한 공부라면, 세계사는 우리가 서 있는 자리가 어디쯤인지를 보여주는 지도에 가깝습니다. 누군가는 이 책을 시험을 앞두고 펼쳤을지 모르고, 누군가는 오래도록 마음 한편에 남아 있던 "세계가 어떻게 흘러왔을까"라는 질문을 따라 읽기 시작했을지도 모릅니다. 이유가 무엇이었든 역사책을 펼쳐 본 순간의 집중과 호기심은 결코 사라지지 않습니다. 그 작은 움직임이야말로 '역사를 공부하는 사람'에게 남는 가장 큰 유산이지 않을까 합니다.

저 역시 어릴 적 『삼국지』를 읽으며 처음 세계사의 문을 두드렸습니다. 나라가 세워지고 무너지고, 어떤 시대는 강해지고 또 어떤 시대는 스스로의 무게를 버티지 못한 이야기를 따라가다 보면, 세계라는 거대한 구조가 어느 날 불쑥 내 삶과 연결되기 시작합니다. 뉴스 한 줄, 이동 중 스쳐 들은 국제 소식, 일상에서 마주한 작은 선택들 속에서 "아, 이게 그때 그 흐름이구나" 하고 깨닫는 순간들 말입니다.

역사는 멀리 있는 학문처럼 보이지만 실제로는 늘 우리 곁을 맴돌고 있습니다. 다만 우리가 역사가 얼마나 우리 가까이에 있는지를 자주 잊고 지낼 뿐입니다. 이 책이 여러분에게 무엇을 남겼을지는 지금 알 수 없을 겁니다. 하지만 언젠가 삶의 어느 장면에서, 또 새로운 변화를 설명해야 하는 자리에서, 여러분이 쌓아 올린 역사적 감각이 분명히 힘을 발휘할 것입니다.

〈로빈의 역사 기록〉은 여기서 멈추지 않습니다. 세계의 흐름을 더 선명하게 보고, 복잡한 역사를 더 단단하게 설명하기 위해 저는 계속해서 새로운 기록을 이어갈 것입니다. 여러분이 이 책에서 시작한 질문과 호기심이 다음 여정으로 자연스럽게 이어지기를 바랍니다. 그리고 언젠가, 여러분 각자가 자신의 세계사를 쓰는 자리에서 이 책이 작은 이정표 하나쯤이 되었기를 바랍니다.

로빈의 역사 기록

자료 출처는 QR 링크로 확인할 수 있습니다.

로빈의 다시 쓰는 세계사

초판 1쇄 인쇄 2026년 2월 2일
초판 1쇄 발행 2026년 2월 27일

지은이 로빈의 역사 기록
감수 강응천
지도 최영환
펴낸이 유정연

이사 김귀분
책임편집 정유진 **기획편집** 신성식 조현주 이지은 유리슬아 황서연 유자영 **디자인** 안수진 디자인붐
마케팅 반지영 박중혁 하유정 **제작** 임정호 **경영지원** 박소영

펴낸곳 흐름출판 **출판등록** 제313-2003-199호(2003년 5월 28일)
주소 서울시 마포구 월드컵북로5길 48-9(서교동)
전화 (02)325-4944 **팩스** (02)325-4945 **이메일** book@hbooks.co.kr
홈페이지 hbooks.co.kr **인스타그램** instagram.com/nextwave_pub
출력·인쇄·제본 삼광프린팅(주) **용지** 월드페이퍼(주) **후가공** (주)이지앤비(특허 제10-1081185호)

ISBN 978-89-6596-783-5 03900

살아가는 힘이 되는 책 흐름출판은 막히지 않고 두루 소통하는 삶의 이치를 책 속에 담겠습니다.